AVANCE

CURSO DE ESPAÑOL
NIVEL INTERMEDIO-AVANZADO

CONCHA MORENO
VICTORIA MORENO
PIEDAD ZURITA

SOCIEDAD GENERAL ESPAÑOLA DE LIBRERÍA, S.A.

Última edición, 2008

Produce: SGEL-Educación
　　　　　Avda. Valdelaparra, 29
　　　　　28108 ALCOBENDAS (Madrid)

© Concha Moreno
　 Victoria Moreno
　 Piedad Zurita

© Sociedad General Española de Librería, S.A., 2003
　 Avda. Valdelaparra, 29 - 28108 ALCOBENDAS (Madrid)

© Quino (p. 35)
© "Quiero", de Jorge Bucay, RBA Editores (p. 38)
© Forges (p. 108)

ISBN 13: 978-84-9778-045-2
Depósito legal: M-46.784-2008
Printed in Spain - Impreso en España

Cubierta: Carla Esteban
Maquetación: Leticia Delgado y Verónica Sosa
Ilustraciones: Maravillas Delgado
Fotografías: Archivo SGEL

Fotomecánica: NEGAMI, S.L.
Impresión: T.G. PEÑALARA, S.A.
Encuadernación: YELES CASTELLANA DE ENCUADERNACIÓN

Queda prohibida, salvo excepción prevista en la Ley, cualquier forma de reproducción, distribución, comunicación pública y transformación de esta obra sin contar con autorización de los titulares de propiedad intelectual. La infracción de los derechos mencionados puede ser constitutiva de delito contra la propiedad intelectual (Art. 270 y ss. Código Penal): El Centro Español de Derechos Reprográficos (**www.cedro.org**) vela por el respeto de los citados derechos.

Presentación

AVANCE INTERMEDIO-AVANZADO (B2 en el MER) es un manual de español para los estudiantes que ya han superado el nivel umbral (B1 en el MER) de español. AVANCE INTERMEDIO-AVANZADO está basado en una metodología ecléctica que se sirve de todo lo positivo de los diferentes enfoques y persigue una completa integración de la civilización y la cultura hispanas. Todo el material que presentamos ha sido experimentado por alumnado de diferentes nacionalidades y edades.

Para la realización de este método partimos de una serie de principios:
- *Partimos del hecho de que los alumnos tienen que llegar a actuar en español, pero no descuidamos la forma y sabemos que muchos aprendientes necesitan y piden ejercicios de fijación tanto de gramática como de vocabulario.*
- *Diferenciamos, como propone Brumfit, entre actividades orientadas a la corrección y las orientadas a la fluidez que, en nuestra opinión, son complementarias.*
- *Para la elaboración de este método hemos tenido en cuenta lo que pasa realmente en las clases, es decir la heterogeneidad tanto de necesidades como de métodos de aprendizaje, así como de distribución de la carga horaria. Ésta es la razón por la que cada unidad presenta mucho material en sus numerosos apartados. El profesorado, de acuerdo con la duración del curso, del número de horas impartidas e incluso atendiendo a las prioridades de los estudiantes, podrá trabajar la unidad completa o podrá elegir entre las diferentes partes que la componen.*

¿CÓMO ESTÁ ESTRUCTURADO AVANCE INTERMEDIO - AVANZADO?

PRUEBA DE REPASO: Hemos realizado 60 preguntas de respuesta múltiple para repasar los conocimientos propios del nivel básico. Caso de que no se hayan obtenido buenos resultados, se recomienda trabajar directamente el apartado RECUERDA, dedicado a la revisión de lo enseñado en el nivel básico, y que, como su nombre indica, presenta los contenidos gramaticales y/o funcionales con sus correspondientes ejercicios.

PRETEXTO: A veces lleva soporte gráfico (fotografías, tarjetas postales, anuncios publicitarios) y siempre incluye texto. A partir de todo ello presentamos el tema general y el punto gramatical en los que se basa la unidad. Con las preguntas que proponemos no se agotan las posibilidades de esta sección. En ella queremos que el alumno reflexione, deduzca y se exprese.

CONTENIDOS GRAMATICALES Y PRACTICAMOS LA GRAMÁTICA: La gramática aparece aquí de forma muy clara, por medio de esquemas y definiciones muy simples pero precisos. Siempre que el tema lo requiere, se conecta con los conocimientos previos del alumnado, proponiendo repasos y reconstrucción de reglas de elaboración individual o colectiva. Con los cuatro ejercicios gramaticales siguientes, de variada tipología, pretendemos fijar la gramática que se acaba de presentar, recordar y ⇨

Presentación

ampliar las funciones comunicativas conocidas, reflexionar sobre elementos culturales asociados a la lengua, y, con todo ello, que el alumnado sea capaz de actuar en español.

VOCABULARIO: Presentamos vocabulario relacionado con el asunto que nos ocupa y lo desarrollamos por medio de ejercicios y actividades que integran diferentes destrezas. Para nosotras la enseñanza-aprendizaje del vocabulario es esencial, y por eso le damos mucha importancia, no sólo en este apartado sino a lo largo de toda la unidad.

ACTIVIDADES: Están divididas por destrezas, pero la INTERACCIÓN ORAL tiene un papel preponderante, con cuatro propuestas con instrucciones claras, en las que se pueden encontrar juegos, concursos, encuestas, búsquedas en Internet, etc., partiendo en muchas de ellas de material visual. Pretendemos que los alumnos aprendan a hacer cosas con la gramática y el vocabulario aprendidos, por ello tienen siempre relación con alguno de los apartados citados. Hay una actividad fija: la historieta compuesta de cuatro viñetas. Las pautas para su desarrollo son similares a las de la prueba oral del examen DELE Intermedio.

COMO LO OYES: En este apartado, dedicado a la comprensión auditiva, queremos que el estudiante escuche diferentes acentos y música de España e Hispanoamérica y conteste a una serie de preguntas o realice una serie de diversas tareas que relacionen esta destreza con las demás.

ESCRIBE: Conscientes de que hasta ahora no se le había dado excesiva importancia a esta destreza, aunque la escritura está constantemente presente como instrumento de aprendizaje para ayudar a elaborar el pensamiento, hemos intentado que esta sección sea variada y los alumnos puedan escribir adecuadamente mediante unas pautas claras y unos modelos previos, que aparecen en cualquiera de las secciones del libro, y, sobre todo, que sientan que lo que están haciendo es útil, entendiendo esta utilidad en un sentido muy amplio.

LEE: Presentamos más información sobre el asunto desarrollado a lo largo de la unidad. Algunas veces las preguntas que aparecen son de tipo comprensivo, otras veces proponemos que se hagan resúmenes de lo leído, y en algunas unidades proponemos que el estudiante haga las preguntas. De nuevo encontraremos que esta destreza no aparece aislada gracias a la variedad de sugerencias de explotación.

REPASA: Cada 4 unidades presentamos una serie de ejercicios recopilatorios para comprobar el proceso de aprendizaje del alumno.

Agradecemos a nuestros colegas y alumnos la buena acogida de nuestro trabajo, que nos ha llevado a convertir el manual de nivel intermedio en un método de tres niveles inspirado en los mismos principios. Así mismo, damos las gracias a quienes nos han hecho llegar sus sugerencias para seguir mejorando.

Las autoras.

Índice de contenidos

REPASO PRELIMINAR	9

UNIDAD 1: ¿MUNDO GLOBALIZADO? NO, DIÁLOGO ENTRE CULTURAS 13

PRETEXTO 13
CONTENIDOS GRAMATICALES 14
I. Verbos de influencia y de sentimiento.
II. Verbos de "la cabeza".
PRACTICAMOS LA GRAMÁTICA 17
VOCABULARIO 19
Los ritos de la vida.
INTERACCIÓN ORAL 20
I. Consejos prácticos.
II. Comportamiento social: Iguales pero diferentes.
III. El que avisa no es traidor.
IV. Todos necesitamos que nos escuchen.
RECUERDA Y AMPLÍA 22
I. Los verbos *ser* y *estar*.
II. *Ser* y *estar* con adjetivos que cambian de significado.
III. Los verbos *estar* y *haber*.
COMO LO OYES 24
I. El Circo del Sol.
II. La historia de Alba Lucía.
ESCRIBE 25
La interculturalidad: ¿Llegaremos a convivir en armonía?
LEE 26
La emigración: ¿De dónde es un ser humano? ¿Por qué?

UNIDAD 2: SIENTE, NO SEAS UNA MÁQUINA 27

PRETEXTO 27
CONTENIDOS GRAMATICALES 28
I. Construcciones con *ser*, *estar* y *parecer*.
II. Oraciones de relativo.
III. Oraciones modales.
PRACTICAMOS LA GRAMÁTICA 30
VOCABULARIO 33
Los sentimientos.
INTERACCIÓN ORAL 34
I. ¡No aguanto más!
II. ¡Qué felices seremos los dos!
III. Costumbres de boda.
IV. ¡Qué bonito es el amor!
RECUERDA Y AMPLÍA 36
I. El futuro.
II. El futuro perfecto.
III. La probabilidad.
COMO LO OYES 38
"Quiero", poema argentino.
ESCRIBE 39
I. Poema a tu profesor /-a.
II. Acrósticos.
LEE 39
Tonterías que hacemos cuando nos enamoramos.

UNIDAD 3: LOS ESPAÑOLES, ¿SOMOS ASÍ?, ¿ESTAMOS CAMBIANDO? 41

PRETEXTO 41
CONTENIDOS GRAMATICALES 42
I. El presente.
II. El presente de *estar* + gerundio.
PRACTICAMOS LA GRAMÁTICA 44
VOCABULARIO 46
Costumbres y tradiciones españolas.
INTERACCIÓN ORAL 48
I. Fiestas de España.
II. Hábitos y costumbres.
III. Abuelos activos.
IV. ¿Qué sabes de los españoles?
RECUERDA Y AMPLÍA 51
Pretérito perfecto, pretérito imperfecto, pretérito indefinido.

Índice de contenidos

COMO LO OYES	54
¿Qué te parecen los españoles?	
ESCRIBE	55
Si te encuentras en España o Hispanoamérica, escribe sobre lo que te llame la atención.	
LEE	55
España: sus gentes y sus costumbres.	

Unidad 4: Lo natural y lo creado — 57

PRETEXTO	57
CONTENIDOS GRAMATICALES	58
I. La expresión de la consecuencia.	
II. La expresión de la causa.	
PRACTICAMOS LA GRAMÁTICA	60
VOCABULARIO	62
La naturaleza y el arte.	
INTERACCIÓN ORAL	64
I. Lo creado.	
II. Un día de campo.	
III. Concurso cultural.	
IV. Lo natural.	
RECUERDA Y AMPLÍA	66
El pretérito pluscuamperfecto.	
COMO LO OYES	69
Pueblos casi abandonados.	
ESCRIBE	69
Describe tu localidad.	
LEE	70
La Judería de Córdoba.	

Repaso de unidades 1, 2, 3 y 4 — 71

Unidad 5: La publicidad o el poder de convicción — 73

PRETEXTO	73
CONTENIDOS GRAMATICALES	74
I. Los pronombres.	
II. La pasiva refleja.	
III. La involuntariedad.	
IV. La impersonalidad.	
PRACTICAMOS LA GRAMÁTICA	77
VOCABULARIO	79
Centros comerciales.	
INTERACCIÓN ORAL	80
I. Campaña gubernamental contra las drogas.	
II. Anuncios.	
III. Nada es tan fácil como parece.	
IV. Publicistas.	
RECUERDA Y AMPLÍA	82
El imperativo.	
COMO LO OYES	85
I. Una semana de vacaciones.	
II. Diferentes avisos.	
ESCRIBE	85
Opinión sobre la publicidad.	
LEE	86
M.ª José Alegre escribe sobre la publicidad.	

Unidad 6: ¿Cuando encuentre trabajo o cuando me jubile? — 87

PRETEXTO	87
CONTENIDOS GRAMATICALES	88
I. Las oraciones temporales.	
II. Construcciones temporales.	
PRACTICAMOS LA GRAMÁTICA	90
VOCABULARIO	92
Perfil de una profesión.	
INTERACCIÓN ORAL	93
I. Tus costumbres.	
II. Quien busca encuentra.	
III. No es oro todo lo que reluce.	
IV. Debate: ¿trabajar y estudiar al mismo tiempo?	
RECUERDA Y AMPLÍA	95
Los comparativos.	
COMO LO OYES	97
A usted (canción de J. M. Serrat).	

ESCRIBE	98	II. Acertijos y enigmas.	
Elabora tu currículum.		III. La sabiduría popular sobre la comida.	
LEE	99	IV. ¿Estás segura de que…?	
Errores imperdonables en una entrevista.		RECUERDA Y AMPLÍA	126
		Las expresiones de tiempo.	

⇨ **UNIDAD 7: ¿RELACIONES PERSONALES.COM?** 101

PRETEXTO	101	COMO LO OYES	128
CONTENIDOS GRAMATICALES	102	La alimentación, ¿algo natural o un invento humano?	
I. Construcciones finales.		ESCRIBE	129
II. Construcciones concesivas.		La receta mexicana de las fajitas de pollo. Elabora tu propia receta.	
PRACTICAMOS LA GRAMÁTICA	104	LEE	129
VOCABULARIO	106	En la mesa sí se habla.	
Lenguaje informático.			
INTERACCIÓN ORAL	108		
I. Teletrabajo.			
II. Los mejores momentos de la vida.			
III. ¿KMO ERS?			
IV. La realidad no virtual también existe.			

⇨ **REPASO DE UNIDADES 5, 6, 7 Y 8** 131

⇨ **UNIDAD 9: Y TE VOY A ESCRIBIR LA CANCIÓN MÁS BONITA DEL MUNDO…** 133

RECUERDA Y AMPLÍA	110	PRETEXTO	133
El condicional.		Confesiones de Dolores Mar.	
COMO LO OYES	112	CONTENIDOS GRAMATICALES	134
Los 'chats'.		I. Tiempos verbales del modo subjuntivo.	
ESCRIBE	113	II. La correspondencia de los tiempos.	
Respuesta a un correo electrónico.		PRACTICAMOS LA GRAMÁTICA	136
LEE	114	VOCABULARIO	138
Un jeroglífico en el móvil.		Instrumentos musicales.	
		INTERACCIÓN ORAL	139

⇨ **UNIDAD 8: LA GASTRONOMÍA: COMER CON LOS OJOS Y CON EL PALADAR** 115

		I. Maldito regalo.	
		II. Debate sobre la música.	
		III. Conocimientos musicales.	
		IV. Rueda de prensa.	
PRETEXTO	115	RECUERDA Y AMPLÍA	141
CONTENIDOS GRAMATICALES	116	Verbos de cambio.	
I. Las preposiciones.		COMO LO OYES	144
II. Otros valores de las preposiciones.		Entrevista a Dolores Mar.	
III. Algunos contrastes entre *para* y *por*.		ESCRIBE	145
PRACTICAMOS LA GRAMÁTICA	120	Diferentes citas sobre la música.	
VOCABULARIO	122	LEE	145
Adjetivos que exigen preposición.		Compay Segundo.	
INTERACCIÓN ORAL	123		
I. ¿Sabes comer bien?			

Índice de contenidos

⇨ UNIDAD 10: EL DEPORTE ES VIDA — 147

PRETEXTO — 147
CONTENIDOS GRAMATICALES — 148
I. El estilo indirecto.
PRACTICAMOS LA GRAMÁTICA — 150
VOCABULARIO — 152
Lugares y equipamiento para la práctica de deportes.
INTERACCIÓN ORAL — 153
I. Describe un deporte.
II. Deportes de aventura.
III. Debate sobre el deporte.
IV. Un día en la nieve.
RECUERDA Y AMPLÍA — 155
Las perífrasis.
COMO LO OYES — 158
I. Clases de gimnasia.
II. La Selección Nacional.
ESCRIBE — 159
El deporte.
LEE — 159
El deporte, plataforma de integración.

⇨ UNIDAD 11: AFICIONES Y TIEMPO LIBRE — 161

PRETEXTO — 161
CONTENIDOS GRAMATICALES — 162
I. La expresión del deseo.
II. La expresión de la duda.
III. Las oraciones reduplicadas.
PRACTICAMOS LA GRAMÁTICA — 164
VOCABULARIO — 167
Las aficiones y el tiempo libre.
INTERACCIÓN ORAL — 168
I. Cuatro aficiones.
II. Nosotros, los viajeros.
III. Un día de pesca.
IV. Viaje a algún país hispanoamericano.

RECUERDA Y AMPLÍA — 171
I. El género.
II El número.
COMO LO OYES — 173
"Cosas", bolero cubano.
ESCRIBE — 174
Historia inacabada.
LEE — 175
Los españoles y la televisión.

⇨ UNIDAD 12: PODEROSO CABALLERO… DON DINERO — 177

PRETEXTO — 177
CONTENIDOS GRAMATICALES — 178
I. Si condicional.
II. ¿Cómo se forma el condicional compuesto?
III. Otras conjunciones condicionales.
PRACTICAMOS LA GRAMÁTICA — 180
VOCABULARIO — 182
El banco.
INTERACCIÓN ORAL — 183
I. Vamos a crear una empresa.
II. Deducciones fiscales.
III. Debate: Países ricos, países pobres.
IV. Los sueños, a veces, se cumplen.
RECUERDA Y AMPLÍA — 185
Adjetivos y pronombres indefinidos.
COMO LO OYES — 187
Consultorio económico.
ESCRIBE — 188
Carta comercial.
LEE — 189
Mercosur.

⇨ REPASO DE UNIDADES 9, 10, 11 Y 12 — 191

⇨ GRABACIONES — 193

⇨ APÉNDICE GRAMATICAL — 205

Repaso preliminar

ANTES DE EMPEZAR LA PRIMERA UNIDAD DE AVANCE INTERMEDIO - AVANZADO, HAZ ESTA PRUEBA DE REPASO DE LOS NIVELES INICIAL Y BÁSICO. SEÑALA LA RESPUESTA CORRECTA.

1. >¿A qué te _dedicas_?
   < Trabajo en la oficina de Turismo.
   a) trabajas   b) dedicas

2. > ¿A qué hora podemos vernos?
   < ¿Qué _le parece_ a las 10 en mi despacho?
   a) le parecen   b) le parece

3. El año pasado _construyeron_ un hospital en las afueras.
   a) construieron
   b) construyeron

4. En los supermercados, cuando vamos a tocar la fruta, hay que ponerse _un guante_ de plástico.
   scarf
   a) una bufanda   b) un guante

5. Adela _ha vuelto_ del viaje muy _cansada_.
   a) ha volvido / casada.
   b) ha vuelto / cansada.

6. >¿Conoces _algún_ país centroamericano?
   < No. No conozco _ninguno_.
   a) algún / ninguno.   b) alguno / alguno.

7. A las 12h. _debo ir_ a la escuela para recoger el certificado.
   a) tengo ir   b) debo ir

8. ¿Quién _sabe_ cómo se hace la paella?
   a) conoce   b) sabe

9. Hoy _he conocido a_ mi nuevo jefe.
   a) he conocido a   b) he encontrado

10. Cuando alguien habla muy rápido dices:
    Más despacio por favor
    a) Más despacio, por favor.
    b) Puede hablar más alto.

11. >¿Por qué no _te pruebas_ esos vaqueros?
    < Es que nunca _me pongo_ vaqueros.
    a) te lavas / me visto
    b) te pruebas / me pongo

12. > No _me llevo bien_ con los compañeros de trabajo.
    < Pues mis compañeros a mí _me caen bien_. Son muy simpáticos.
    a) me llevo bien / me caen bien.
    b) me gustan / me encantan mucho.

13. > He perdido el avión _por_ levantarme tarde.
    < Es que _para_ levantarse pronto hay que poner el despertador.
    a) por / para   b) para / para

14. > Toma, este paquete es _para ti_ (tú).
    < ¿_Para mí_ (yo)?
    > Sí, _por_ tu cumpleaños.
    a) por mí / Por mí / para
    b) para ti / Para mí / por

15. Cuando quieres ir a un lugar y no sabes cómo se va, preguntas: _____.
    a) ¿Conoces dónde está... ?
    b) ¿Para ir a... ?

16. He cronometrado el tiempo que _____ en llegar al trabajo: 22 minutos.
    a) dura   b) tardo

17. En España se ponen _____ en las ventanas.
    a) colchones   b) persianas   blinds

18. La patrulla de policía _____ al motorista durante 20 km.
    a) siguió   b) seguiyó

19. Alfredo __se sintió__ molesto por lo que le dijo su jefe.
    a) se sintió   b) se ha sentado

20. >¿ __Qué__ es la capital de España?
    < Madrid.
    a) Qué   b) Cuál

21. Mi suegra va __a__ ir __de__ vacaciones __a__ Menorca.
    a) a / en / en   b) a / de / a

22. Infórmate bien de lo ocurrido, porque yo sé que __ha habido__ problemas.
    a) ha habido   b) habían

23. Ya me imaginaba yo que, al final, Luis iba a casarse __con__ Sandra.
    a) con   b) a

24. Si estás fuerte y en forma, dices: _____.
    a) soy como un armario.
    b) estoy como un roble.

25. Esta mañana __veíamos__ un accidente.
    a) hemos visto   b) veíamos

26. Ayer, cuando __volvíamos__ a casa, nos __encontramos__ a Luisa y a Álvaro paseando al perro.
    a) volvimos / encontrábamos
    b) volvíamos / encontramos

27. ¿No sabías que Enrique se marchaba de la empresa? Pero, hombre, si es __un secreto a voces__.
    a) un secreto a voces.
    b) un sabido de todo.

28. >¿Dónde __está__ un banco?
    < En la segunda calle a la derecha.
    a) hay   b) está

29. Hay mucha gente a la que le gusta viajar al campo o a pequeños pueblos. Este tipo de turismo se llama __turismo rural__.
    a) turismo rural.
    b) turismo monumental.

30. Empujar a los demás y no pedir perdón es una __ordinariez__.
    a) insensatez.   b) ordinariez.

31. No vino al cine con nosotros porque nos dijo que ya __había visto__ la película y que le __había parecido__ un poco lenta.
    a) vio / parecía
    b) había visto / había parecido

32. Ayer __estuve limpiando__ la casa toda la tarde. ¡Qué aburrimiento!
    a) estuve limpiando   b) estaba limpiando

33. El sábado pasado vi a Iñaki Galdácano en un restaurante. __Hacía__ casi un año que no nos veíamos.
    a) Hace   b) Hacía

34. <No vuelvo a salir con Miguel.
    >¿ __Y eso__ ?
    < Es que siempre va a sitios muy caros, y yo no tengo tanto dinero.
    a) No me digas   b) Y eso

35. Me apetece ir a Brasil para visitar __la selva__ del Amazonas.
    a) el lago   b) la selva

36. __Desde__ que se mudó, no lo he vuelto a ver.
    a) Desde   b) Cuando

37. >Jordi está un poco sordo, ¿verdad?
    < __Creo que sí__.
    a) Pienso de que sí.   b) Creo que sí.

38. Vamos a ir a patinar, ¿ __te apuntas__ ?
    a) te diviertes   b) te apuntas

39. >¿ __Qué sabes__ de Juan Antonio?
    < Ah, pues mira, precisamente ayer me llamó y me contó que pensaba venir dentro de unos días.
    a) A que no sabes   b) Qué sabes

40. __Los encargados de producción__ dan de comer, alojan y transportan a todos los miembros del equipo de rodaje.
    a) Los directores artísticos
    b) Los encargados de producción

41. Si comes tan poco, _te pondrás_ enfermo.
    a) te pondrás   b) acabarías

42. > No sé por qué, pero ayer Pedro no vino a mi fiesta de cumpleaños.
    < _Le surgía_ otro compromiso.
    a) Tendría   b) Le surgía

43. Hay gente que cree que en el futuro los actores no serán de _carne y hueso_, sino virtuales.
    a) sangre y carne   b) carne y hueso

44. _Si no_ vienes con nosotros, me enfadaré.
    a) Sino   b) Si no

45. Los peatones van por la acera, y los vehículos van por _la calzada_.
    a) la calzada.   b) el calzado.

46. Mi compañero de trabajo me comentó que _____ en un estudio y que no le _____ casi nada y que por eso _____ mudarse.
    a) había vivido / había cabido / decidió
    b) vivía / cabía / había decidido

47. Estilo directo: "Mañana iré a tu casa y te ayudaré a hacer la cena."
    Estilo indirecto (un día más tarde):
    a) Ayer Antonio me comentó que hoy irá a mi casa y me va a ayudar a hacer la cena.
    b) Ayer Antonio me comentó que hoy vendría a mi casa y me ayudaría a hacer la cena.

48. Lo siento, pero no puedo ayudarte porque _____.
    a) estoy muy prudente.
    b) estoy muy liado.

49. > ¿Estás enfadado conmigo?
    < _Ni mucho menos._ ¿Por qué me lo preguntas?
    a) ¡Menos mal!
    b) Ni mucho menos.

50. < Por favor, Ana, ¿_me das_ un chicle?
    > Sí, espera un momentito.
    a) me das   b) me prestas

51. < El viernes me examino del DELE INTERMEDIO.
    > Que _tengas_ mucha suerte.
    a) tienes   b) tengas

52. Mañana voy a levantarme muy temprano porque quiero _empezar con buen pie_ mi nuevo trabajo.
    a) empezar con buen pie
    b) que entro por la puerta grande

53. Si siempre hablas y nunca escuchas, nunca _te enteras de_ nada.
    a) sepas
    b) te enteras de

54. < Nos marchamos mañana a visitar Toledo.
    > Que _se diviertan_.
    a) se diverten.   b) se diviertan.

55. Es _evidente_ que esté molesto. Siempre te estás metiendo con él.
    a) natural   b) evidente

56. Cuando _venga_ a vernos, le daré recuerdos de vuestra parte.
    a) vendrá   b) venga

57. > Bueno, entonces, ¿nos _encontremos_ mañana?
    < Sí, estupendo. Me apetece mucho _reunirnos_.
    a) vemos / que nos reunamos.
    b) encontremos / reunirnos.

58. Te llamo para decirte _que vengas_ a mi casa esta noche.
    a) de venir   b) que vengas

59. Las personas que tienen alergia a la primavera siempre están _sonándose_ la nariz.
    a) sonándose   b) depilándose

60. > _Haz_ lo que te ha recomendado Elisa.
    < Vale, lo haré, pero no pienses que _estoy_ muy convencido.
    a) Haz / estoy
    b) Haces / soy

UNIDAD 1 — *¿Mundo globalizado? No, diálogo entre culturas*

PRETEXTO

Esta ciudad ha logrado que el paso del tiempo no la dañe. Precisamente este reloj es uno de los símbolos de Praga. ¿Te habías dado cuenta? ¿Sabías que en la Edad Media fue más grande que París?

Imagino que sabrás que esta foto es de una plaza europea muy famosa. Se encuentra en la capital de la U.E.

Me parece que las costumbres no se pueden globalizar. No permitamos que las tradiciones desaparezcan en un mundo uniforme. En Salvador de Bahía verás, oirás, olerás y notarás que el mundo es rico y variado.

Queremos que la gente que nos visita vuelva a sentir que es cierto aquel viejo dicho: "De Madrid, al cielo y un agujerito para seguir viéndolo". Opinamos que Madrid ofrece muchas posibilidades si se saben encontrar.

1. Comenta lo que te sugieren las fotos en relación con el título de la unidad.
2. Busca palabras que expresen actividades de la cabeza: *pensar, imaginar*, etcétera.
3. Recuerda el subjuntivo y señálalo en los textos. Sabemos que no es fácil pero, ¿podrías deducir por qué se usa en estos casos?
4. Lleva a clase tus propias fotos o recortes de revistas y entre todos/as escribid breves textos como los nuestros.

CONTENIDOS GRAMATICALES

I. VERBOS DE INFLUENCIA Y DE SENTIMIENTO O REACCIÓN.

1. ¿Recuerdas los verbos que se construyen con subjuntivo? En esta lista te damos unos que sí lo necesitan y otros que no. Clasifícalos y justifica tu respuesta.

Verbo + que + Subjuntivo

La lista	Con subjuntivo	Con indicativo
Preferir, imaginar, suponer, pensar, querer, opinar, gustar, desear, creer.	Gustar	Creer

2. También has estudiado cuándo es obligatoria la presencia del subjuntivo. Dinos si estas frases son correctas o no y por qué.

a. Me gusta que yo visitar muchos países.
b. Preferimos no tener clase por la tarde.
c. ¿Quieres que saque yo las entradas?
d. He pedido a Luisa venir con nosotras.

3. ¿Puedes ahora escribir la regla?

El subjuntivo se usa con verbos _____.
Y es obligatorio cuando _____.
Otros verbos como éstos son: _____.

4. Resumimos:

4.1. Los verbos que expresan la *influencia* de un sujeto (sea una persona o no) sobre otro tienen que construirse *con subjuntivo* si los *sujetos* son *distintos*. Cuando el sujeto es el mismo, se construyen con infinitivo.

Ejemplos.
– *He logrado aprobar* el examen / *He logrado que me contraten* por tres años.
– Siempre *intento llegar* a tiempo / Siempre *intento que mis alumnos lleguen* a tiempo.

OTROS VERBOS DE INFLUENCIA:

Aconsejar/recomendar, hacer, necesitar, pedir, querer, etcétera.

4.2. Los verbos *permitir*, *dejar* y *prohibir* admiten la construcción con infinitivo cuando el segundo sujeto queda expresado por un pronombre.

Ejemplos:
– *Te* permito *fumar* / *Te* permito que fumes.
– Mis padres *me* dejan *salir* hasta muy tarde / Mis padres *me* dejan que salga hasta muy tarde.

4.3. Los verbos que expresan *sentimientos* o *reacción* funcionan igual que los del grupo anterior.

> CON EL MISMO SUJETO: verbo + infinitivo.
> CON DISTINTO SUJETO: verbo + *que* + subjuntivo.

Ejemplos:
– No *soporto trabajar* por la noche / *No soporto que la gente no sea* respetuosa.
– *Me ha encantado conocerte* / *Me ha encantado que nos conozcamos* aquí, en mi casa.

En verbos como *gustar, dar igual, encantar,* etc., el sujeto es el infinitivo o la oración introducida por 'que', y no los pronombres 'me', 'te', 'les', 'nos', etcétera.

OTROS VERBOS DE SENTIMIENTO O REACCIÓN:
Agradecer, dar igual, dudar, fastidiar, gustar, lamentar, molestar, sentir, etcétera.

II. LOS VERBOS DE "LA CABEZA".

Llamamos así, para simplificar la terminología, a los verbos que tradicionalmente se consideran de **entendimiento, lengua** y **percepción**.

Pertenecen a este grupo:

DE ENTENDIMIENTO
Creer, imaginar, parecer, saber, sospechar, suponer, etcétera.

DE LENGUA
Contar, decir, opinar, etcétera.

DE PERCEPCIÓN
Darse cuenta, notar, sentir, oír, ver, oler, etcétera.

1. Se construyen seguidos de indicativo:

⇨ **1.1. Cuando el verbo principal va en forma afirmativa e interrogativa.**
Ejemplos:
– *Me parece que* no *hay* nadie en casa.
– *Opino que debemos* esperar un poco antes de decidir.
– *He notado que* tu español *ha mejorado* mucho.
– ¿Quién te *ha dicho que van a* cortar el agua?
– ¿*No crees que* ya *es* un poco tarde para ir a casa de Sonsoles?

⇨ **1.2. Cuando el verbo principal es un imperativo en forma negativa.**
Ejemplos:
– *No crean que* las cosas *van* a arreglarse solas.
– *No digas que es* difícil.

⇨ **1.3. Cuando el que habla se refiere en forma negativa a lo que otro no ve, no oye o no percibe.**
Ejemplos:
– *Nadie se da cuenta* de que las cosas no *pueden* seguir así (yo sí).
– Los fumadores *no comprenden* que el humo *molesta* a los demás.

2. Van seguidos de subjuntivo:

⇨ **2.1. Cuando el verbo principal está en forma negativa.**
Ejemplos:
– *No me parece que* ésa *sea* una buena solución.
– Nosotros *no hemos dicho que sea* difícil, han sido ellos.
– Mi profesora dice que *he progresado*, pero yo *no he notado que hable* mejor.

¡Ojo!

 Con los verbos de la cabeza se suele usar el subjuntivo o el indicativo incluso cuando LOS SUJETOS SON IGUALES.

Ejemplos:
– *Creo que podré* ir con ustedes / *Creo poder ir* con ustedes.
– *No creo que pueda* ir con ustedes / *No creo poder* ir con ustedes.

III. Verbos *decir* y *sentir*.

Hay verbos, como *decir* y *sentir*, que tienen dos significados.
Decir: *comunicar algo verbalmente* (lengua ⇨ Ind.) / *aconsejar* (influencia ⇨ Subj.)
Sentir: *lamentar* (sentimiento ⇨ Subj.) / *notar* (percepción ⇨ Ind.).

Ejemplos:
– Mi asesor económico *me ha dicho que* la bolsa *va a* (información) bajar y que, de momento, no *invierta* (influencia).
– *Siento que no puedas* quedarte unos días más (sentimiento).
– Cuando hace sol, *siento que tengo* más energía y *estoy* de mejor humor (percepción).

PRACTICAMOS LA GRAMÁTICA

I. Completa con indicativo o subjuntivo.

1. > Esto te lo digo a ti, pero no quiero que se lo (contar) _cuente_ a nadie.
   < No te preocupes, *soy una tumba*. Es que a mí tampoco me gusta que la gente (enterarse) _se entere_ de mis cosas.
2. > Lo siento, hoy no puedo colgarte los cuadros, es que no tengo tiempo.
   < Oye, oye, que no te estoy pidiendo que me lo (hacer) _hagas_ tú, sólo necesito que me (ayudar) _ayudes_.
3. > Perdona, ¿qué has dicho? Es que no te he oído, con este ruido…
   < Que me (ir) _vaya_, que (ser) _es_ muy tarde.
   > ¿Tarde? ¡Qué va! No me digas que no te (gustar) _gusta_ estar aquí con los amigos.
4. > ¿Van a venir tus compañeros de trabajo?
   < No, no creo que (venir) _vengan_, estas reuniones formales no les gustan.
5. > Voy a sustituir a Alejandro.
   < ¿Otra vez? Me parece a mí que ese chico te (tomar) _toma_ mucho *el pelo*.
   > Otras veces me sustituye él a mí.
   < ¿Ah, sí? Pues yo no he visto nunca que Alejandro (sustituir) _sustituya_ a nadie.
6. > Imagino que a estas horas ya no nos (dar) _darán_ nada de cenar.
   < Vamos a ver si hay suerte, aunque no creo que (estar) _esté_ la cocina abierta. Aquí los restaurantes cierran antes que en España.
7. > Opino que este coche (ser) _es_ el mejor del mundo.
   < *No es para tanto*, lo que pasa es que resulta muy llamativo.

PARA ACLARAR LAS COSAS

Ser una tumba: saber guardar un secreto.
Tomar el pelo a alguien: no tomar en serio a una persona; reírse de ella. Entre amigos tiene carácter lúdico y no malintencionado.
No ser para tanto: no corresponder la afirmación con la realidad. Ser exagerado.

A. Comenta los elementos culturales referidos a los horarios, la relación con los amigos, etc., y di si son diferentes en tu país.
B. Señala las funciones comunicativas que aparecen en los diálogos.
   Ejemplo:
   No te preocupes: sirve para tranquilizar.
C. ¿Recuerdas otras fórmulas?

II. Completa este texto con las palabras entre paréntesis en su forma correcta. Luego, comenta con tus compañeros/as lo que más /menos te ha gustado.

NOCHES DE BODA. Autor: Joaquín Sabina.
Que el maquillaje no (apagar) _apague_ tu risa, que el equipaje no *lastre* tus alas,
que el calendario no (venir) _venga_ con prisas, que el diccionario *detenga* las balas.
Que las persianas (corregir) _corrijan_ la aurora, que *gane* el quiero la guerra del puedo,
que los que esperan no (contar) _cuenten_ las horas, que los que matan se (morir) _mueran_ de miedo.
Que el fin del mundo te *pille* bailando, que el escenario me (teñir) _tiña_ las canas.
Que nunca (saber, tú) _sepas_ ni cómo ni cuándo, ni ciento volando, ni ayer ni mañana.
   Que el corazón no se *pase de moda*, que los otoños te *doren la piel*,
   que cada noche sea *noche de bodas*, que no se *ponga la luna de miel*.
   Que todas las noches sean *noches de bodas*, que todas las lunas sean *lunas de miel*.
Que las verdades no (tener) _tengan_ complejos, que las mentiras (parecer) _parezcan_ mentira,
que no te *den* la razón los espejos, que te *aproveche* mirar lo que miras.
Que no se *ocupe* de ti el desamparo, que cada cena *sea* tu última cena,
que ser valiente no (salir) _salga_ tan caro, que ser cobarde no (valer) _valga_ la pena.
Que no te *compren* por menos de nada, que no te *vendan* amor sin espinas,
Que no te (dormir) _duerman_ con cuentos de hadas, que no te (cerrar) _cierren_ el bar de la esquina.

III. Completa la conversación con los verbos que faltan. Luego dinos si su tono es formal o informal. Justifica tu respuesta. Lee el diálogo con la entonación adecuada.

llevemos, realice, va, haga, fume, durmamos, tomes, vayamos, beba.

> ¿Qué te pasa, hombre? Tienes mala cara.
< Chico, *estoy para el arrastre*. Creo que me _____ a dar algo. Mi jefe es un histérico, no me deja que _____ ningún proyecto de los que presento. Un cliente me ha pedido que le _____ un informe de 500 páginas, mi mujer quiere que nos _____ de puente a la playa y, *para colmo*, mi madre insiste en que la _____ con nosotros. Por la noche *no* puedo *pegar ojo*. Cualquier ruido me impide descansar y mi mujer se niega a que _____ con la ventana cerrada. En fin, que estoy hecho un asco.
> ¿Y no has ido al médico?
< ¿Para qué? Me va a prohibir que _____ y que _____ y entonces sí que *me da un ataque*.
> Oye, pues sí que estás tú negativo, tío. ¿Por qué no consultas a algún homeópata? A lo mejor te recomienda que _____ algo natural y te arregla el estrés que tienes.

PARA ACLARAR LAS COSAS

Estar para el arrastre / estar hecho/a un asco: muy cansado/a; sin energías.
Para colmo: expresión que se usa tras una serie de cosas negativas.
No pegar ojo: no dormir.
Dar un ataque (en este contexto): empeorar, ponerse realmente enfermo.

IV. Los/as jóvenes son el futuro. ¿Qué tipo de mundo querrán ellos? Completa esta historia con tus propios deseos y los de tus compañeros/as. A continuación, elaborad otro cuadro expresando otras cosas que queréis.

1. Yo quiero que las guerras…
2. Nosotros pedimos a los gobernantes…
3. Las jóvenes necesitamos…
4. A mí me gusta que la gente de otras culturas…
5. Yo no veo que el mundo…
6. A mí me parece que…
7. Pues yo digo que si…
8. A mí me duele…
9. En mi grupo no creemos que…
10. Queremos que en todo el mundo…

A. ¿Qué te sugiere la foto?

VOCABULARIO

I. Los ritos de la vida.

A. Cada cultura tiene sus fórmulas para preparar a sus miembros para el futuro. Aquí tenéis un ejemplo. Leedlo y definid estas palabras con ayuda del diccionario:

Portar: _____.
Derramar: _____.
La ceremonia de la fertilidad sirve para: _____.

Antes del amanecer, esta joven india, *portando* las joyas de su abuela, hace su entrada en *la ceremonia de la fertilidad*. Sobre su cuerpo *se derrama* un líquido compuesto de polen, mientras ella reparte frutas, caramelos y nueces que lleva en una cesta.

B. Ahora trabajemos en equipos.

– Primero: La clase se divide en grupos. Cada uno toma una tarjeta con las listas de palabras que aparecen más abajo.
– Segundo: cada grupo debe saber el significado de las palabras de su tarjeta. Para ello puede usar el diccionario.

– Tercero: se ponen las tarjetas en común y cada grupo explica a sus compañeros/as las palabras que no sepan.
– Cuarto: se elabora un rito imaginario de una cultura también imaginaria usando elementos de las cuatro columnas. Se pueden añadir otros.

Joyas / adornos	Ropa	Alimentos	Momento del día
Aretes/ pendientes	Pieles	Maíz	El amanecer
Collares	Falda	Coco	La mañana
Pulseras	Blusa / camisa	Pescado	El mediodía
Sortijas / anillos	Pantalón	Nueces	La tarde
Brazaletes	Velo / turbante	Mandioca	El anochecer
Tatuajes	Cinturón	Frutas (dad nombres)	La noche
Flores	Casaca	Arroz	La madrugada
Conchas	Chilaba	Cerveza	
Huesos	Sari	Café	
	Capa		

INTERACCIÓN ORAL

I. REACCIONES Y CONSEJOS PRÁCTICOS. SUGERIMOS QUE ESTA ACTIVIDAD SE DESARROLLE DE FORMA TEATRALIZADA.

A. A tu compañero/a le ha sentado mal la comida y le duele mucho el estómago. ¿Qué le aconsejas?
B. Un/a cliente llega a tu taller con su 4x4 estropeado. ¿Qué le recomiendas? (Presta atención a las formas de tratamiento.)
C. Hay una cena con los/as colegas de trabajo. Uno no puede ir por problemas familiares. ¿Qué le dices?
D. En una reunión te ha tocado sentarte junto a alguien que tiene ideas fijas en casi todo. Por ejemplo, está en contra de la ley que permite el divorcio. ¿Cómo expresas tu opinión contraria?

II. IGUALES PERO DIFERENTES. TODOS LOS SERES HUMANOS TENEMOS ALGO EN COMÚN: COMER. SIN EMBARGO, NO TODOS LO HACEMOS IGUAL. TRAS LEER EL TEXTO Y COMENTARLO, BUSCAD OTRAS COSTUMBRES QUE NOS DISTINGAN O NOS PUEDAN IDENTIFICAR COMO "GROSEROS" CULTURALES.

Mesa y mantel son el escenario perfecto para demostrar los conocimientos sobre cualquier país o, por el contrario…, para meter la pata. No rellene su vaso si le ha invitado a comer un japonés: ofenderá su hospitalidad. Tampoco debe probar bocado hasta haber brindado. No rechace nunca un plato de comida y dé las gracias al acabar de degustar los manjares servidos.

Si va por el norte de África, por Malasia o las islas del Pacífico sus dedos serán los cubiertos que deberá emplear. En los países árabes, además, sólo debe usar la mano derecha por considerarse impura la izquierda. Y no se sienta incómodo por eructar o chuparse literalmente los dedos: demostrará que la comida le ha gustado.

III. EL QUE AVISA NO ES TRAIDOR.

A. Mira bien las viñetas.
B. Busca en el diccionario el significado de las palabras que no sabes.
C. Describe lo que ves.
D. Elige un personaje y entabla un diálogo con otro/a estudiante.

IV. TODOS NECESITAMOS QUE NOS ESCUCHEN.

A. La clase se divide en grupos y elige un colectivo que pide sus derechos: niños/as; inmigrantes; discapacitados/as, etcétera. Entre todos y todas se elabora una lista con los derechos que reivindican.

Ejemplos:
– Los niños y niñas del mundo necesitan que los mayores les escuchen.
– Queremos que todo el mundo tenga oportunidades de aprender...
– Pedimos...

B. Poned en común la lista de derechos que ha elaborado cada grupo.
C. Ahora, entre todos los derechos mencionados, cada grupo puede quedarse sólo con tres de ellos.
D. Fase final, los grupos vuelven a poner en común los tres derechos que han elegido. La lista final será considerada la "lista de los derechos fundamentales para esta clase".

Necesito que me escuches

... yo he aprendido a leer y a escribir y quiero que otros niños y niñas también aprendan. ¡Ayúdanos!

RECUERDA Y AMPLÍA

I. Los verbos SER y ESTAR

1. Usamos el verbo SER:

1.1. Para definir:
- Quiénes somos: — Hola, *soy* Pedro, el chico que llamó ayer.
- La profesión: — Julia quiere *ser* cirujana.
- La ideología (religiosa, política, artística, etc.): — Picasso *fue* cubista.
- El tiempo: — ¡Qué tarde *es*! Pero si *son* ya las 12.
- La cantidad: — Tres lecciones en un día *es* demasiado.

1.2. Con la preposición de, para indicar:
- Posesión, relación: — Mira, este coche *es de* mi vecino.
- Origen: — Esta carne *es de* Argentina.
- Material: — La mesa *era de* cristal.

1.3. Para expresar que un hecho "tiene lugar":
— La huelga *fue* el 20 de junio.
— Las fiestas de este pueblo *son* en verano.

1.4. Con adjetivos, para clasificar a los sujetos definiéndolos.

2. Usamos el verbo ESTAR:

2.1. Para expresar:

- El lugar: — La casa *estaba* en un pueblecito en las afueras de Quito.
- Con gerundio, una acción en proceso: — ¿Qué *estáis* haciendo?
- Con participio, resultado: — Ha llovido mucho y la carretera *está* mojada.
- Con preposición o adverbios, circunstancias: — *Estamos* contigo. Alberto *está* estupendamente.

- La fecha:
  Estamos a + día: — *Estamos* a lunes, 28.
  Estamos en + mes, año, estación: — *Estamos* en abril.

2.2. Con adjetivos, para expresar estados y para comparar a los sujetos consigo mismos en otro momento.

II. Los verbos SER y ESTAR con adjetivos que cambian de significado.

Adjetivos	Ser	Estar
Bueno/a	De carácter, de calidad, útil.	Que está bien de salud, de sabor.
Malo/a	De carácter, de calidad, perjudicial.	Que está mal de salud, de sabor.
Joven	Que tiene pocos años.	Que aparenta menos años.
Viejo/a	Que tiene muchos años.	Que aparenta más años.
Nuevo/a	Que tiene poco tiempo.	Que parece que tiene poco tiempo.
Listo/a	Que es inteligente.	Que está preparado.
Atento/a	Muy educado y amable.	Que presta atención.
Orgulloso/a	Que se cree superior.	Que está contento.
Abierto/a	Lo contrario de tímido.	Lo contrario de cerrado.
Rico/a	Que tiene mucho dinero.	Que tiene muy buen sabor.

III. Los verbos ESTAR y HABER.

Estar
- artículos determinados:
  Las gafas *están* allí.
- nombres propios:
  Luis no *ha estado* aquí.
- pronombres personales:
  Ella *estaba* en su casa.
- posesivos:
  ¿Dónde *está* mi móvil?
- demostrativos:
  ¿Dónde *está* esa carpeta que me prestaste ayer?

Haber
- artículos indeterminados:
  ¿Dónde *hay* un estanco?
- nombres comunes:
  Aquí no *hay* playa. ¡Vaya!
- numerales:
  En la fiesta *había* 50 personas.
- indefinidos:
  Hay algunos pasteles, ¿quieres?
- directamente con el sustantivo:
  Hoy no *hay* clase.

EJERCICIOS

I. Completa con SER o ESTAR. Lee el diálogo con la entonación adecuada.

> (Yo) Estoy seguro de que no vas a estar de acuerdo, pero a mí me parece que las fiestas son todas iguales. La gente bebe y baila hasta muy tarde. Después, todo el mundo está borracho. Al día siguiente no pueden hacer nada porque están hechos polvo. ¿De verdad os parece que esto es algo bueno? A mí, no. Creo que es una pérdida de tiempo.

< Y entonces tú, ¿qué haces para divertirte?

> ¿Yo? Leer, pasear por el campo o la playa. ¡Eso sí que es sano!

< Y entonces ¿qué pasa con las fiestas populares y las tradiciones? ¿Es que eso no es interesante para ti?

> ¡Hombre!, no es lo mismo. Yo me refiero a esos grupos de *borregos* que salen a divertirse porque es fiesta o fin de semana y a veces sin apetecerles.

< Bueno, pues ¿sabes lo que te digo, chico? Que es un *muermo*.

> De acuerdo, esa es tu opinión, pero yo soy como soy, y punto.

< ¡Vale, vale! ¿Vamos a tomar algo, que _es_ mi cumpleaños? o ¿damos "un sano" paseo bajo esta lluvia?
> Tampoco hay que exagerar, un día _es_ un día. ¡Vamos!

PARA ACLARAR LAS COSAS

Pachucha: no se siente muy bien, está algo enferma.
Borregos: los que hacen lo mismo que la mayoría.
Ser un muermo: ser aburrido.

II. COMPLETA CON EL VERBO SER O ESTAR MÁS UN ADJETIVO PARA QUE ESTAS AFIRMACIONES TENGAN SENTIDO:

Ejemplo: Ser rico es una experiencia que me gustaría tener alguna vez.
1. Cuando uno necesita tomar medicinas es que _____.
2. Mi hijo cae muy bien a las personas mayores porque dicen que _____.
3. Dice que no quiere ayuda de nadie y nunca la pide, _____.
4. Podemos irnos cuando quieras, ya _____.
5. No representa para nada su edad, _____.
6. Si necesitas dinero ahora, sácalo del cajero, los bancos _____.
7. _____ es una experiencia que me gustaría tener alguna vez.

III. RESPONDE USANDO LOS VERBOS SER, ESTAR O HABER.

1. > ¿Quién es este señor tan guapo?
   < _____.
2. > ¿Puedo hablar con la encargada?
   < ¿Con cuál?
   > _____.
3. > ¿Qué te pasa? Pareces enfermo.
   < _____.
4. > ¿No fuisteis al cine?
   < _____.
5. > ¿Por qué no podemos navegar?
   < _____
   _____.
6. > ¿Qué haces aquí? ¿Y la clase?
   < _____.

OTRAS DESTREZAS

COMO LO OYES

I. LA MAGIA DEL CIRCO DEL SOL. ESCUCHA LA GRABACIÓN Y SEÑALA SI LAS SIGUIENTES AFIRMACIONES SON VERDADERAS O FALSAS.

	V	F
1. Según la grabación, el fundador del Circo del Sol es un amante de la libertad.	☑	☐
2. El fundador montó un espectáculo en Québec.	☐	☐
3. Los artistas callejeros tuvieron mucho éxito en el festival de Los Ángeles.	☑	☐
4. Los niños/as pueden trabajar en el Circo del Sol y estudiar.	☑	☐

II. LA HISTORIA DE ALBA LUCÍA.

1. Escucha a estas dos chicas, colombiana una, española la otra. Contesta estas preguntas.
    A. ¿De qué temas están hablando?
    B. ¿Cuáles son los puntos de vista de Alba Lucía?
    C. ¿Qué usa Ana para animar a su amiga?
    D. ¿Qué diferencias culturales aparecen en la conversación?
    E. ¿Qué opinas de la reflexión final?

2. Entra en la siguiente dirección de Internet *http://www.colombia.com/colombiainfo/folclor_tradiciones/*, y busca información sobre Colombia. Aquí tienes algunos trajes típicos.

ESCRIBE

I. DESPUÉS DE OÍR LA CONVERSACIÓN ENTRE ALBA LUCÍA Y ANA, TRATA DE CONTESTAR A LA PREGUNTA FINAL QUE SE HACE ANA.

Si quieres, puedes seguir este guión:
Introducción: Define lo que entiendes por *vivir* y por *armonía*.
Desarrollo: ¿Qué tenemos que hacer para conseguir ambas cosas? ¿De qué depende?
Conclusión: ¿Qué opinas de la mezcla de gentes y cultura?

II. ESCRITURA COLECTIVA.

1. En grupo, elaborad una receta para el siguiente plato: "Vivir en armonía". Hay que pensar en: ingredientes, forma de cocinarlos, tiempo de preparación, etcétera.

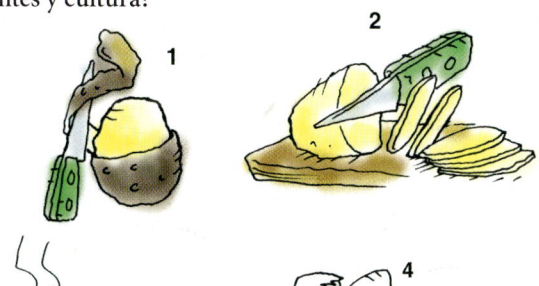

LEE

I. ¿DE DÓNDE ES UN SER HUMANO? ¿POR QUÉ? ¿QUÉ HAY QUE HACER PARA SENTIRSE BIEN EN OTRO PAÍS QUE NO SEA EL PROPIO? ANTES DE LEER EL TEXTO, HABLAD DE LOS MOTIVOS PARA EMIGRAR Y DE CÓMO SUELE RECIBIR LA GENTE A LOS INMIGRANTES.

1. Señala en el texto los párrafos que hacen referencia a la salida de un país y di si se habla de motivos.
2. ¿Quiénes son los personajes que aparecen en este fragmento? ¿Qué relación puede haber entre ellos? ¿Lo explica el texto?
3. ¿Cómo es el tono de la conversación? Justifica tu respuesta con ejemplos del texto.
4. ¿Qué palabras hacen referencia a la forma en que la gente trata a Mario y a su hija?
5. Hay una serie de palabras que identifican la nacionalidad de Mario Said, ¿las reconoces?

Atento al tráfico, Mario Said movía la cabeza rizada y aguileña con una pesadumbre bíblica, muy inclinado encima del volante, como un conductor novato. Para no perder del todo el sosiego y los nervios procuré cambiar de conversación, y le pregunté cómo le iba de vuelta en su país, cómo estaba su hija, a la que yo recordaba como una niña seria y callada. (…) Me había parecido una niña triste, irritada por dentro, aislada entre adultos.

— Ya tiene trece años, la Mandy, ya no consiente que la llamen *Morochita*. (…) Te la **encontrás** por la calle y no la **conocés**, hermano. Algunos me ven con ella del brazo

y me toman por un *lolitero*. ¿**Sabés** lo malo? Que quiere que nos vayamos de vuelta a los Estados Unidos. Allá en Tucumán no hace otra cosa que sentarse delante de la televisión a ver CNN y Cartón Network y las películas de TNT. Hay que joderse en esta vida, *la pucha*. Cuando yo era pequeño en Tucumán los niños de la calle me llamaban el Turco. Me fui huyendo a España cuando vino el *Proceso* y allá algunos me llamaban *sudaca*, o moro, si no me escuchaban hablar. Emigré a los Estados Unidos, nació mi hija y la llamaron la India. ¿Y **sabés** cómo la llaman ahora las niñas en la escuela? La gringa, la gringuita. Vos por lo menos sos de un solo sitio…

Antonio Muñoz Molina: *Carlota Fainberg*, (1999).

PARA ACLARAR LAS COSAS

Morocha: morena.
Lolitero: es un hombre al que le gustan las jovencitas. Hace referencia al libro *Lolita* y a la película del mismo nombre.
La pucha: exclamación de disgusto muy frecuente en Argentina.
El "voseo": es una forma de tratamiento amistoso propia de Argentina y otros países de América Latina. Los verbos del texto que aparecen destacados en negrita están en esa forma coloquial.

UNIDAD 2 — *Siente, no seas una máquina*

PRETEXTO

ESTAS NAVIDADES DONA ILUSIÓN
Con tu ayuda *es posible* que los niños de las zonas más pobres del mundo *reciban* la atención básica en nutrición, salud y educación.
¡FELIZ NAVIDAD Y PRÓSPERO AÑO NUEVO!

Es fundamental que *sepamos* dialogar porque es imprescindible que nos comuniquemos.

Es preciso poner fin al silencio, al estigma y la vergüenza que *siguen* rodeando al sida.

Es evidente que las amistades *nos ponen* en contacto con el mundo exterior y las encontramos cuando estamos abiertos interiormente.

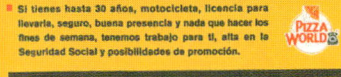

BUSCAMOS MOTORISTAS que puedan repartir nuestras pizzas en 30 minutos en cualquier punto de la ciudad.
(LA GUARDIA URBANA TAMBIÉN LOS BUSCA)
■ Si tienes hasta 30 años, motocicleta, licencia para llevarla, seguro, buena presencia y nada que hacer los fines de semana, tenemos trabajo para ti, alta en la Seguridad Social y posibilidades de promoción.
PIZZA WORLD

Haz caso a tus padres. Aprende algo que te sirva para poder defenderte en la vida
Karate School

LLÉVALES EL PAN QUE QUITA EL HAMBRE PARA SIEMPRE

1. Fíjate en las expresiones destacadas en cursiva. ¿Puedes decir cuál es la estructura?
2. Piensa un momento en el significado de los adjetivos, y busca sinónimos de los mismos. ¿Por qué crees que tras alguno de ellos va el verbo en modo indicativo mientras que tras otros va en modo subjuntivo?
3. En los anuncios, fíjate en las palabras que van delante de *que*. ¿Parecen conocidas o desconocidas para la persona que ha escrito la frase?
4. Ahora mira el modo del verbo que va detrás. ¿Puedes deducir alguna regla? Haz lo mismo con los anuncios.
5. ¿Qué anuncio de los presentados te gusta más? ¿Por qué?

CONTENIDOS GRAMATICALES

I. CONSTRUCCIONES CON *SER, ESTAR* Y *PARECER*.

1. ¿Recuerdas los adjetivos y sustantivos que llevan subjuntivo detrás de *ser* o *estar*? En esta lista te damos unos que sí lo llevan y otros que no. Sepáralos.

La lista	Con subjuntivo	Con indicativo
Evidente, una lástima, lógico, verdad, bueno, natural, cierto, normal, seguro, una pena, claro.	Es lógico	Está claro

2. Aquí tienes el esquema.

> SER
> PARECER   + ADJETIVOS O SUSTANTIVOS + *QUE*

> SER
> ESTAR   + ADJETIVOS O ADVERBIOS + *QUE*
> PARECER

⇨ **2.1. Se construyen con indicativo:**
Verdad, evidente, seguro.
Y sus sinónimos: *cierto, claro, obvio.*

Ejemplos:
– *Es verdad que* el mundo *está* superpoblado.
– *Está claro que* eso nos *molesta*.
– *Parece evidente que* los vecinos *se cambian* de casa.

⇨ **2.2. Se construyen con subjuntivo:**
Bueno, difícil, importante, interesante, fácil, lógico, malo, mejor, necesario, normal, peor, posible, suficiente, útil, bien, mal.
Y *verdad, evidente* y *seguro* y sus sinónimos en forma negativa.

Ejemplos:
– *Es natural que* todos *estemos* preocupados.
– *Está bien que* en verano *limpien* los bosques.
– *Me parece bien que* os *vayáis* de acampada.
– *No es verdad que* ese hotel *esté* restaurado.

3. Y aquí te damos un *truco*.
Ante una palabra nueva puedes preguntarte: ¿Es sinónimo de *verdad, evidente* o *seguro*? Si la respuesta es negativa, entonces se construye con subjuntivo.

Hay algunas expresiones que significan lo mismo y por tanto <u>van con subjuntivo</u>
Mas vale que = es mejor que.   *Conviene que* = es conveniente / bueno que.
Basta con que = es suficiente con que.   *Puede que* = es posible que.

II. Oraciones de relativo.

1. Lee los siguientes textos y trata de averiguar por qué en unos casos se emplea el modo indicativo y, en otros, el subjuntivo.

– El año pasado estuve de vacaciones en un pueblo en el que no *había* turistas. Este año mis amigos y yo estamos buscando un lugar parecido en el que tampoco *haya* demasiada gente.

< He domiciliado en el banco todos *los recibos* que tengo que pagar.
> Yo también, pero es que no conozco a *nadie* que no haga eso.

Las palabras que aparecen en cursiva se llaman **antecedente**. Es el sustantivo o pronombre con el que tiene relación el relativo.

2. Escribe tu teoría.
Se emplea el modo indicativo porque _____ .
Se emplea el modo subjuntivo porque _____ .

3. Contrasta con la nuestra.

⇨ **3.1.** Las oraciones de relativo se construyen con indicativo cuando se refieren a un antecedente conocido o sirven para generalizar.
Ejemplos:
– Estuve en un pueblo *en el que* no había turistas. (El pueblo es conocido.)
– *Al que madruga*, Dios le ayuda. (Se refiere a todo el mundo.)

⇨ **3.2.** Se construyen con subjuntivo cuando se refieren a un antecedente desconocido, o niegan o preguntan por la existencia del antecedente.
Ejemplos:
– Estamos buscando un lugar parecido *en el que* tampoco *haya* demasiada gente. (Si buscamos, no conocemos.)
– No conozco *a nadie* que no *haga* eso. (Se niega la existencia.)
– ¿Has visto a *alguien* que *lleve* un sacacorchos en la mano? (Se pregunta.)

III. Oraciones modales.

1. Después de leer lo que sigue, ¿crees que podemos aplicar la misma regla?
– Fuimos al restaurante vasco que nos recomendaron y estaba cerrado *como nos dijiste*.
– No me han dado instrucciones, me han dicho que clasifique los discos *como yo quiera*.

2. Sí, ya que entendemos la palabra *como* con el significado *de la manera que*. Por eso aplicamos la misma regla: con indicativo si hablamos de algo conocido; con subjuntivo si hablamos de algo desconocido.
Ejemplos:
– La cumbre de los países del Caribe se celebró *como estaba* previsto.
– Ten cuidado, "*como me salga* de las narices" es una expresión de mala educación.

PRACTICAMOS LA GRAMÁTICA

I. Completa con la forma adecuada.

1. > Antonio está insoportable últimamente. No sé qué puedo hacer y **mira que** tengo paciencia.
   < ¡Hombre! Es lógico que (estar) _____ así. Lo mejor es que le (dar, tú) _____ **tiempo al tiempo**.
2. > Quiero cambiar de vida y hacer sólo cosas que me (gustar) _____.
   < Recuerda que la felicidad no es hacer lo que uno (querer) _____ sino querer lo que uno (hacer) _____.
3. > He llamado cinco veces a Rosa para salir y nada, estoy harta.
   < No te preocupes. Está claro que no (querer) _____ nada con nosotros. **¡Allá ella!**
4. > Gustavo **se la está pegando con otra** y Teresa ni se da cuenta.
   < Así no sufre, ya lo dice el refrán: "Ojos que no (ver) _____, corazón que no (sentir) _____".
5. > Los vecinos de arriba se están peleando continuamente.
   < **¿Y a ti qué?** Más vale que te (dedicar) _____ a tus problemas, que ya tienes bastantes.
6. > ¿Sabes? Puede que Paloma y yo (**volver**) _____.
   < Tú sabrás lo que te haces, pero otras veces que lo habéis intentado, no ha funcionado.
7. > ¿Es necesario que (rellenar) _____ todos estos papeles?
   < Sí, ya sabes cómo es la burocracia.

PARA ACLARAR LAS COSAS

> *¡Allá ella!*: Ella sabrá lo que hace.
> *¿Y a ti qué?*: ¿Y a ti qué te importa?, no es tu problema.

A. Señala las frases que expresan consejo. ¿Conoces otras formas de expresarlo?
B. Deduce por el contexto o con ayuda de tu diccionario el significado de las expresiones destacadas en negrita. ¿Cómo se expresa la misma idea en tu idioma?

II. Completa con la forma adecuada de indicativo o subjuntivo. Después, léelo con la entonación correcta.

> Me han dicho que quiere usted verme.
< Sí, verás, es importante que (hablar, nosotros) _hablemos_, porque tú eres el mejor alumno que (tener, yo) _tengo_ en 2.º de Bachillerato y quiero saber la carrera que (elegir, tú) _elegiste_.
< Pues he decidido estudiar Literatura.
> Tú verás…, pero eso es algo que no (tener) _tiene_ salidas. Es muy difícil que (encontrar, tú) _encuentres_ un trabajo, ya sabes que las *oposiciones* están congeladas y, si lo consigues, nunca tendrás un sueldo que (valer) _valga_ la pena.
< Ya, pero usted sabe que lo que más me (gustar) _gusta_ es leer. A mí no me interesa una carrera que sólo me (asegurar) _asegure_ el futuro. Creo que lo más importante es encontrar un trabajo que te (hacer) _haga_ sentir feliz.

> Bueno, como (querer, tú) _quieres_, pero es muy posible que después (arrepentirse, tú) _te arrepientas_. Piensa en lo que te (decir, yo) _digo_.
< Lo pensaré, pero no creo que (cambiar, yo) _cambie_ de opinión. He leído que la felicidad está más con el pobre que (considerar) _considera_ que tiene bastante, que con el rico que nunca (creer) _cree_ que tiene bastante. De todos modos, muchas gracias por su interés.
> De nada, ahora pienso que es posible que en parte (llevar, tú) _lleves_ razón.

PARA ACLARAR LAS COSAS

- *Tú verás* (lo que haces): Tiene un significado muy similar a la expresión ¡allá tú!
  Oposiciones: exámenes para obtener una plaza de funcionario/a.

III. Completa con el tiempo y modo adecuados. Fíjate en que la mayoría de los verbos depende de la expresión SER INCOMPRENSIBLE QUE.

En la vida, como todo el mundo (saber) _sabe_ hay cosas que, para una inmensa mayoría, (ser) _son_ incomprensibles, como por ejemplo, la luz; el funcionamiento de la bolsa; que (abrir, tú) _abras_ un grifo y (salir) _salga_ agua –incluso caliente–; los transplantes; que aquel amor platónico que (tener, nosotros) _tuvimos_ no se diera nunca cuenta de nuestros sentimientos; que el servicio de telefónica no (saber) _sepa_ darte un teléfono que tú, más tarde, encuentras en la guía; los ordenadores; la sonda Júpiter; que (continuar, ellos) _continúen_ coronando los helados con *guindas*, si no les (gustar) _gustan_ a casi nadie, que las chicas (decir) _digan_ que no cuando quieren decir que sí; que los aviones (volar) _vuelen_; la prensa rosa; la venta de armas; que todos los Aries (tener) _tengan_ una revitalización sentimental la misma semana; las mareas; que los actores de comedia (tener) _tengan_ que acabar haciendo un papel dramático para que su trabajo sea reconocido; el más allá; que cuando lleves el coche al taller ya no (hacer) _haga_ ese ruido; que la gente que (utilizar) _utiliza_ el teléfono móvil (gritar) _grite_; que (haber) _haya_ tantos camareros que (desconocer) _desconocen_ las virtudes del desodorante; que (ser) _sea_ negocio vender *ensaimadas mallorquinas* "recién hechas" en las áreas de servicio de las autopistas; las instrucciones de funcionamiento de casi todo; que (haber) _haya_ personas que (tener) _tengan_ la necesidad de crear, de escribir, de representar obras sabiendo que se exponen a que las critiquen gratuitamente; que (haber) _haya_ otras que (pagar) _paguen_ una entrada para

ver esas obras; que me (tocar) _toco_ a mí el privilegio de adaptar y dirigir *La cena de los idiotas* y que, encima, me (pagar) _paguen_. En la vida, como decía, hay cosas que son incomprensibles.

Paco Mir, Director de la obra de teatro *La cena de los idiotas*.

PARA ACLARAR LAS COSAS

> *Guindas:* fruta similar a la cereza, que adorna los cócteles y algunos pasteles.
> *La prensa rosa:* la que publica noticias de famosos/as.
> *Ensaimada mallorquina:* pastel en forma de espiral, típico de Mallorca.

A. ¿Cómo funciona el servicio de información telefónica en tu país?
B. ¿Piensas que lo que dice sobre las chicas es actual o es una realidad de tiempos pasados?
C. ¿Piensas que hacer teatro y tener éxito es hoy en día casi un milagro?
D. De las cosas que se presentan como incomprensibles, señala cuáles son, en tu opinión, positivas y, cuáles, negativas.

IV. CONTESTA A LAS PREGUNTAS.

1. > ¿Cuándo son los exámenes finales?
   < Ahora mismo no lo sé, pero lo más lógico es que _____.
2. > ¡Qué buena te ha salido la carne! ¿Cómo la has hecho?
   < Como _____.
3. > ¿Qué le compramos a Alberto y Marta por sus bodas de plata?
   < Por favor, algo que no _____.
4. > Y, ¿qué tal con Luis ayer?
   < Lo siento, pero no puedo contarte lo que _____.
5. > ¿Cómo me visto para la cita?
   < Como tú _____.
6. > ¿Cuántos enchufes necesitas?
   < Basta con que _____.
7. > ¿Quién es el novio de Soledad?
   < El que _____.

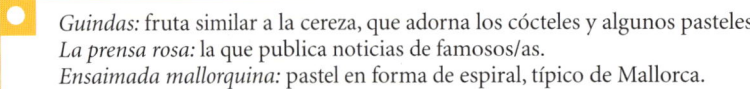

VOCABULARIO

I. Primero, completa estas afirmaciones con las palabras del recuadro. Después, comenta estas frases con tus compañeros/as. Imagina cómo es la persona que las ha dicho. ¿Estás o no de acuerdo? Di cuáles te parecen positivas y cuáles negativas. Entre paréntesis te indicamos el número de veces que se repiten esas palabras.

> *Amar (2), soledad (3), amigos (2), amistad, odiar, felicidad (2), feliz, sentimientos, matrimonio, amor.*

1. La capacidad de reír juntos es el _____.
2. Una persona sin _____ es como un libro que nadie lee.
3. Nuestros pensamientos más importantes son los que contradicen nuestros _____.
4. Pueden _____ los pobres, los locos y hasta los falsos, pero no los hombres ocupados.
5. Cuando se deja de frecuentar a los verdaderos _____, se pierde el equilibrio.
6. Sólo un idiota puede ser totalmente _____.
7. _____ a alguien es otorgarle demasiada importancia.
8. Ten tus ojos bien abiertos antes del _____, y medio cerrados, después de él.
9. _____ a alguien para hacerlo distinto significa asesinarle.
10. La _____ es el precio de la libertad.
11. La _____ es el amor, pero sin sus alas.
12. No es difícil llorar en _____, pero es casi imposible reír solo.
13. La _____ es mejor imaginarla que tenerla.
14. Quizá la mayor equivocación acerca de la _____ es que cada cual va por el mundo creyendo ser el único que la padece.
15. Muchas personas se pierden las pequeñas alegrías mientras aguardan la gran _____.

II. Ahora vamos a trabajar el amor con humor. Primero relaciona las palabras con sus definiciones, y luego inventa tú otras para que tus compañeros/as las adivinen.

Ejemplo: 2. d. *Soltero/a. Individuo en estado de felicidad momentánea.*

1. Amor	a.	Efecto secundario de hacer el amor.
2. Soltero/a	b.	Anticipo del dolor.
3. Ternura	c.	Buen lugar para ir de visita, pero malo para quedarse en él.
4. Niño/a	d.	Individuo en estado de felicidad momentánea.
5. Boda	e.	Cualidad de poder ser traicionado.
6. Soledad	f.	Lo que queda de un novio después de la boda.
7. Cama	g.	Palabra de cuatro letras, dos vocales, dos consonantes y dos idiotas.
8. Marido	h.	Virus del enamorado/a.
9. Fidelidad	i.	Principal e indiscutible causa de un divorcio.
10. Celos	j.	Vehículo utilizado para entrar y salir de este mundo.
11. Placer	k.	Término que disimula una pasión declinante o una indiferencia creciente.

INTERACCIÓN ORAL

I. ¡No aguanto más!

A. Después de un tiempo de relación, decides casarte o irte a vivir con tu pareja. Habéis vivido momentos de gran felicidad, pero, poco a poco, descubres hábitos suyos que no te gustan demasiado. Han pasado algunos meses y un día estallas. No estás dispuesto/a a dejar nada en el tintero. Debes usar las estructuras aprendidas. Aquí tienes algunas.

> *No me gusta que, me molesta que, no soporto que, estoy harto/a de que, me pone los nervios de punta que, me saca de quicio que, es horrible que, es insoportable que, es increíble que, es absurdo que,* etcétera.

B. A continuación te presentamos algunas costumbres que suelen irritar a la pareja. Tú, con tu experiencia e imaginación, debes añadir otras que se te ocurran.

Los deportes.	*Salir/quedarse en casa.*	OTRAS
La suegra.	*Recoger los platos.*	
Los pelos en el baño.	*Roncar.*	
El teléfono.	*La tapa del inodoro.*	
El fútbol.	*Los programas de televisión.*	
La hora de salir.	*Gastar dinero.*	

II. ¡Qué felices seremos los dos!

A. Pero vuestro amor es más fuerte que estas pequeñas molestias y, tras la bronca, decidís sentaros a hablar "como personas" y de modo constructivo.
Aquí tienes algunas estructuras. Lo demás es cosa vuestra.

> *Mira, yo creo que, es lógico que, es importante que, lo mejor es que, si quieres…, es verdad que, estoy seguro/a de que*, etcétera.

III. Costumbres de boda.

A. Señala si estas afirmaciones te parecen verdaderas (v) o falsas (f). Justifica tu respuesta y contrástala con las de tus compañeros/as. También podéis comentar las costumbres de vuestros países.

	V	F
1. A la salida del Juzgado o la Iglesia, los invitados echan arroz a los novios.	☐	☐
2. El novio deberá llevar en el bolsillo tres garbanzos, símbolo de que es él el encargado de traer "la comida" a casa.	☐	☐
3. En el banquete se corta la corbata del novio, y los invitados dan una cantidad de dinero a cambio de uno de los trozos.	☐	☐
4. El novio no podrá ver el traje de la novia hasta el momento de la boda.	☐	☐
5. Los novios deberán iniciar el baile con el típico pasodoble español.	☐	☐
6. La tarta se decorará en rosa si los recién casados desean tener una hija, o en azul, si prefieren un niño.	☐	☐
7. Un mes antes de la boda, el novio, acompañado de sus padres, visita la casa de la novia y entrega doce monedas.	☐	☐
8. La novia repartirá sus alfileres blancos entre las solteras; éstas deberán dejarlos en su ropa. Si se caen, se casarán pronto; si no, se quedarán "para vestir santos".	☐	☐
9. La mujer no adquiere el primer apellido del marido, conserva los suyos.	☐	☐
10. La noche anterior sale el novio con sus amigos y la novia con sus amigas. Esto se llama "la despedida de soltero/a".	☐	☐

IV. ¡Qué bonito es el amor!

A. Mira bien las viñetas.

B. Busca en el diccionario el significado de las palabras que no sabes.

C. Describe todo lo que ves en las tres viñetas.

D. Tercera viñeta. Entabla un diálogo con otro/a estudiante. Uno hace el papel de marido y otro el de mujer.

RECUERDA Y AMPLÍA

I. EL FUTURO.

1. Recuerda que para expresar la idea de futuro podemos usar:

1.1. **presente + marcador de tiempo.**
Ejemplo: *Estas Navidades* no las *paso* con mi familia.

1.2. **presente de *ir + a* + infinitivo.** Se prefiere para lo que **tenemos planeado, organizado.** Para el hablante parece más inmediato.
Ejemplo: ¿Qué *vas a hacer* de comida?

1.3. **presente de *pensar* + infinitivo.** Insiste en **la intención** de hacer o no cosas que creemos tener muy claras. —una intención de hacer algo
Ejemplo: A partir de ahora *pienso cambiar* de actitud.

1.4. **forma propiamente de futuro.**
Se usa:

– para **predicciones.**
Ejemplo: A finales de año *cambiará* radicalmente su vida.

– para **hechos que creemos tener muy claros.**
Ejemplo: Siempre *estaré* a tu lado.

Observa que en la publicidad usan el futuro para asegurar que ocurrirá lo que dice el anuncio.
Ejemplo: Con nuestros cursos *aprenderás* en tu propia casa. Te *bastará* con una sola hora diaria. Tú *marcarás* los horarios.

– para **posponer cosas** que no deseamos realizar en ese momento.
Ejemplo: > Mamá, ¿vas a comprarme el ordenador?
< Ya *veremos* hijo, ya *veremos*.

– para expresar **duda, probabilidad o inexactitud**, referidas al presente.

II. FUTURO PERFECTO.

Ya conoces la forma del futuro simple. Ahora necesitas saber también cómo se forma el futuro perfecto o compuesto. Para su construcción hay que tomar el futuro de *haber*, y añadirle el participio del verbo correspondiente. Sin mirar el libro, intenta hacerlo tú solo/a.

FUTURO DE *HABER* + PARTICIPIO
Habré Habrás Habrá   + cenado Habremos   bebido Habréis   salido Habrán

PARTICIPIOS IRREGULARES MÁS FRECUENTES. RECUERDA
Hacer ⇨ Hecho   Decir ⇨ Dicho Poner ⇨ Puesto   Volver ⇨ Vuelto Abrir ⇨ Abierto   Ver ⇨ Visto Escribir ⇨ Escrito Descubrir ⇨ Descubierto

III. LA PROBABILIDAD.

1. Fíjate cómo podemos expresar duda o seguridad usando diferentes tiempos verbales.

	SEGURIDAD		DUDA / PROBABILIDAD
	PRESENTE	⇨	FUTURO
	PRETÉRITO PERFECTO	⇨	FUTURO COMPUESTO

Compara:

	Estoy seguro	⇨	No estoy seguro
	> ¿Qué hora *es*?	⇨	> ¿Qué hora *será*?
	< *Son* las cinco.	⇨	< *Serán* las cinco.
	> ¿Y Carlos?	⇨	> ¿Y Carlos?
	< *Ha ido* al súper.	⇨	< *Habrá ido* al súper.

EJERCICIOS

I. LEE TU HORÓSCOPO.

1. Transforma el infinitivo en una forma correcta del futuro.

a. Libra: (Deber, usted) _deberá_ hacer cambios, pero (poder) _podrá_ realizarlos con suavidad y sin perjudicarse. (Recibir) _recibirá_ una oferta interesante que le (estimular) _estimulará_ desarrollar sus posibilidades personales y/o profesionales. (Haber) _Habrá_ algunos imprevistos económicos, pero sin consecuencias graves. (Desear) _deseará_ expresar sus sentimientos con mayor facilidad y autonomía.

b. Géminis: Sus rendimientos profesionales (ser) _serán_ positivos y pragmáticos; (poder) _podrá_ desarrollar sus intereses si planifica claramente sus objetivos. Buenos resultados económicos. Actitud emocional tranquila que le (permitir) _permitirá_ poner de manifiesto su sensibilidad y sus sentimientos.

c. Tauro: (Tener, usted) _Tendrá_ alguna reunión para resolver cuestiones olvidadas pero que necesita sacar adelante o (acabar) _acabará_ estropeándolo todo. Sus resultados económicos (ser) _serán_ buenos y (poder) _podrán_ permitirle cierta relajación en su presupuesto. Sus sentimientos (ser) _serán_ intensos, aunque le (costar) _costará_ un poco expresarlos.

A. ¿Crees en los horóscopos? ¿Lees el tuyo, por ejemplo, en el periódico?
B. Tomad una baraja de cartas. Poneos de acuerdo para establecer el significado de cada una de ellas. Con un poco de imaginación "lee el futuro" a tu compañero/a, ¡en futuro, por supuesto!

II. Contesta a las preguntas; no estás seguro/a de la información.

1. > ¿Por qué *tiene esa cara*?
   < _____.
2. > ¿Por qué hay tanto tráfico?, ¿qué ha pasado?
   < _____.
3. > ¿Está lejos esa ciudad?
   < _____.
4. > ¿Quién es ese tipo tan raro que viene con Elena?
   < _____.
5. > ¿Por qué están en huelga?
   < _____.
6. > ¿Por qué han terminado Ana y Miguel?
   < _____.
7. > Carlos, tienes un regalo encima de la mesa.
   < ¿ _____?

PARA ACLARAR LAS COSAS

> *Tener esa cara:* el demostrativo *esa* permite dejar sin terminar la frase, ya que el contexto aclara a los interlocutores si se trata de una cara de enfado, de sorpresa, de cansancio, de preocupación, tan mala, etcétera.

OTRAS DESTREZAS

COMO LO OYES

I. Completa el poema con las palabras que faltan. Fíjate en el acento y di si encuentras alguna particularidad con respecto al acento de otras grabaciones. Fíjate también en que la poesía (y también las canciones) se permiten ciertas licencias, en este caso la ausencia de punto final y la presencia de mayúscula a principio de frase.

QUIERO

Quiero que me oigas sin juzgarme
Quiero que opinés sin *aconsejarme*
Quiero que *confíes* en mí sin exigirme
Quiero que me ayudés sin intentar decidir por mí
Quiero que me *cuides* sin anularme
Quiero que me mirés sin *proyectar* tus cosas en mí
Quiero que me *abraces* sin asfixiarme
Quiero que me animés sin *empujarme*
Quiero que me sostengas sin *aceptar* cargo de mí
Quiero que me *protejas* sin mentiras
Quiero que te *acerques* sin invadirme
Quiero que conozcas las cosas *mías* que más te *disgusten*

Que las _aceptes_ y no pretendas cambiarlas
Quiero que sepás _____ que hoy, hoy podés _contar_ conmigo
Sin _condiciones_

Jorge Bucay (RBA Editores)

A. ¿Estás de acuerdo con esta forma de plantear el amor?
B. ¿Te parece posible llevarlo a cabo?
C. En tu opinión, ¿en qué aspectos de los mencionados en el poema se falla más?

ESCRIBE

I. IMITANDO EL MODELO DE COMO LO OYES I, ESCRIBE UN POEMA A TU PROFESOR/A. AQUÍ TIENES UN MODELO:

Quiero que me corrijas sin regañarme,
Quiero que me expliques sin agobiarme…

Si queréis, podéis realizar este trabajo en parejas o en grupos y, posteriormente, negociar (hablando en español) cuáles son las mejores frases, escribirlas, y colocarlas en la pared.

II. COMPLETA ESTOS DIBUJOS AÑADIENDO UNA PALABRA A CADA INICIAL.

Amistad
A M O R

F E L I C I D A D

S O L E D A D

LEE

I. TONTERÍAS QUE HACEMOS CUANDO NOS ENAMORAMOS.

A. ¿Sabes qué es una baja laboral? Pon ejemplos de los casos en que se concede.
B. ¿Piensas que hacemos muchas tonterías cuando nos enamoramos? Escribe las que se te ocurran y completa tu lista después de leer el texto.

Mientras estés leyéndolo, presta atención a la pronunciación y a la entonación: la sílaba anterior a los puntos suspensivos debe alargarse. Lee el texto imaginando que estás en un teatro dirigiéndote al público y, en los diálogos, no te olvides de que ¡¡¡estás enamorado/a!!!

¿Ustedes no creen que debería existir una baja laboral por enamoramiento? ¿Acaso no te dan la baja cuando tienes depresión o estrés?
Cuando te enamoras no sólo te comportas como un idiota…, es que además piensas que eres especial, que las cosas que haces no las hace nadie más en el mundo. Aunque en realidad repites las mismas tonterías de todos los enamorados. El teléfono se convierte en el centro de tu vida, lo descuelgas cada cinco minutos para comprobar que hay línea. Pero, ¿qué crees? ¿Que te van a cortar la línea justo en el momento en que llama ella? Hombre, los de Telefónica *tienen mala leche*, pero no tanta. Cuando por fin te llama, te da un vuelco el corazón y te lanzas a una conversación muy profunda:

–¿Qué haces?
–Nada…
Y así dos horas de conversación profunda…, y otras dos para colgar:
–Bueno, pues cuelga.
–No, cuelga tú.
–Tú primero.

–No, tú.
–Contamos tres y colgamos los dos a la vez.
–Uno, dos y tres.
Y si cuelga ella, te quedas *jodido* y piensas que tú la quieres más. Y la vuelves a llamar:
–Oye, me has colgado…
–¿Pero no has dicho que contáramos hasta tres?
–Sí, pero no tan rápido.
Todo cambia radicalmente cuando estás enamorado. Tu escala de valores varía radicalmente. Por ejemplo, antes el domingo lo dedicabas al fútbol. Ahora te vas a comer con ella, y la sobremesa se prolonga. La miras, te mira, la coges de la mano… la seis

de la tarde… Pero, por mucho que la quieras, eres un hombre. Y hay un momento en el que no puedes más y te levantas:
–Voy al servicio, no te vayas, ¿eh?
Y en cuanto la pierdes de vista, agarras al camarero y le preguntas:
–Eh, ¿cómo va el Madrid, *tío*?
Cuando estás enamorado te comportas como un idiota. Por ejemplo, si te enamoras de una chica en la biblioteca, pones en marcha inmediatamente el juego de las miraditas. Lees una línea y la miras, pasas la página y la miras, buscas un pañuelo y la miras, te suenas los mocos y la miras… y, a veces, simplemente la miras…
Y es que no te atreves a acercarte. Te puedes *tirar meses buscando* esa frase que hará que ella caiga rendida a tus pies. Un día, por fin, la encuentras: "Me acercaré y le diré: Perdona, ¿te importaría no ser tan guapa?". Así que te levantas, vas hacia ella…, pero cuando te acercas sólo eres capaz de decir:
–¿Me dejas un boli? Es que se me ha gastado.

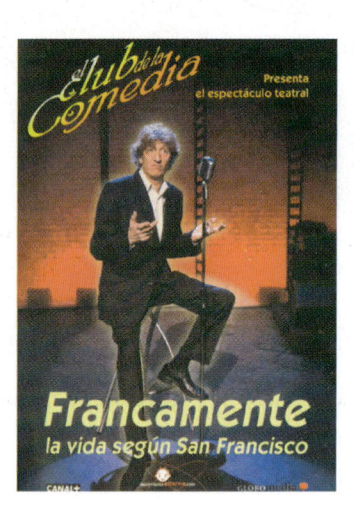

> **PARA ACLARAR LAS COSAS**
>
> *Tío:* uso informal para dirigirse a una persona cuyo nombre se desconoce o no se quiere decir, o bien a un amigo para llamar su atención.
> *Estar jodido/a:* fastidiado/a, enfadado/a, mal. Es de uso vulgar en España, pero no así en algunos países de Hispanoamérica.
> *Tirarse meses buscando:* llevar meses buscando. Tirarse añade un matiz de mayor esfuerzo.
> *Tener mala leche:* tener intención, deseos de hacer daño.

avance: curso de español   unidad 3

UNIDAD 3
Los españoles, ¿somos así?, ¿estamos cambiando?

PRETEXTO

I. LEE LOS SIGUIENTES TEXTOS Y SEÑALA EL VALOR QUE TIENE EL PRESENTE EN CADA UNO DE ELLOS.

Son las doce menos cuarto. Les *hablamos* desde la madrileña Puerta del Sol, alrededor de cuyo reloj se *agolpa* la gente con sus uvas y sus botellas de cava para esperar las campanadas que marcan la entrada de Año Nuevo.

El toro *pertenece* al grupo de los mamíferos rumiantes bóvidos. *Posee* una cabeza gruesa, de la que *salen* dos cuernos. *Tiene* la piel dura. Su pelo *es* corto, y su cola, larga.

Cuando *muere* Franco, el rey Juan Carlos I *sube* al trono y, poco tiempo después, se *legalizan* los partidos políticos y *empieza* la democracia.

–¡Cómo *pasa* el tiempo! Dentro de dos meses *son* los carnavales.
–Sí, pero este año no *voy,* porque *tengo* guardia.

–¿Cómo *se* hace la tortilla de patatas?
–*Es* muy fácil. *Pelas* y *cortas* las patatas y las cebollas y lo *fríes* todo con bastante aceite de oliva y a fuego lento. A continuación, *bates* unos huevos y los mezclas con las patatas y las cebollas, ya fritas. Después *añades* un poco de aceite en la sartén, *echas* las patatas con los huevos y *das* la vuelta a la tortilla. ¡Ah!, y la *sirves* con una buena ensalada.

II. AHORA LEE ESTE TEXTO. FÍJATE EN LAS FORMAS DE *ESTAR* + GERUNDIO Y SUBRAYA LAS EXPRESIONES CUYOS SIGNIFICADOS SE APROXIMEN A LOS DE: *ÚLTIMAMENTE, HACE UN TIEMPO, POCO A POCO, DENTRO DE UN TIEMPO, EN ESTOS MOMENTOS.*

Las cosas están cambiando en España; aquí también nos preocupamos por la naturaleza y el medio ambiente.
Uno de los cambios más sorprendentes de la España de hoy es que la población está envejeciendo. Gracias a las mejores condiciones de vida, a la dieta mediterránea, entre otros factores, la esperanza de vida aumenta. Por otro lado, la población está disminuyendo. Las estadísticas nos dicen que el promedio es de 1'2 hijos por familia: uno de los más bajos de Europa.

CONTENIDOS GRAMATICALES

I. El presente.

Comprueba con esta teoría si las conclusiones que extrajiste en la sección "Pretexto" son acertadas.

El presente se usa:

> 1. Para referirnos al **presente** que coincide con el momento en que hablamos.
> Ejemplo:
> – ¡Qué bien _hueles_!

> 2. Para referirnos a un periodo que comprende, además, un tiempo anterior y posterior al momento en que hablamos: es un **pasado** + **presente** + **futuro**.
> Ejemplo:
> – Ahora, en Madrid, _hay_ tres grandes museos: el Prado, el Reina Sofía y el Thyssen Bornemisza.

> 3. Para hablar de **costumbres** y expresar **frecuencia**.
> Ejemplos:
> – Los españoles _comen_ mucho pescado.
> – Nunca _voy_ al teatro.
>
> En este caso usamos muchos **marcadores temporales**, que van de _siempre_ a _nunca_. Vamos a ver cuántos recordáis entre todos.
> 100%   Siempre, todos los días… _____
> _____
> _____
> _____ Nunca, jamás, **0%**.

> 4. Para definir **verdades universales**.
> Ejemplo:
> – El sol _sale_ por el este y _se pone_ por el oeste.

> 5. Para referirnos **al futuro**. Con él, el hablante siente los hechos más próximos o muestra que el futuro está programado. Casi siempre va acompañado de **marcadores temporales**: mañana, dentro de, la semana / el mes / el año… que viene, después, ¿a qué hora…?, ¿cuándo…?, etcétera.
> Ejemplos:
> – _Nos vemos_ luego, ¿eh?
> – _Me marcho_ dentro de cinco meses a enseñar español en una universidad estadounidense.

⇨ 6. Para referirnos **al pasado** o *a nombres* o *hechos históricos*. Va, casi siempre, acompañado de **marcadores temporales**: fechas, hace…; etcétera.
a) Histórico.
Ejemplo:
– En 1985 España y Portugal *entran* en la CEE.
b) Conversacional.
Ejemplo:
– Hace unos días *compro* un billete de lotería y *va* y me *toca*.

⇨ 7. Para **pedir cosas, dar instrucciones y dar órdenes**. Para ello nos servimos de preguntas con las construcciones : ¿poder + infinitivo…? o ¿te / le / os importa + infinitivo…? Las órdenes dadas con presente suenan descorteses.
Ejemplos:
–¿Cómo se *graba* en este aparato?
–Primero, *rebobinas* la cinta, después, *aprietas* las teclas roja y negra a la vez.
– *Te quedas* sin salir por desobediente.

⇨ 8. Con *casi* y con *por poco* solemos usar el presente cuando hablamos del pasado.
Ejemplos:
– Me levanté tarde y *casi pierdo* el autobús.
– Ayer vi a un niño que cruzó la calle sin mirar, y *por poco lo atropella* un coche.

A. ¿Tiene el presente los mismos valores en tu lengua? Piensa un poco y compara.

II. El presente de *ESTAR* + GERUNDIO

Comprueba las conclusiones a las que has llegado con el último texto de la sección "pretexto".

Usamos el presente del verbo *estar* + gerundio:

⇨ 1. Para referirnos a una **acción momentánea**; sobre todo para responder después de preguntar por alguien y su actividad.
Ejemplo: (Por teléfono)
–¡Felipe!, soy Luis, ¿te interrumpo?
–¡Qué va!, sólo *estoy leyendo* el periódico.

⇨ 2. Para expresar **una progresión** (poco a poco).
Ejemplos:
– Creo que me *estoy acostumbrando a* esta situación.
– Deja de beber, que *te estás emborrachando*.

> **3. Para expresar una actividad que se realiza de una manera transitoria.**
> Ejemplos:
> – *Estamos viviendo* en un apartamento alquilado (hasta que nos den las llaves del nuevo piso).
> – *Estoy pasando* una temporada con unos amigos.

> **4. Para referirnos a un periodo del pasado que llega hasta el presente;** es un periodo representado por la idea de *últimamente* o *de un tiempo a esta parte*.
> Ejemplos:
> – En este país *están pasando* cosas muy raras.
> – ¿No os *están llegando* muchos correos con virus? A mí, sí.

A. ¿Existe esta forma en tu lengua? _____.
B. ¿Sí? ¿En qué casos se usa? _____.
C. ¿No? ¿Cómo expresas estos significados? _____.

PRACTICAMOS LA GRAMÁTICA

1. Completa con la forma correcta del presente.

Entrevista a una escritora

> ¿Qué sistema (elegir, usted) *elige* para escribir sus novelas?
< No (tener, yo) *tengo* un plan premeditado. (Empezar, yo) *empiezo* un libro cuando (tener) *tenga* algo que decir, pero, a veces, me (perder) *pierdo* y nunca (saber) *sé* cuándo (ir, yo) *voy* a terminar.

> ¿Dónde (encontrar, usted) *encuentra* las ideas para sus relatos?
< (Conocer, yo) *conozco* mucha gente, (oír, yo) *oigo* lo que (decir, ellos) *dicen*; por supuesto (jugar, yo) *juego* con mi imaginación y luego (contar) *cuento* las cosas como ellos y yo las (sentir) *siento*.

> ¿(Mentir) *miente* usted mucho en sus libros?
< (Entender, yo) *entiendo* que en la novela no (ser) *es* importante la verdad. (Preferir, yo) *prefiero* entretener al lector. (Construir, yo) *construyo* un mundo real o irreal, (poner) *pongo* todo mi interés en divertir, (dar) *doy* lo que (tener) *tengo*, (traducir) *traduzco* mis experiencias como (poder) *puedo* y (saber) *sé*, pero no (perder) *pierdo* el tiempo en encontrar la verdad.

> ¿Cómo (ser) *es* un día normal en su vida?
< (Dormir, yo) *duermo* muy poco, unas cinco horas; (empezar) *empiezo* a trabajar sobre las 7 de la mañana, a mediodía (salir) *salgo* a dar un paseo, (volver) *vuelvo* a casa, (almorzar) *almuerzo*, (poner) *pongo* un rato la televisión y después (seguir) *sigo* trabajando. Por la noche me (reunir) *reúno* con amigos y, con frecuencia, les (pedir) *pido* su opinión sobre lo que (escribir) *escribo*, porque (querer) *quiero* saber lo que (pensar, ellos) *piensan*.

En parejas. Prepara una entrevista a tu compañero/a. Puede mantener su propia personalidad o ser cantante, torero, actor/actriz, astronauta, etcétera.

II. Señala las formas correctas (di qué valor tienen) y las incorrectas (razona por qué lo son).

Ejemplos:
– Mi equipo de fútbol *está ganando* todos los partidos de este mes. Correcta, porque indica una secuencia temporal similar a *últimamente*.
– Cada día *están muriendo* muchos niños en el mundo. Incorrecta: desgraciadamente es algo que ocurre todos los días; es, por tanto, algo habitual.

1. Los ríos *están fluyendo* al mar.
2. –¿Dónde está Jaime?
   –*Está yendo* al supermercado.
3. ¡Uf! Ya *está sonando* el teléfono otra vez.
4. Luis *está envejeciendo* rápidamente.
5. El mecánico *está pudiendo* arreglar el coche.
6. Montse *está pensando* en cambiar de trabajo.
7. ¡Vaya! Ahora el vídeo no *está funcionando*, creo que está estropeado.
8. Juan Carlos I *está siendo* rey de España.
9. Los bomberos *están apagando* el incendio.
10. España *está perteneciendo* a la UE.
11. El clima *está cambiando* en todo el mundo.
12. Mati *está tomando* antibióticos porque *está teniendo* una infección.
13. Ernesto *está buscando* trabajo.
14. Cada vez *están llegando* más inmigrantes a España.
15. ¡Cómo pasan los años! Mi hijo ya *está teniendo* 23 años.

III. Transforma el infinitivo en la forma correcta del presente o del presente de ESTAR + GERUNDIO. Observa el valor en cada caso.

Carta a una amiga

Burgos, a 7 de abril de 2003

Querida Teresa:

¡Qué alegría recibir tu carta! Yo también (sentir) _siento_ que (ser) _somos_ las mismas amigas de siempre, aunque no nos (ver) _vemos_ hace años.
Bueno, te (contar) _estoy contando_ un poco de mí para ponerte al día.
(Estudiar) _Estoy estudiando_ Derecho, 4º curso y, normalmente, (trabajar) _trabajo_ para ayudarme en los estudios. Pero ahora (buscar) _estoy buscando_ un puesto de secretaria o ayudante de un abogado. Como (estar) _estoy_ tiesa, (vivir) _vivo_ con mis padres, pero la verdad es que (preferir) _prefiero_ vivir independiente.
Últimamente (salir) _estoy saliendo_ con un chico que es compañero de curso. A mí me parece perfecto, verás por qué: (tener, él) _tiene_ 24 años, (ser) _es_ moreno, (medir) _mide_ 1'80, y (pesar) _pesa_ 70 kilos. (Ser) _es_ inteligente, y, además, (tener) _tiene_ sentido del humor. ¿No te (parecer) _parece_ que es perfecto? Creo que (enamorarme) _me estoy enamorando_ de él.
Muy pronto (ser) _son_ los exámenes y por eso (estudiar, yo) _estoy estudiando_ mucho.
Normalmente (ir) _voy_ a la biblioteca o a casa de otros compañeros. (Temer) _temo_ especialmente el examen de Derecho Civil porque la profesora (ser) _es_ un hueso. = ser estricta
Mi familia (estar) _está_ muy bien. Precisamente mientras te (escribir) _estoy escribiendo_, mi madre (hacer) _está haciendo_ la comida, sigue trabajando por las tardes. Mi padre (llegar) _llega_ de su trabajo sobre las tres.

estar tiesa = no tiene dinero que gastar

Oye, ahora te (dejar) _dejo_, que me (llamar) _está llamando_ mi madre para ayudarla. (Esperar) _espero_ tener pronto noticias tuyas. ¿(Saber, tú) _sabes_ algo de los otros compañeros del colegio?

Y nada más. Recibe un fortísimo abrazo de

                                              Lucía.

A. Lucía vive con sus padres. ¿Sabes que en España los jóvenes viven con sus padres hasta muy tarde? Algunos llegan incluso a salir de casa sin ser tan jóvenes: 40 años y, si no se casan, nunca. ¿Qué ocurre en tu país? ¿Sabes los que pasa en otros?

B. Escribe una carta informal como ésta. También puedes saludar con un ¡hola! y para despedirte puedes mandar besos.

IV. REACCIONA.

1. > Oye, en tu casa hay un ruido tremendo, ¿qué pasa?
   < Pues que _____.

2. > ¿Puedo hablar con el señor Domínguez?
   < No, lo siento, en este momento _____.

3. > ¿Por qué te vemos tan poco últimamente?
   < _____.

4. > ¡Hola! ¿Está Carmen?
   < Tú eres Victoria, ¿no? Mira, ahora _____ le digo que te llame, ¿vale?

5. > Estos días te veo mucho por las librerías.
   < Es que _____.

6. > Y Pedro, ¿en qué trabaja?
   < De momento _____.

7. > ¿Me recomiendas algún libro?
   < Pues yo _____.

8. > ¿Qué sabes de Carlos?
   < _____.

A. En los ejercicios 2 y 4 dos personas están hablando por teléfono. En un caso se trata de una conversación formal y, en otro, informal. ¿Recuerdas los recursos para mantener una conversación telefónica en un contexto informal?

VOCABULARIO

I. A CONTINUACIÓN TE VAMOS A EXPLICAR VARIAS COSAS DE ESPAÑA. EL PROBLEMA ES QUE "SE HAN BORRADO ALGUNAS PALABRAS". LAS HEMOS RECUPERADO Y AQUÍ LAS TIENES. INTÉGRALAS DONDE CREAS CONVENIENTE.

> Baraja, real, ronda, humildes, almohada, loncha, logra, envoltorio, mejillas, a cambio, suelen, caramelos, apretón, estamentos, semejantes.

En las ciudades españolas hay más bares y restaurantes que en cualquier otro sitio del mundo. Los españoles suelen ir cambiando de lugar. No es normal estar mucho tiempo en el mismo sitio. Se tapea a mediodía a partir de la una, y por la noche, de ocho a doce. Cuando se junta un grupo de gente, lo normal es que cada uno pague una ronda o que se ponga dinero en común. Lo correcto es que todo el mundo tome cosas de precios a cambio / semejantes.

Eurospain.com

En situaciones informales las mujeres saludan a otras mujeres y a los hombres con un beso en ambas mejillas. Entre los hombres el saludo formal es siempre un apretón de manos.

Eurospain.com

Cuando a un niño se le cae un diente, lo deja debajo de la almohada al acostarse. Por la noche, el ratoncito Pérez se encargará de llevárselo y dejar a cambio unas monedas.

La costumbre de las tapas es muy antigua y proviene de una orden real. En efecto, el rey Alfonso X el Sabio (siglo XIII) ordena a los mesoneros de la época servir una loncha de jamón o algo similar, tapando las jarras de vino, quizás también para "tapar" los efectos del alcohol.

Mientras lee este artículo más de 60.000 personas de todo el mundo están saboreando un *chupa-chups*. La persona que les está endulzando la vida es Enrique Bernat, que en 1959 tiene la idea de añadir un palito a los caramelos. Abandona la empresa asturiana de confitería y vuelve a su Barcelona natal para fabricar un solo producto de trece gramos, compuesto de azúcar, glucosa y un palito de madera.
En los años sesenta, la empresa logra exportar el 10% de su producción, pero después de diez años vende en España el 10% y exporta el 90%. Hoy *Chupa-chups* está presente en 108 países (ciento ocho), y se vende principalmente en Japón, Corea, Alemania, Estados Unidos y los países de la antigua Unión Soviética. Hasta la fecha se han vendido más de 20.000 millones de unidades y la producción está aumentando.
Una curiosidad: el primer envoltorio fue rediseñado por Dalí.

Los Naipes. No está muy claro que este juego sea un invento español, pero lo cierto es que a través de nuestro país se extiende por toda Europa. Algunos dicen que deriva del dominó, que es un invento chino y que a través de los árabes llega a España. Otros aseguran que surge del ingenio de un tal Vilhán, afincado en Sevilla, "nacido de humildes padres y plebeya gente" y hay quien dice que es invento de Nicolás Pepín, cuyas iniciales, N.P. dan origen a la enigmática palabra naipe.
La baraja española se compone de 48 cartas, divididas en cuatro palos –oros, copas, espadas y bastos–, que corresponden a los cuatro estamentos medievales: burguesía, nobleza, clero y campesinos.

INTERACCIÓN ORAL

I. FIESTAS DE ESPAÑA.

A. Relaciona cada descripción con la fiesta a la que se refiere. Después habla de alguna fiesta de tu país.

Las fallas, Los sanfermines, La semana santa, Los carnavales, El 6 de enero

Es el día más importante para los niños españoles. La víspera, por la tarde, ven pasar por las calles la Cabalgata de los Reyes Magos, que echan caramelos a los pequeños, que miran con una mezcla de ilusión y temor. Al volver a casa deben colocar unos zapatos (¡ojo!, bien limpios) cerca de la ventana. Junto a ellos los Reyes Magos dejarán durante la noche los regalos que los niños han pedido en su carta. Por la mañana toda la familia se levanta a comprobar si los Reyes han traído carbón o juguetes, y desayunan el tradicional roscón de Reyes, que esconde una sorpresa.

Explosión de júbilo que tiene lugar los días anteriores al miércoles de ceniza. Esos días las calles se llenan de charangas, comparsas y disfraces. La gente se cubre la cara con un antifaz o careta, lo cual en otras épocas llegó a estar prohibido. Normalmente, se celebra en el mes de febrero.

Conmemora la Pasión de Jesucristo en la cruz. Además de estar marcada por un profundo sentido religioso, posee una gran riqueza escenográfica que está patente en la música de tambores y trompetas, en carracas y matracas, en los curiosos hábitos penitenciales y en la típica mantilla española que lucen las mujeres. Es, ante todo, un legado de siglos transmitido de generación en generación.

Se celebra, año tras año, en el mes de julio, en Pamplona. Durante una semana, la ciudad arde en fiestas. Son celebraciones abiertas y hospitalarias: cualquier extranjero que se acerque será muy bien recibido. Destaca el encierro, tan antiguo como sus carreras con toros, que discurren desde los corralillos hasta la plaza. Una algarabía de jóvenes y no tan jóvenes corren delante de los toros.

Está considerada la tercera fiesta más importante de España y goza de gran prestigio internacional. Durante una semana, las calles se llenan de *ninots* hasta que, el día 19 a las doce de la noche, se convierten en pasto de las llamas. Es una mezcla de explosiones pirotécnicas, música y sonido bajo la mirada atenta de la Virgen de los Desamparados, patrona de Valencia.

B. Si quieres saber más sobre nuestras fiestas u otros aspectos de nuestra vida y cultura visita la siguiente dirección: *www.eurospain.com*.

II. PREGUNTA A TU COMPAÑERO/A CON QUÉ FRECUENCIA REALIZA ESTAS ACCIONES. PUEDES USAR ¿CADA CUÁNTO TIEMPO...? O ¿CON QUÉ FRECUENCIA...? AL ACABAR ESTA ACTIVIDAD CONOCERÁS UN POCO MEJOR A TUS COMPAÑEROS/AS Y HABRÁS PRACTICADO LOS PRESENTES IRREGULALES.

Ejemplo:
> ¿*Cada cuánto tiempo* sueles ir a la peluquería?
< Casi nunca, me corto el pelo yo misma.

1. Despertarse por la noche.
2. Elegir Presidente del Gobierno.
3. Recordar lo que se ha soñado.
4. No dormir.
5. Pedir comida por teléfono.
6. Sentirse deprimido/a.
7. Tener que hacer exámenes.
8. Decir mentiras.
9. Preferir tener vacaciones.
10. Jugarse los Mundiales de Fútbol.

A. Si sois más de diez alumnos en la clase, inventad vosotros/as mismos/as más preguntas.

III. ABUELOS ACTIVOS.

A. Mira bien las viñetas.
B. Busca en el diccionario las palabras cuyo significado desconoces.
C. Describe todo lo que ves.
D. Cuarta viñeta. Primero, decide qué personaje eres, después, entabla un diálogo con otros dos compañeros/as de clase.

IV. ¿QUÉ SABES DE LOS ESPAÑOLES?

A. Di si las siguientes afirmaciones son verdaderas o falsas y compara lo que en ellas se afirma con lo que sucede en tu país.

	V	F
1. Los españoles almuerzan entre las dos y las tres y media.	☐	☐
2. La siesta es el tiempo en que las tiendas están cerradas.	☐	☐
3. A la hora de pagar en un bar o restaurante, los españoles pagan cada uno lo suyo.	☐	☐
4. Normalmente, los hijos se independizan entre los 22 y los 25 años.	☐	☐
5. Todos los bancos abren por la tarde una vez a la semana.	☐	☐
6. El día de las bromas no es el uno de abril, sino el 28 de diciembre.	☐	☐
7. Interrumpir a otra persona cuando está hablando es de mala educación.	☐	☐
8. Los españoles hacen bromas sobre los portugueses.	☐	☐
9. La dieta mediterránea es muy saludable.	☐	☐
10. Los españoles tienen mucha facilidad para hablar idiomas.	☐	☐
11. Hablar de la muerte es tema tabú.	☐	☐
12. La comida más fuerte es el desayuno.	☐	☐

avance: curso de español   unidad 3

RECUERDA Y AMPLÍA

I. ¿Recuerdas cuándo se usan el pretérito imperfecto y los pretéritos perfecto e indefinido?

1. Aquí tienes unas reglas que ya conoces. Escribe debajo de cada una a qué tiempo corresponden. Tú puedes dar también las reglas que recuerdes.

Sirve para hablar de costumbres. ……………	Expresa tiempo determinado. El hablante está fuera de la unidad de tiempo. ……………	Presenta el ambiente o escenario de los hechos, y sirve para describir en pasado. ……………

Expresa tiempo determinado. El hablante está dentro de la unidad de tiempo. …………….. …………..	Ambos nos sirven para relatar acciones y hechos importantes en pasado. ……………………………………

2. Ya sabes que cuando contamos historias, unas veces nos referimos a las acciones (pretéritos perfecto o indefinido) y, otras veces, nos referimos al ambiente, al escenario que rodea la acción, o describimos a las personas y sus estados de ánimo y los lugares (pretérito imperfecto). Recuerda también que la acción y el resultado van en el mismo tiempo.
   Ejemplos:
   – Hoy *he oído* (acción) una noticia que *me ha impresionado* (resultado).
   – Ayer por la tarde *vi* (acción) un documental que *me encantó* (resultado).
   – Esta mañana *he ido* (acción) a una cafetería nueva, *estaba* limpísima (descripción); el camarero *era* muy correcto (descripción), y el café y el pan *estaban* deliciosos (descripción). *He dejado* una buena propina (resultado).
   – Ayer *fui* a un bar (acción), la música *estaba* altísima, *había* mucho humo (descripción/ambiente) y por eso me *marché* (resultado).

3. Recuerda también que cuando no sabemos cómo o cuándo, o si realmente ha terminado una acción, usamos el pretérito imperfecto.
   Ejemplo:
   – Ayer, cuando *iba* (no sabemos si finalmente fue al supermercado o no; no hay información) al supermercado, *me encontré* (acción que sabemos que ha ocurrido) a Nieves.

4. La causa de las acciones va en pretérito imperfecto, excepto cuando la causa es otra acción.
   Ejemplos:
   – *No he podido llamarte* (acción negativa) porque *no tenía* (causa) tu número / *No he podido llamarte* (acción negativa) porque *he perdido el móvil* (la causa es otra acción).
   – No *pude* (acción) ir a Lanzarote porque no *tenía* dinero (causa) / No *pude* (acción) ir a Lanzarote porque *perdí* el avión (la causa es otra acción).

EJERCICIOS

I. Completa el siguiente texto con el pretérito perfecto o el pretérito indefinido.

Málaga, a 17 de agosto de 2003

Querida profesora:

Llegué aquí el mes pasado y ya (hacer) _he hecho_ muchas cosas: (estudiar) _he estudiado_ español en un curso intensivo, (conocer) _he conocido_ un poco a los españoles, pero todavía quiero hacer muchas cosas más.

Anteayer (ver) _vi_ una corrida de toros, pero no me (gustó) _gustó_ demasiado, sobre todo me (impresionar) _impresionó_ ver la muerte del toro. No creo que vuelva a ver otra.

En estos días hay feria. ¡Es impresionante! ¡Veinte horas de cultura y diversión durante nueve días seguidos! Yo no me (perder) _he perdido_ ni un solo día de feria. El lunes (bailar) _bailaron_ sevillanas con un chico que (conocer) _conocí_ aquí en Málaga. El primer día, el viernes por la noche, (ver) _vi_ los fuegos artificiales, que (durar) _duraron_ 35 minutos, acompañados de música clásica y rayos láser. ¡Una maravilla! Por la noche hay otra feria, en las afueras. (Ir) _he ido_ varios días y (escuchar) _escuché_ a grupos modernos españoles.

También (visitar) _he visitado_ algunos monumentos y museos muy interesantes… El día dos (estar) _estuve_ en la Alcazaba, una fortaleza que (construir) _construyeron_ los árabes en el siglo XI y esta semana (ver) _vi_ la casa donde (nacer) _nació_ Picasso.

Y, claro está, (ir) _he ido_ todos los días a la playa. El domingo pasado (hacer, nosotros) _hicimos_ una moraga, que es una fiesta en la playa por la noche donde se comen sardinas y se bebe sangría. ¡Qué bien lo (pasar, nosotros) _hemos pasado_!

Además, este verano (abrir, ellos) _han abierto_ varias discotecas. El sábado (ir) _fui_ a una que hay al aire libre y (bailar) _bailé_ toda la noche.

Como ve, aquí el tiempo cunde de una manera especial y, aunque mi profesor (corregir) _corrigió_ un poco esta carta, mi español (mejorar) _ha mejorado_ bastante. ¿No cree?

Muchos recuerdos para todos los compañeros y profesores. Para usted, un fuerte abrazo.

Sabrina.

II. Completa con el pretérito imperfecto, el pretérito indefinido o el pretérito perfecto. Las palabras en negrita te ayudarán a escoger la forma correcta de pasado.

Lo que quería contar es cuando (presentarse) se presentó mi hijo, **aquel** zangolotino. (Estar) Estaba plantado allí, muy cerca de la puerta del cuarto, y (decir, él) dijo con un acento gallego muy leve pero perceptible: (venir, yo) vine en el tren correo hasta Madrid. Y de Madrid aquí, en autocar.

Creo que no (conseguir) conseguí dar grandes muestras de seguridad con mi expresión ni con el tono de mi voz cuando (comentar) comenté:

—Sí… No es una mala combinación…

Dejé de apoyarme en un pie para apoyarme en el otro, y (preguntar) pregunté:

—¿Así que tu madre te (mandar) mandó que vengas?

—Claro.

—Pues…, no sé qué decir.

—Yo tampoco.

—Como nos (ver) hemos visto muy **pocas veces**…

—Nunca —(resumir) resumió lacónico.

Los actores sabemos que cuando un personaje no sabe qué decir carraspea para tomarse tiempo. Yo (carraspear) carraspeé.

—Sí, eso es, nunca. Yo a ti te (ver) he visto en las fotos que me (mandar) mandaba tu madre **de vez en cuando**. Tú (crecer) crecías, (crecer) crecías.

—Claro —(confirmar) confirmó de nuevo lacónico.

—Pues…, abrázame, hombre.

Abrí los brazos. Él (venir) vino hacia mí y le (estrechar) estreché contra mi pecho. En los instantes que (permanecer) permanecimos abrazados, a mí no se me (ocurrir) ocurrió pensar más que en lo que (decir) dije: que (ser) era un zangolotino. Me (sacar) sacaba una cuarta, (estar) estaba muy flaco, (tener) tenía las piernas muy largas y los labios gordezuelos, el de abajo un tanto descolgado, y una expresión como ausente: un zangolotino.

Fernando Fernán-Gómez, *Viaje a ninguna parte*.

Fernando Fernán Gómez.

unidad 3   avance: curso de español

OTRAS DESTREZAS

COMO LO OYES

I. ¿Qué te parecen los españoles?

A. Después de oír a estas personas indica si las siguientes afirmaciones son verdaderas o falsas.

	V	F
1. Es difícil entenderse con los españoles cuando preguntas algo.	☐	☐
Los españoles saben solucionar situaciones complicadas.	☐	☐
En España hay muchos temas tabú.	☐	☐
2. A este señor le gustan las comidas españolas.	☐	☐
Los españoles son muy trabajadores.	☐	☐
Los españoles duermen la siesta porque comen mucho.	☐	☐
3. Los españoles no respetan las señales de tráfico.	☐	☐
A los españoles les importa llegar tarde.	☐	☐
Los españoles siempre llegan tarde cuando van en coche.	☐	☐
4. Los españoles no salen cuando hace mal tiempo.	☐	☐
Los españoles no son generosos.	☐	☐
Los españoles no piensan en el futuro.	☐	☐

II. Escucha las respuestas a la pregunta "¿Estamos cambiando los españoles?" y completa el cuadro.

1. Alberto del Valle, 48 años, médico homeópata.
2. Lucía Álvarez, 33 años, restauradora de cuadros.
3. Marcos Sendra, 64 años, arquitecto.

¿Estamos cambiando?	Sí/no.	No sabe.	¿En qué estamos cambiando?
1.			
2.			
3.			

avance: curso de español   unidad 3

ESCRIBE

I. Si te encuentras en España o en algún país hispanoamericano, escribe sobre lo más importante que esté ocurriendo en él en este momento. Si no estás en ninguno de estos países, escribe sobre alguna noticia internacional. Señala lo que más te llame la atención o bien elige el problema que más te preocupe. Después, si queréis, podéis comentar vuestras redacciones entre vosotros. Te sugerimos que emplees algunas de estas expresiones:

> En primer, segundo… lugar, en líneas generales, lo que más…, cabe señalar que, por una parte, por otra parte, para terminar, en conclusión.

LEE

I. Dice Simone de Beauvoir:

"Si alguien pasa una semana en un país, puede escribir un libro; si pasa un año, un artículo; y si pasa 10 años, es incapaz de escribir nada". Nosotras con mucho esfuerzo –llevamos muchos años en España– sólo queremos apuntar algunas reflexiones para su comentario.

Como ocurre en todas partes, no existe un "modelo" único de español. Los hay alegres y tristes; rubios y morenos; tacaños y generosos; trabajadores y perezosos.

Pero se habla mucho, eso sí, y no es necesario conocer a alguien para hablar con él durante horas, terminando la conversación sin saber siquiera el nombre del interlocutor. Esto conecta con el hecho de llamar "amigo" a una persona a la que simplemente hemos visto un par de veces. Así, cuando la amistad es verdadera, hay que reforzar la expresión: un íntimo amigo, un verdadero amigo, un buen amigo… ¿Pueden existir amigos malos?

El ruido es tan español como la paella. Es una característica nacional que trae consigo el alto número de sordos en este país. Se habla más alto, se actúa más seguro aunque no se tenga certeza de nada. Pero el titubeo no se da entre nosotros. Pregunte usted una dirección a un español. Si no la conoce, le mandará a cualquier sitio sin vacilar, antes de reconocerlo. Aquí nadie ahorra energías, a todo el mundo parecen sobrarle, excepto si están trabajando, también es verdad que, en ese afán de discutir, le dirán a usted que no se puede generalizar, lo cual, además, es cierto.

Según estudios, los españoles dormimos una hora y media menos de lo que deberíamos. A fin de cuentas, dormir es como morir un poco, como dice el poeta, y éste es un pueblo que ama desde antiguo la vida, tal vez porque es lo único que de verdad ha tenido.

A los españoles nos encanta hablar de política… Y todos, sin excepción, tenemos fórmulas para arreglar nuestros problemas. Ahora, que no se nos pida que participemos en ello. Eso lo dejamos para otros. Aunque la realidad es que nos falta sentido práctico en todo, y más que nada en la política. De ahí que estemos siempre protestando en términos generales, pero reclamemos muy poco en los específicos. Pero aquí últimamente la forma de actuar de la gente está moviéndose poco a poco, quizá es que la vida nos está dando motivos poderosos.

Algunos dirán que cuanto más cambiamos, más somos los mismos. El español sigue esperando que el Estado le resuelva sus problemas y cifra su mayor ilusión en que le toque la lotería. Otros sostendrán que sí, que España está cambiando. Lo más característico de los cambios es la velocidad a la que se están produciendo. El país ha cambiado más en los últimos treinta años que en los dos últimos siglos.

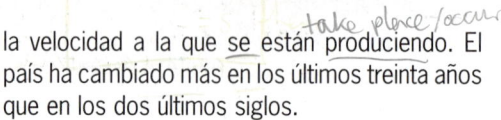

Y uno de esos cambios más notables es que, gracias a las Comunidades Autónomas, existe una España plural. Cada pueblo ha ido recuperando sus costumbres y afianzando sus tradiciones, lo que nos convierte en un país de contrastes lingüísticos, gastronómicos…, culturales en definitiva.

Otro hecho que está enriqueciendo nuestra sociedad es que cada día están llegando más inmigrantes. Con ellos traen no sólo la esperanza de un futuro mejor, sino lo que son y lo que saben. La confluencia de personas diferentes está contribuyendo también a hacer más variados los colores, los sonidos de nuestras calles, de nuestras tiendas, de nuestras tradiciones. La convivencia con lo diferente no es fácil y claro que hay conflictos, pero esta España que está creciendo gracias a todas esas personas debe transformar el conflicto en interacción respetuosa.

1. Después de terminar la unidad, enumera las cosas que has aprendido sobre España y los españoles.
2. Señala los cambios que aparecen en la lectura y compara con lo que ocurre en tu país.
3. Traduce la palabra *amigo* a tu idioma. ¿Qué significa?
4. ¿Cómo crees que la gente de tu país ve a España y a los españoles?
5. ¿Estás de acuerdo con la cita de Simone de Beauvoir? ¿Por qué?
6. ¿Sabías que España está compuesta por diecisiete comunidades y dos Ciudades Autónomas? Para saber más entra en: *www.map.es/seat/mapas.htm* o en *www.ac-grenoble.fr/espagnol/libreta/autonomias/autosum.htm*

UNIDAD 4
Lo natural y lo creado

PRETEXTO

César Manrique nació el 24 de abril de 1919 en Arrecife (Lanzarote). Ingresó en la Universidad de La Laguna para estudiar Arquitectura Técnica. Sin embargo, dos años más tarde, la abandonó **porque** entró becado en la Academia de Bellas Artes de San Fernando de Madrid, donde se graduó como profesor de arte y pintura. Pasó dos años en Nueva York, pero, **como** echaba de menos su isla, volvió a ella con la intención de convertirla en uno de los lugares más hermosos del planeta, **ya que** Lanzarote ofrecía infinitas posibilidades, y realmente lo consiguió. Murió a los 73 años en un trágico accidente de tráfico, el 25 de septiembre de 1992, cerca de la ciudad que lo vio nacer.

Obras y premios: Su primera obra fue su casa. La construyó en *El Taro de Tahiche* (Lanzarote) **porque** ya había decidido vivir en su isla natal para siempre. Más tarde realizó otras construcciones como *El Mirador del Río, Costa Martiánez* en Puerto de La Cruz; restauró el Castillo de San José y lo convirtió en el *Museo Internacional de Arte Contemporáneo*; proyectó el *Jardín del Cactus y el Pabellón de Canarias* en la Expo'92. Fue un gran artista que supo conjugar la conservación de la naturaleza con los recursos que ofrece la modernidad; **por eso** recibió muchos premios, no sólo en España, sino en otros países europeos.

Los Jameos del Agua es el primer centro turístico que se creó en Lanzarote. Fue realizado por Jesús Soto y Luis Morales en 1968, sobre una idea de César Manrique, y finalizado en 1987 con la construcción de un auditorio de 600 plazas, dotado de una acústica extraordinaria, donde se celebran conciertos y se representan espectáculos como el prestigioso Festival de Música Visual *de Lanzarote*. Además, en su interior, acoge un bar-restaurante, un hermoso jardín con especies vegetales tropicales y una exuberante piscina de color turquesa.

1. Observa los conectores marcados en negrita. ¿Qué expresa cada uno de ellos? ¿De qué modo verbal van seguidos, de indicativo o de subjuntivo?
2. Señala lo que más te ha llamado la atención de la vida de César Manrique.
3. ¿Crees que se debe fomentar el turismo en lugares como los Jameos del Agua?

CONTENIDOS GRAMATICALES

I. LA EXPRESIÓN DE LA CONSECUENCIA.

1. Ya sabes que, para expresar la consecuencia, usamos: *Por eso*.
2. ¿Sabes si va seguido de indicativo o de subjuntivo? _indicativo_.
3. Completa: La empresa va muy mal *por eso* (tener, nosotros) _tenemos_ que reducir gastos.

4. Pero, además, existen otros conectores que tienen el mismo valor que *por eso*, y funcionan igual, es decir, van seguidos de indicativo:

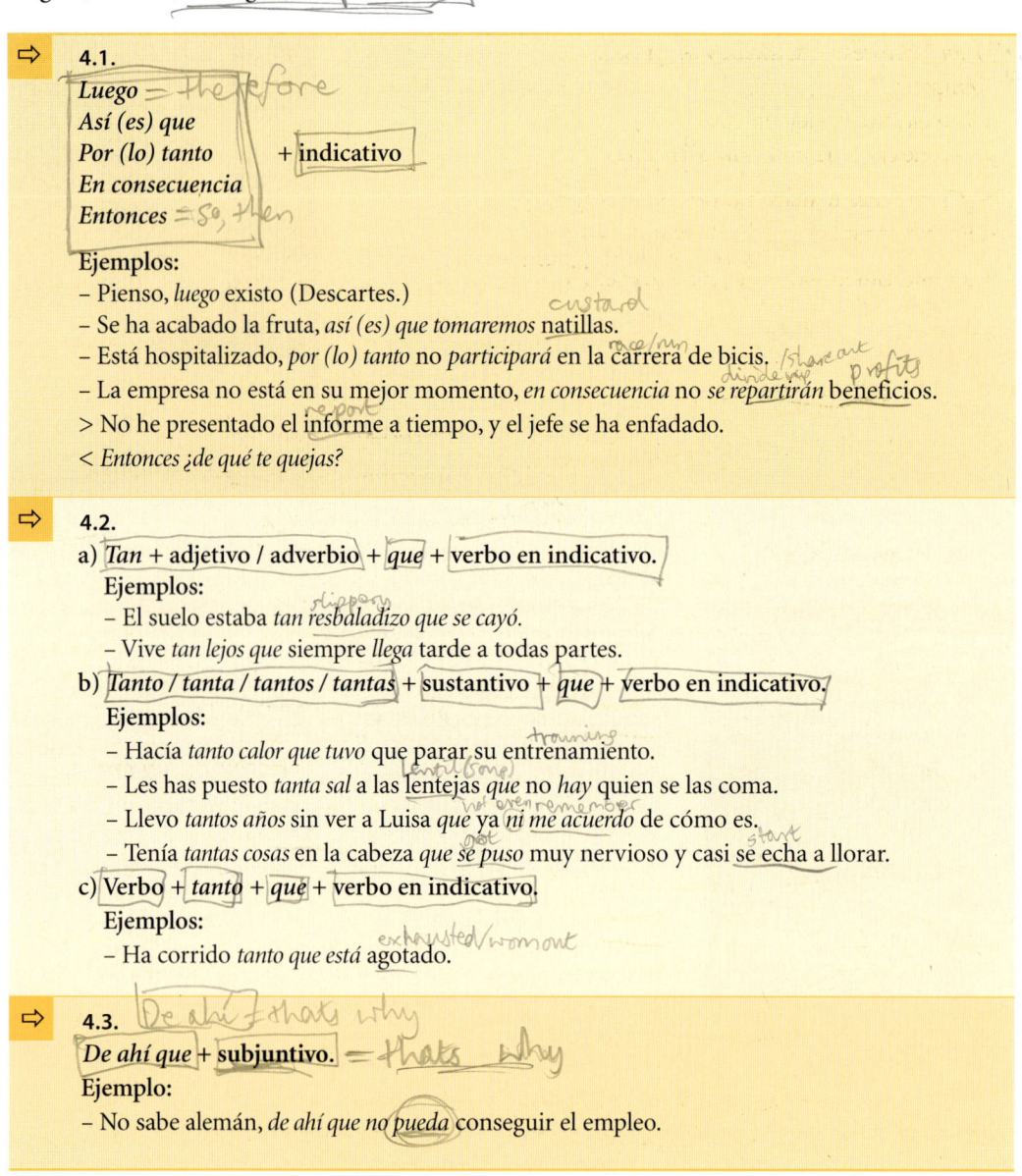

⇨ **4.1.**

Luego
Así (es) que
Por (lo) tanto   + indicativo
En consecuencia
Entonces

Ejemplos:
– Pienso, *luego* existo (Descartes.)
– Se ha acabado la fruta, *así (es) que* tomaremos natillas.
– Está hospitalizado, *por (lo) tanto* no participará en la carrera de bicis.
– La empresa no está en su mejor momento, *en consecuencia* no se repartirán beneficios.
> No he presentado el informe a tiempo, y el jefe se ha enfadado.
< *Entonces* ¿de qué te quejas?

⇨ **4.2.**

a) *Tan* + adjetivo / adverbio + *que* + verbo en indicativo.
   Ejemplos:
   – El suelo estaba *tan* resbaladizo *que* se cayó.
   – Vive *tan* lejos *que* siempre llega tarde a todas partes.

b) *Tanto / tanta / tantos / tantas* + sustantivo + *que* + verbo en indicativo.
   Ejemplos:
   – Hacía *tanto* calor *que* tuvo que parar su entrenamiento.
   – Les has puesto *tanta* sal a las lentejas *que* no hay quien se las coma.
   – Llevo *tantos* años sin ver a Luisa *que* ya ni me acuerdo de cómo es.
   – Tenía *tantas* cosas en la cabeza *que* se puso muy nervioso y casi se echa a llorar.

c) Verbo + *tanto* + *que* + verbo en indicativo.
   Ejemplos:
   – Ha corrido *tanto que* está agotado.

⇨ **4.3.**

De ahí que + subjuntivo.
Ejemplo:
– No sabe alemán, *de ahí que* no pueda conseguir el empleo.

II. LA EXPRESIÓN DE LA CAUSA

1. Ya sabes que para preguntar por la causa de una acción, usamos *¿Por qué?*, y contestamos con *porque*.

2. ¿Recuerdas si van seguidos de indicativo o de subjuntivo?
   Pregunta: *¿Por qué* (estar, ellos) __están__ tan enfadados?
   Contesta: *Porque* __están__ .

Pero quizá todavía no sepas que usamos también estas dos formas:
¿Cómo es que? (expresa extrañeza).
¿Y eso? (expresa extrañeza y sorpresa).
Ejemplos:
> *¿Por qué* has venido en taxi?
< *Porque* el coche no me ha arrancado.

> *¿Cómo es que* mañana no vienes a trabajar?
< Es que he pedido un día de asuntos propios.

> Mi hijo Guillermo ha dejado la carrera de Medicina.
< *¿Y eso?*

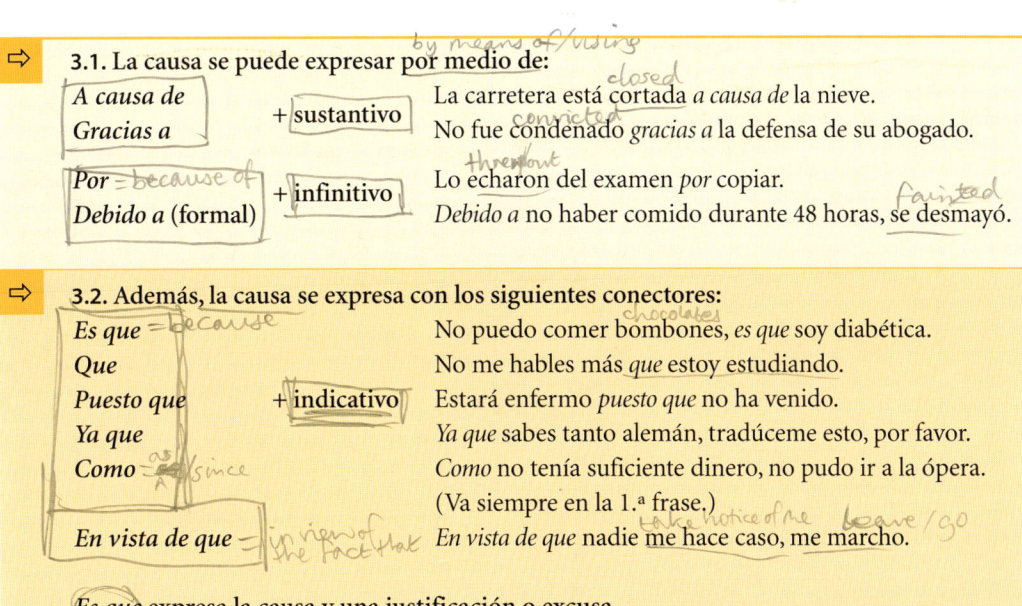

⇨ **3.1. La causa se puede expresar por medio de:**

A causa de *Gracias a*	+ sustantivo	La carretera está cortada *a causa de* la nieve. No fue condenado *gracias a* la defensa de su abogado.
Por *Debido a* (formal)	+ infinitivo	Lo echaron del examen *por* copiar. *Debido a* no haber comido durante 48 horas, se desmayó.

⇨ **3.2. Además, la causa se expresa con los siguientes conectores:**

Es que *Que* *Puesto que* *Ya que* *Como* *En vista de que*	+ indicativo	No puedo comer bombones, *es que* soy diabética. No me hables más *que* estoy estudiando. Estará enfermo *puesto que* no ha venido. *Ya que* sabes tanto alemán, tradúceme esto, por favor. *Como* no tenía suficiente dinero, no pudo ir a la ópera. (Va siempre en la 1.ª frase.) *En vista de que* nadie me hace caso, me marcho.

Es que expresa la causa y una justificación o excusa.
Que suele ir precedido de un imperativo para justificar la petición o la orden.

⇨ **3.3. *No porque* / *no es que* + subjuntivo.**
Ejemplos:
– *No* se marcha *porque* esté enfadado, sino *porque* se siente fatal.
– *No es que* no me interese este tema, es que ya hemos hablado de él un montón de veces.

PRACTICAMOS LA GRAMÁTICA

I. Une las dos frases para expresar una consecuencia, intentando no repetir ningún conector —*por eso, luego, por lo tanto, en consecuencia, por consiguiente, así (es) que, entonces, tan, tanto, tanta, tantas, tantos... que, de ahí que*—. También puedes usar el presente, los pasados y el futuro.

Ejemplo:
– Estar cansado – ir a la cama.
– Estaba *tan* cansado *que* se fue a la cama.

1. Ser autoritario – tener muchos enemigos: *Es autoritario así que tiene muchos enemigos.*
2. Llorar – tener los ojos rojos: *Lloré tanto que tenía los ojos rojos.*
3. Estar jubilado – buscar alguna afición: *Estaba jubilado y entonces buscaba alguna afición.*
4. Haber dirigido muy mal un negocio – quebrar: *Ha dirigido muy mal un negocio y luego quebró.*
5. Tener dolor de oído – pedir cita en el otorrino: *Tenía dolor de oído y en consecuencia pidió cita en el otorrino.*
6. Tener mucha prisa – no pararse a hablar: *Tengo mucha prisa, de ahí que no me pare a hablar.*
7. No descansar hace cuatro días – estar de mal humor: *No he descansado hace cuatro días, por lo tanto estoy de mal humor.*

A. En el ejercicio aparece el adjetivo *autoritario*. Decid en voz alta un adjetivo que haga relación al carácter de las personas. ¿A que sois capaces de decir muchos?

B. El *otorrinolaringólogo*, comúnmente llamado *otorrino* para abreviar, es el médico especialista que se ocupa del oído, la nariz y la garganta. ¿Conocéis otras especialidades médicas? Averigua el nombre de las que aparecen a continuación.

II. Escribe diálogos utilizando conectores causales y consecutivos.

Ejemplos:
- Pedro no te habla, tú quieres saber por qué y él te da una razón.
> Pedro, ¿*por qué* no me hablas?
< *Porque* estoy de mal humor y *por eso* prefiero no hablar con nadie.

1. Tu amiga Marta está muy sonriente y la notas feliz tú quieres saber por qué.
   Tú: Marta, ¿_____?
   Marta: _____.

2. Cinco amigos planeáis hacer un viaje al sur de Chile, pero Luis dice que no quiere ir y vosotros queréis saber por qué.
   Vosotros: Luis, ¿_____?
   Luis: _____.

3. Le pides a tu madre el coche, y ella te dice que no te lo presta, tú quieres saber por qué.
   Tú: Mamá, ¿_____?
   Tu madre: _____.

Recuerda que cuando pedimos cosas que debemos devolver usamos los verbos *dejar* y *prestar*, y que cuando pedimos cosas que podemos conservar, usamos el verbo *dar*. Ahora, inventa tú unos diálogos en los que aparezcan estos verbos.

III. Conjuga el verbo entre paréntesis en el tiempo y modo adecuados (____) y termina la pregunta o el comentario propuestos (......).

Ejemplo:
> No podemos aparcar el coche debajo de casa porque *están* de obras.
< (Tú) *Últimamente* siempre hay obras.

1. > Oye, ya que (hablar, tú) _____ tan bien español, ¿podrías ayudarme a traducir este texto?
   < (Tú) Lo siento, pero mejor en otro momento, es que ....

2. > ¿Sabes? Lorenzo no ha querido jugar al tenis conmigo esta mañana porque dice que (no estar, él) _____ en forma.
   < (Tú) Sí, es que lleva unos días ....

3. > No, no es que no (apetecer, a mí) _____ ir a la fiesta, es que no (encontrarme) _____ muy bien.
   < (Tú) Lo siento, pero no me lo creo, me parece que ....

4. > Puesto que ya (leer, tú) _____ esta novela, dinos qué opinas de ella.
   < (Tú) La encuentro un poco ....

5. > No porque (ser, tú) _____ la más joven vas a tener menos responsabilidad.
   < (Tú) Oye, que yo no he dicho que ....

6. > Si no te gusta estar con Pedro, entonces no (ir, tú) _____ a su casa.
   < (Tú) Mira, no te metas ....

7. > Anteayer *me torcí el tobillo*, por tanto mañana no (poder) _____ jugar al frontón contigo.
   < (Tú) ¡No ....! ¡Qué ....!

PARA ACLARAR LAS COSAS

Torcerse el tobillo: hacerse daño al poner la articulación del pie de una forma antinatural y forzada.

IV. Trabaja con el siguiente texto.

A. Señala la opción apropiada.

Estoy **frente a / enfrente** la tele y me pregunto **porqué / por qué** los espacios del corazón se llaman del corazón. **Sería / Será** porque no **te dueles / duele**. Todas las partes del cuerpo duelen, menos el corazón. Duele el dedo gordo del pie, duele la espalda, duelen los oídos, duele la tripa, duelen las muelas. El corazón **es / está** lo más frío que te puedes *echar a la cara.* Tic tac, tic tac. *Va a la suya* **hasta / incluso** que se para, *allá películas. Se acabó lo que se daba.* Todo muy **escéptico / aséptico**. Sin sangre, sin vómitos, sin fiebre.

Si ves un telediario y lo **prendes / tomas** en serio no tienes **menos / más** remedio que reflexionar. La contemplación de cinco cadáveres amontonados en **el remolque / la caravana** de un camión conduce a la jaqueca. Y la jaqueca conduce al *cabreo*. El *cabreo* por su parte puede conducir a todo.

Carmen Rigalt, *El Mundo,* 13 de octubre de 2002.

PARA ACLARAR LAS COSAS
- *Cabreo:* enfado de mucha intensidad.

B. Tras la lectura del texto y con ayuda del diccionario, de otros alumnos/as o de tu profesor/a, explica qué significan las siguientes frases:
- *Echarse a la cara:* _____.
- *Ir a la suya:* _____.
- *Allá películas:* _____.
- *Se acabó lo que se daba:* _____.

C. Ahora, inventa diálogos con ellas.

VOCABULARIO

I. Lo natural: te presentamos una lista de palabras relacionadas con los cuatro elementos: el agua, el aire, la tierra y el fuego. Sabemos que muchas de ellas ya las conoces. Pregunta a tu profesor/a o a tus compañeros/as por las que no conoces, y después clasifica cada una de ellas con su elemento.

El lago, la colina, el volcán, la brisa, la lava, el rayo, la meseta, el tornado, la cordillera, el valle, el huracán, el trueno.

Agua	Aire	Tierra	Fuego

A. Entre todos los estudiantes tenéis que dar una definición de las palabras que aparecen en la lista.
Ejemplo:
La colina: es muy parecida a la montaña; la diferencia es que es más baja.

B. Explica a tus compañeros/as qué elementos no te gustan de la lista de palabras y por qué.
Ejemplo:
No me gustan los rayos ni los truenos porque me dan pánico.

Los Andes.

Chillida: El Peine del Viento.

II. LO CREADO: TE PRESENTAMOS UNA SERIE DE PALABRAS RELACIONADAS CON ALGUNAS DE ESTAS DISCIPLINAS ARTÍSTICAS: LA PINTURA, LA ESCULTURA, LA LITERATURA, LA MÚSICA Y EL CINE. ALGUNAS LAS CONOCERÁS Y OTRAS NO. PREGUNTA A TU PROFESOR/A O A TUS COMPAÑEROS/AS POR LAS QUE NO CONOCES, Y DESPUÉS CLASIFÍCALAS CON LA DISCIPLINA CORRESPONDIENTE. ALGUNAS PUEDEN PERTENECER A DOS ARTES DIFERENTES.

El mármol, la partitura, el rodaje, la novela, el boceto, el pincel, la acuarela, la estatua, la pandereta, el reparto, el ensayo, el protagonista, el bronce, la paleta, los timbales.

Pintura	Escultura	Literatura	Música	Cine

III. EXPLICA A TUS COMPAÑEROS QUÉ ARTE TE GUSTA MÁS Y POR QUÉ.

Ejemplo:
A mí me encanta la pintura. Cada vez que voy a una ciudad nueva, una de las primeras cosas que hago es visitar una pinacoteca. Las paredes de mi dormitorio están llenas de reproducciones de mis cuadros favoritos.

unidad 4   avance: curso de español

INTERACCIÓN ORAL

I. Lo creado.

A. ¿Sabes qué es la UNESCO? Si no lo sabes, te lo explicamos. UNESCO son las siglas de la Organización de las Naciones Unidas para la Educación, la Ciencia y la Cultura (*United Nations Educational, Scientific and Cultural Organization*, en su forma en inglés, a la que corresponden realmente las siglas). Una de sus funciones consiste en declarar monumentos, pueblos o ciudades enteras como "Patrimonio de la Humanidad".

B. ¿Sabías que España es el país de Europa que cuenta con más lugares declarados Patrimonio de la Humanidad? ¿Te ha sorprendido? ¿Por qué?

C. Estas diez ciudades españolas son Patrimonio de la Humanidad. Relaciona sus nombres con las fotografías de abajo. Sitúalas en un mapa, y con la ayuda de una enciclopedia, lleva a clase información sobre una de ellas.

Ávila, Cáceres, Cuenca, Córdoba, Segovia, Salamanca, Toledo, Santiago de Compostela, Úbeda y Baeza.

II. Un día de campo

A. Observa bien las viñetas.
B. Busca en el diccionario las palabras cuyo significado desconoces.
C. Describe todo lo que ves en cada una de ellas.
D. Cuarta viñeta. Primero, decide cuál de los personajes eres y, después, entabla un diálogo con otros/as dos estudiantes.

III. Concurso. Contesta a estas preguntas y emplea tu imaginación si no sabes las respuestas. Después, con ayuda de una enciclopedia, comprueba si es verdad lo que has puesto. Gana la persona que dé más respuestas correctas, o la que conteste de una forma más original.

1. ¿Por qué sube la temperatura de nuestro cuerpo cuando estamos enfermos?
2. ¿Por qué hay días y noches?
3. ¿Por qué los osos pasan el invierno durmiendo?
4. ¿Por qué aparece, algunas veces, el arco iris?
5. ¿Por qué los ríos son de agua dulce y los océanos de agua salada?
6. ¿Por qué no usamos todo nuestro cerebro?
7. ¿Por qué los ojos claros son más sensibles a la luz que los oscuros?
8. ¿Por qué los bebés nacen sin dientes?
9. ¿Por qué avanzan los desiertos?
10. ¿Por qué los murciélagos duermen colgados?

IV. LO NATURAL

Tres alumnos entráis en: *http://www.google.com* y escribís Parques Nacionales. Seleccionáis las opciones Parques Nacionales de Costa Rica, Parques Nacionales de Venezuela y Parques Nacionales de Colombia, y traéis la información a clase sobre los parques que aparecen en las fotos. También debéis averiguar cuántos Parques Nacionales tienen cada uno de estos países. El resto de la clase, debe buscar información de los Parques Nacionales de su país extraída de Internet y explicar por qué existen estos parques y qué requisitos deben reunir estos parajes naturales para que hayan sido declarados Parques Nacionales.

Los Roques. Parque Nacional de Venezuela

Colombia. Los Nevados

Costa Rica. Espadilla Sur Punteranas.

RECUERDA Y AMPLÍA

I. EL PLUSCUAMPERFECTO.

El *pluscuamperfecto* es un tiempo pasado anterior a otro tiempo pasado. Se refiere al contexto previo.

Ejemplos:

– Esta mañana, *cuando he llegado* (pretérito perfecto) a la parada, el autobús ya *había pasado*.
– Ayer, *cuando* el farmacéutico *abrió* (pretérito indefinido) su establecimiento, *se dio cuenta de* (pretérito indefinido) que le *habían robado*.
– El viernes por la noche fuimos a una fiesta en el casino y Merche *llevaba* (pretérito imperfecto) una pulsera que le *había regalado* su abuela.

avance: curso de español unidad 4

EJERCICIOS

I. Completa con los verbos en el tiempo correcto del pasado (_____) y termina las frases (......).

Ejemplo:
Una vez que todos (hablar) *hablaron* yo (dar) *di* mi opinión.
(Tú): Es que *tú eres siempre muy prudente.*

1. > Antes de trabajar aquí, yo ya (trabajar) _____ en otros sitios.
   < En cambio yo estoy en paro desde que ....
2. > Cuando me dormí Marta y Jorge no (volver) _____.
   < Es que ....
3. > Cuando llegamos al aeropuerto el avión ya (despegar) _____.
   < ¿Y qué ....?
4. > Cuando el ministro (entrar) _____ la reunión ya (terminar) _____.
   < Entonces, ...
5. > A las nueve los niños ya (dormirse) _____.
   < Es que tus hijos ....
6. > Cuando mis padres se casaron yo no (nacer) _____.
   < Normal, ...
7. > Ayer, cuando (llegar, nosotros) _____ a casa, (darse cuenta) _____ de que nos (robar, ellos) _____.
   < ¿Y qué ....?
   > No (tocar, nosotros) _____ nada y (llamar) _____ a la policía.
8. > Anoche, (ver, yo) _____ en la tele una película que ya (poner, ellos) _____ en el cine el año pasado.
   < ¿Cuál ....?
9. > Aunque estaba viuda, (llevar, ella) _____ *la alianza* que le (regalar) _____ su marido el día de la boda.
   < Es que muchas viudas ....
10. > Cuando (llegar, nosotros) _____ a la escuela (tener, nosotros) _____ que esperar en la puerta porque *el conserje* aún no (llegar, él) _____.
    < ¡Qué extraño!, él ....

> **PARA ACLARAR LAS COSAS**
>
> *La alianza:* anillo de boda.
> *Conserje:* persona que tiene las llaves y cuida de un edificio público.

II. Subraya la forma verbal correcta.

Después de mucho pensar, (*decidimos, decidíamos, habíamos decidido*) ir a la casa que nuestros amigos tienen en el campo. En realidad todos, unos por unas razones, otros por otras (*queríamos, habíamos querido, quisimos*) desconectar de las prisas, de la contaminación y de los ruidos de la ciudad.

Como (*quedamos, quedábamos, habíamos quedado*) en salir lo antes posible para aprovechar el fin de semana al máximo, *nos* (*poníamos, pusimos, habíamos puesto*) *en carretera* el viernes por la tarde.

El viaje no (*resultó, resultaba, había resultado*) muy agradable porque (*llovió, llovía, había llovido*) *a cántaros* y se (*vio, veía, había visto*) muy mal, lo que (*fue, era, había sido*) un poco peligroso.

(*Tardábamos, Tardamos, Habíamos tardado*) mucho, pero (*llegábamos, habíamos llegado, llegamos*) bien, eso sí, muy cansados. (*Tomábamos, Tomamos, Habíamos tomado*) cualquier cosa y nos (*íbamos, fuimos, habíamos ido*) a dormir en seguida.

Al día siguiente todos nos (*habíamos despertado, despertamos, despertábamos*) muy temprano. Como casi no (*habíamos cenado, cenamos, cenábamos*), (*estuvimos, estábamos, habíamos estado*) muertos de hambre.

Alguien (*iba, fue, había ido*) a buscar pan recién hecho y (*desayunábamos, habíamos desayunado, desayunamos*) sin prisa, como (*había hecho, hacía, hizo*) mucho tiempo que no lo (*habíamos hecho, hacíamos, hicimos*).

El día (*había amanecido, amaneció, amanecía*) radiante después de la lluvia del día anterior. El campo (*olía, olió, había olido*) a campo, por eso (*nos pusimos, poníamos, habíamos puesto*) de acuerdo y todos (*íbamos, fuimos, habíamos ido*) a dar un gran paseo. El camino (*olía, olió, había olido*) a tomillo y a espliego. Yo me (*quedé, había quedado, quedaba*) un rato más entre las encinas que me (*traían, trajeron, habían traído*) recuerdos de mi infancia.

La tarde (*había pasado, pasó, pasaba*) tranquila. Por la noche (*encendimos, encendíamos, habíamos encendido*) un gran fuego en la chimenea y entre la carne y las patatas asadas, unos buenos tragos de vino, nos (*daban, dieron, habían dado*) *las dos de la madrugada* "arreglando" el mundo.

El domingo (*hacíamos, hicimos, había hecho*) lo mismo que la gente del pueblo: ir de vinos y de tapas. Después de probar casi todo lo típico de la zona, (*volvimos, volvíamos, habíamos vuelto*) a casa. Un café bien cargado y una sobremesa plácida antes de recoger las cosas nos vinieron de maravilla para emprender el viaje de regreso.

Nos (*habíamos puesto, pusimos, poníamos*) en carretera con tiempo suficiente para evitar los atascos típicos de los domingos. De hecho, no (*teníamos, tuvimos, habíamos tenido*) problemas para regresar a nuestra contaminada ciudad de todos los días.

PARA ACLARAR LAS COSAS

Ponerse en carretera: comenzar un viaje.
Llover a cántaros: llover muchísimo.
Encinas: un tipo de árbol muy común en el centro de España.
Tomillo y espliego: hierbas olorosas.
Darle a uno las tantas: llegar las dos de la madrugada y no darse cuenta del paso del tiempo.

avance: curso de español   unidad 4

OTRAS DESTREZAS

COMO LO OYES

1. Pueblos que se van quedando sin habitantes.

En España, como en otros muchos países, hay pueblos que se están quedando prácticamente desiertos. Nuestro entrevistador se ha trasladado a un pequeño valle navarro, formado por siete pueblos en los que ya no vive casi nadie, y ha entrevistado a Mario Esparza, agricultor jubilado de 84 años.

A. Tras escuchar la grabación, contesta a las siguientes preguntas:

1. ¿Cuál fue la causa por la cual los jóvenes abandonaron el campo?
2. ¿A qué ciudades se marcharon?
3. ¿Qué opinaron Mario y su mujer de la ciudad?
4. ¿Están contentos en el pueblo? ¿Por qué?
5. ¿Cree Mario que los jóvenes volverán al pueblo? ¿Por qué?
6. ¿Permite Mario que el entrevistador se marche sin pasar por su casa? ¿Qué le dice?

B. Debate: ventajas e inconvenientes de la vida rural y de la vida urbana.

ESCRIBE

1. Estamos seguras de que tu pueblo o tu ciudad tiene lugares típicos o especiales por algo. Queremos que con la ayuda de todo lo que has ido aprendiendo a lo largo de la unidad, y leyendo la sección "Lee", describas tu localidad o tu barrio favorito, y que además nos cuentes qué se puede hacer allí.

No queremos que imites a Antonio Muñoz Molina, pero sí, que uses algunos de sus recursos para la descripción:
1. Mejor época del año para visitarla.
2. Las mejores horas.
3. Los monumentos, las casas, las plazas, los parques y los colores característicos.
4. Los olores.
5. Un poquito de historia.
6. Lo que debe comer un turista que la visita.

LA JUDERÍA

Por la Judería de Córdoba hay que pasearse en estos días de mayo a las primeras horas de la mañana o después de medianoche, para *estar a salvo* del calor, de las muchedumbres de turistas y de los puestos de *souvenirs* que dan a estas calles un aire de falso pueblo andaluz *perpetrado* en la Costa del Sol. A primera hora de la mañana, el aire conserva todavía la frescura y los perfumes de la noche, y sólo se oyen los *silbidos de las golondrinas* y las *campanadas* tremendas de la catedral. Córdoba tiene entonces una limpia belleza de mundo recién inaugurado, y el verde de los naranjos, el blanco de la cal, el rojo del *ladrillo* árabe, el azul pálido del cielo, nos reciben con *una nítida tibieza* aún no gastada ni por la presencia de la gente ni por la luz excesiva del sol. Se oye correr el agua en las fuentes del patio de la *mezquita*, y en el interior casi desierto *la penumbra* y la soledad multiplican en todas las direcciones el número de las columnas. La mezquita de Córdoba es un espacio que cambia y crece a medida que nuestros pasos se pierden en ella. Por la mañana temprano, o después de medianoche, Córdoba es una ciudad abstracta, delicada, severa, con una sugerencia de paraíso íntimo tras los *zaguanes* de sus patios, con una mezcla absolutamente irrepetible de *laberinto* árabe y de *majestad* romana, con una serenidad que a mí me parece cada vez que vuelvo a pasear por ella el mito y el símbolo de una Andalucía *exenta* de groserías folclóricas y alegrías prefabricadas para esconder la corrupción y la miseria. Volver a encontrar a los amigos, caminar conversando por una calle *empedrada* y tan limpia como un patio, entrar a una taberna y degustar en la barra un vaso de vino frío y una tapa de tortilla o de *boquerones en vinagre* son placeres modestos y misteriosos que tienen su mejor sede en Córdoba, en los días sin *agobio* de mayo y de octubre. Como en ninguna otra parte imagina uno aquí una Andalucía que casi no existe, que ha sido *malbaratada* y borrada, un ritmo distinto para la vida de todos los días, *un sosiego* reflexivo y gozoso en las celebraciones de la inteligencia y los sentidos. De pronto, mientras caminamos por esta silenciosa ciudad que fue hace mil años una de las capitales del mundo, una brisa fresca *sacude* el aire caliente, dejamos un momento de hablar para que las gotas de lluvia nos mojen la cara y la noche se inunda del olor húmedo de los naranjos y la tierra.

Antonio Muñoz Molina, *Escrito en un instante*. Ediciones Calima, Palma de Mallorca, 1997.

1. Busca en el diccionario, junto con tu compañero/a, las palabras en cursiva que no conoces, y haced dos listas: una con las palabras que penséis que son importantes y otra, con las que penséis que no vais a usar de momento.
2. ¿Por qué le molesta al escritor que los propietarios de las tiendas saquen su mercancía a la calle?
3. ¿Qué opinión tiene el escritor sobre la Andalucía actual?
4. ¿Qué es lo que más le gusta al escritor de la Judería?
5. ¿Qué recomienda el escritor que hagamos en Córdoba?
6. Si nunca has estado en Córdoba, después de la lectura de este texto, ¿tendrías ganas de visitarla?

EJERCICIOS DE REPASO DE LAS UNIDADES 1, 2, 3 Y 4

SEÑALA LA RESPUESTA APROPIADA.

1. Si alguien guarda muy bien los secretos de los demás, dice _____.
   a) soy una caja fuerte.
   b) soy una tumba.

2. No poder pegar ojo, significa _____.
   a) no poder dormir.
   b) desear mala suerte a alguien.

3. No me digáis que no _____ salir esta tarde porque ya lo tengo todo preparado.
   a) queréis   b) penséis

4. Me molesta que me _____.
   a) contradicen.   b) contradigan.

5. Nos ha dicho que _____ la semana próxima a Osorno.
   a) se marchen   b) se marcha

6. El Sol se pone al _____.
   a) amanecer.   b) anochecer.

7. Las persianas están en _____.
   a) los balcones y ventanas.
   b) en los ojos.

8. >¿Dónde _____ el recital de poesía?
   < En el salón de actos del colegio.
   a) fue   b) estuvo

9. En el Circo del Sol algunas personas caminan sobre _____.
   a) perchas.   b) zancos.

10. >¿Sabes dónde está Cali?
    <En _____.
    a) Colombia.   b) Chile.

11. Estigma significa: _____.
    a) algo misterioso.   b) marca o señal.

12. No es lógico que tu hermano _____ toda la herencia.
    a) quiera   b) quiere

13. ¿No es cierto que Mariana _____ un poco alterada?
    a) se encuentra   b) sea

14. Es conveniente que _____ vestido una semana antes de la fiesta.
    a) te pruebes el   b) pruebas tu

15. Me molesta la gente que _____ demasiado.
    a) habla   b) hable

16. Hice el informe como me _____ el jefe.
    a) mandó   b) mandaba

17. > Tiene poquísimo dinero y quiere comprarse un coche.
    < _____.
    a) Allá él.   b) Sólo me importa.

18. El pasodoble es originario de _____.
    a) Argentina.   b) España.

19. > ¿A qué hora sale de casa M.ª Eugenia?
    < _____.
    a) Saldrá a las 7 horas.
    b) Salió las 7 horas.

20. >La calle está mojada.
    < _____.
    a) Habrá llovido.
    b) Llovía.

21. Cuando empieza el año, los españoles _____ _____.
    a) beben 12 sorbos de cava.
    b) toman 12 uvas.

22. Ayer no miré al cruzar y casi _____ un coche.
    a) me atropelló   b) me atropella

23. La baraja es _____.
    a) un conjunto de cartas.
    b) un tipo de bandeja.

24. Las Fallas se celebran en _____.
    a) Menorca.   b) Valencia.

25. Los empresarios españoles siempre _____ _____ al cerrar un trato.
    a) se dan un apretón de manos
    b) se besan

26. Ayer _____ lloviendo más de tres horas.
    a) estaba   b) estuvo

27. Mi hermano me dijo que la película de ayer le _____ espantosa.
    a) parecía   b) pareció

28. No pude llamarte porque no _____ saldo en el móvil.
    a) me quedaba   b) me quedó

29. Los garbanzos _____ símbolo en las bodas españolas.
    a) son todo un
    b) no son ningún

30. Las barajas españolas y francesas son _____.
    a) iguales.   b) diferentes.

31. César Manrique realizó toda su obra en su isla natal.
    a) Falso.   b) Verdadero.

32. Le dimos el regalo y no nos dio las gracias _____ no pensamos regalarle nada nunca más.
    a) porque
    b) así (es) que

33. No es que _____ interesado, es que me resulta muy caro.
    a) soy
    b) no esté

34. No me has devuelto el dinero, _____ esté enfadado contigo.
    a) de ahí que
    b) en consecuencia

35. La brisa es _____.
    a) un vientecillo suave.
    b) un viento huracanado.

36. La pandereta es un instrumento musical de _____.
    a) viento.   b) percusión.

37. Ciudad Real es una de las diez ciudades españolas Patrimonio de la Humanidad.
    a) Verdadero.   b) Falso.

38. Cuando la vi me _____ que _____ la empresa _____ 4 años.
    a) comentó   b) comentaba
       había dejado   dejó
       hacía   hace

39. La Judería es _____ muy antiguo de Córdoba.
    a) un barrio
    b) un palacio judío

40. Si pasas muchas horas _____ el ordenador, la vista se te cansa.
    a) frente a
    b) enfrente

avance: curso de español   unidad 5

UNIDAD 5 — *La publicidad o el poder de convicción*

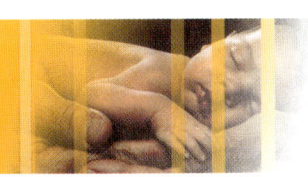

PRETEXTO

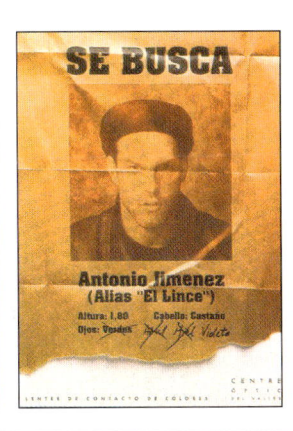

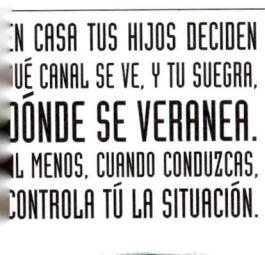

1. En el primer anuncio aparecen dos pronombres, ¿sabes por qué van detrás del verbo formando una sola palabra? — *cos imperative*
2. ¿Recuerdas que hay muchos verbos como *gustar* que llevan delante el objeto indirecto? Busca un verbo de ese tipo en el segundo anuncio. *sentar / sentirse*
3. En los cuatro últimos anuncios aparece un mismo pronombre, ¿sabes cuál es? — *se*
4. En el tercer anuncio, ¿quién busca a Antonio Jiménez?; y en el sexto anuncio, ¿quién aprende a golpes? ¿Puedes extraer alguna conclusión después de contestar a estas preguntas? *es impersonal* (*se aprende (uno)*)
5. En el cuarto anuncio podemos leer la expresión *qué canal se ve,* y en el quinto, *este regalo se hace,* ¿piensas que se trata de la misma estructura en ambos anuncios? ¿Crees que el sujeto de la primera es "el canal", y que el de la segunda "es el regalo"? Compara estas frases con las de los anuncios tercero y sexto. ¿Puedes extraer alguna conclusión? Si tienes dudas, enseguida van a quedar aclaradas.

sujeto = se (sus hijos) impersonal   *hacerse*   *forma pasiva refleja*

CONTENIDOS GRAMATICALES

I. ¿Recuerdas estos pronombres y cómo se usan?

Pronombres reflexivos	Pronombres personales de objeto indirecto	Pronombres personales de objeto directo
me	me	me
te	te	te
se	le	la, lo (le)
nos	nos	nos
os	os	os
se	les	las, los (les)

⇨ **1.** En los verbos reflexivos el sujeto realiza la acción y recibe el resultado.
Ejemplo:
Me lavo las manos antes de comer.

⇨ **2.** Cuando hay dos pronombres, siempre debe ir en primer lugar el de objeto indirecto, seguido del de objeto directo.
Ejemplo:
> ¡Qué bonito es este florero!
< *Te lo* regalo, de verdad.

⇨ **3.** Los pronombres van siempre delante del verbo.
Ejemplo:
Te lo he comprado.

3.1. Sin embargo, si el verbo está conjugado en imperativo afirmativo, el pronombre va detrás de él formando una sola palabra.
Ejemplo:
Dí*melo*.

3.2. En una perífrasis verbal de infinitivo o de gerundio los pronombres pueden ir delante del primer verbo, o bien detrás del infinitivo o del gerundio, formando una sola palabra.
Ejemplos:
Os lo estoy diciendo. / Estoy diciéndo*oslo*.
Me la voy a comprar. / Voy a comprár*mela*.

⇨ **4.** Cuando en una frase, los pronombres de objeto directo *lo, la, los* o *las* van detrás de los pronombres de objeto indirecto *le* o *les*, éstos se sustituyen por *se*.

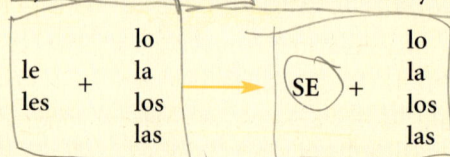

```
        lo              lo
le  +   la              la
les     los    →  SE +  los
        las             las
```

Ejemplos:
Le he prestado *mi chaqueta a María*. / *Se la* he prestado.
Le han regalado *una moto a Joaquín*. / *Se la* han regalado.

AHORA VAS A APRENDER NUEVAS REGLAS:

⇨ 5. Tanto el **objeto directo** como el **objeto indirecto** deben repetirse de forma obligatoria con un pronombre cuando están delante del verbo.

Ejemplos:
– Ese libro ya *lo* he leído
   O.D.   Repetición
– A mi hermano *le* escribí la semana pasada.
   O.I..   Repetición

  5.1. Sin embargo, esta norma no se aplica si el objeto directo es la palabra *algo* o *nada*.

    Ejemplo:
    – *Algo* he oído de esta historia.

  5.2. El *objeto directo* no debe repetirse nunca, excepto con la palabra *todo*.

    Ejemplo:
    – Me *lo* han contado *todo*.

⇨ 6. Si el **objeto indirecto** va detrás del verbo, su repetición es libre. Aunque resulta muy frecuente en la lengua hablada, lo más adecuado sería evitarla.

Ejemplo:
– Ya (*les*) he dado el recado *a tus padres*.

II. LA PASIVA REFLEJA.

⇨ 1. En español utilizamos frecuentemente este tipo de pasiva, que debe construirse siguiendo estas normas:

> *Se* + verbo en tercera persona del singular + sujeto singular.

Ejemplo: > ¿Tu vecina ha tenido un niño? Es que *se oye el llanto* de un bebé.
        < Sí, tuvo una niña hace cinco días. ¡Qué oído más fino tienes!

> *Se* + verbo en tercera persona del plural + sujeto plural.

Ejemplo: > Desde mi nuevo piso *se oyen las campanas* de la catedral.
        < ¡Qué bonito!, ¿no?
        > Sí, el primer día me encantó, pero cada día que pasa me gusta menos oírlas.

III. LA INVOLUNTARIEDAD.

⇨ Se usa cuando queremos decir que lo sucedido no ha sido a propósito, que ha ocurrido involuntariamente. Así, "echamos la culpa" al objeto, descargamos sobre él la responsabilidad de la acción, mientras que el sujeto y verdadero responsable del hecho pasa a convertirse en el perjudicado, en la "víctima" de éste. Se construye igual que la pasiva refleja, pero hay que poner detrás de *se* otro pronombre personal:

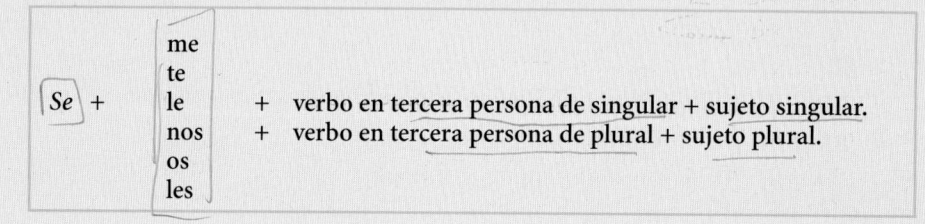

Se +	me te le nos os les	+ verbo en tercera persona de singular + sujeto singular. + verbo en tercera persona de plural + sujeto plural.

Ejemplos:
> ¿Y tu *cuaderno*?
< *Se me ha* olvidado en casa.

> ¿Y tus *apuntes*?
< *Se me han* olvidado en casa.

IV. LA IMPERSONALIDAD.

⇨ 1. Cuando el hablante presenta lo que dice como algo de carácter impersonal, general, pero al mismo tiempo quiere incluir a la persona con la que está hablando, conjuga el verbo en la segunda persona de singular, *tú*.
   Ejemplos:
   > ¿Cómo vas a ir a Cuzco?
   < Con un viaje organizado.
   > Ya. Si *viajas* de forma independiente sale más caro y, normalmente, *tienes* problemas.

⇨ 2. Cuando el hablante ignora o no está interesado en saber quién es el sujeto, emplea el verbo en tercera persona de plural, *ellos*.
   Ejemplos:
   > ¿Sabes qué película *ponen* en el cine Avenida?
   < No tengo ni idea.

   > *Han abierto* otro centro comercial.
   < ¿Otro más? A este paso los pequeños comerciantes van a desaparecer.

⇨ 3. Cuando el hablante quiere expresar una idea de tipo general, en la que él mismo puede estar incluido, usa *se* + *la tercera persona del singular*.
   Ejemplos:
   Antes de entrar *se llama* a la puerta.
   ¿Cuánto *se tarda* de Madrid a Sevilla en el AVE?

avance: curso de español   unidad 5

PRACTICAMOS LA GRAMÁTICA

I. Completa con los pronombres y di si son reflexivos o personales, de objeto indirecto o de objeto directo

1. > ¿Sabes si a José Ignacio _____ interesaría comprar una guitarra española en muy buen estado?
   < Puede que sí, voy a comentár_____.
2. > Cuando oímos aquel ruido tan angustioso, _____ estremecimos. _____ pareció que era un ruido de ultratumba.
   < ¡Ay!, por favor, no _____ hables de esas cosas, que ya sabes que _____ dan pánico.
3. > Dicen que Azucena y Álex _____ quieren mucho, pero yo pienso que no, porque he visto pelear_____ en muchas ocasiones.
   < Oye, oye, no seas tan *cotilla*, ¿a ti qué _____ importa la vida de los demás?
4. > Mi hermana _____ ha pedido que _____ haga una tarta para el cumpleaños de su hija.
   < ¿Y cuándo _____ _____ vas a hacer?
   > Creo que esta tarde.
5. > Antes de casar_____ debéis pensar_____ muy bien.
   < Sí, ya _____ hemos pensado y hemos decidido casar_____ dentro de cinco meses.
6. > No _____ atrevo a invertir en bolsa, _____ da miedo.
   < Pues si tienes algunos ahorros, inviérte_____ en un piso, yo creo que es más seguro.
7. > ¿Hace mucho que no ves a Juan?
   < Casualmente _____ vi el otro día.
   > ¿Y qué _____ contó?
   < Nada de particular, ya sabes que es poco comunicativo.

PARA ACLARAR LAS COSAS

- *Cotilla*: persona que comenta temas privados de los demás.

II. Completa con el pronombre o pronombres (____) o con el sustantivo (......) adecuados.

Ejemplo:
> Mi tía *me* contó que, una vez, a su marido *se le* disparó una *pistola*.
< ¿Y qué ocurrió?
> Afortunadamente, nada.

1. > A Pedro _____ _____ han perdido las llaves.
   < ¡Qué mala cabeza tiene ese chico!
2. > Dicen que si _____ pones una caracola en el oído _____ oye el mar.
   < Pues yo _____ he intentado muchas veces y nunca he conseguido oír_____.
3. > Ya debemos de estar cerca de la costa porque se oye la .... de un barco.
   < ¡Qué ganas tengo de estar junto al mar!
4. > Se comentan muchas .... sobre la quiebra del negocio de sus suegros, pero no sé si son verdad o no.
   < A mí me gustaría saber_____, pero no me atrevo a preguntár_____. _____ parece un asunto muy delicado.

unidad 5 avance: curso de español
78

5. > En esta tienda se hacen ~~ropas~~ a medida.
   < ¿Y son muy caras?
   > Sólo un poco más que las normales.
6. > Desde la torre _se_ ve casi toda la ciudad.
   < ¿Por qué no subimos?
   > Sí, venga, vamos.

III. Completa para formar frases impersonales y después haz un comentario de cada una de ellas.

Ejemplo:
< ¿*Se* puede fumar aquí?
> (Tú) *No, está prohibido.*

1. > ¡Madre mía! Ayer me acosté a las seis de la madrugada. Ya sabes lo que pasa: (empezar) _se empieza_ a hablar con los amigos, (tomar) _se toman_ unas copas, después (ir) _se va_ a bailar, (mirar) _se mira_ el reloj, y ya son las cinco.
   < Me parece normal, a mí _me gusta mucho / me ha pasado lo mismo muchas / un montón de veces_.
2. > (Descubrir) _Han descubierto_ nuevos enterramientos en *Atapuerca*.
   < Es impresionante todo lo que _se puede descubrir / va apareciendo allí_.
3. > Ayer leí que en España (beber) _se bebe_ más cerveza que vino.
   < Es que cuando hace calor la gente _tiene sed / prefiere algo frío_.
4. > ¡Fíjate *qué faena*! Me (robar) _han robado_ la moto.
   < ¿Y has ido _a la policía / comisaría_?
   > No, todavía no.
5. > Oiga, por favor, ¿(poder) _se puede_ lavar este pantalón en la lavadora?
   < No, tiene que _limpiarlo en seco / lavarse a mano_.
6. > ¿Te has enterado de que a Víctor le (dar) _han dado_ una beca de investigación?
   < No, no lo sabía, pero no me extraña nada, es que Víctor _es muy inteligente / listo_.
7. > ¿Cuándo (operar) _van a operar_ a Juan?
   < Todavía no _lo han operado / se sabe_.

PARA ACLARAR LAS COSAS

Atapuerca: Es el más antiguo yacimiento de restos humanos hallado en Europa. Se encuentra en la provincia de Burgos (España).
¡Qué faena!: ¡Qué mala suerte!

IV. Elige la respuesta correcta.

La cebolla **picas / se pica** finamente y **pones / se pone** a freír junto con la carne **en / entre** un poco de aceite. Mientras **se / las** fríe, **debes de agregar / se agrega** el *comino* molido y una cucharada de azúcar.

Como / Por de costumbre, Tita lloraba mientras picaba la cebolla. Tenía la vista tan nublada que sin darse cuenta **cortó su** / **se cortó** un dedo con el cuchillo. **Lanzó** / **Tiró** un grito de rabia y prosiguió como si nada con la preparación del *champandongo*. En esos momentos no **se** / **le** podía dar ni siquiera un segundo **para** / **por** atenderse la herida. Esa noche **vendrá** / **vendría** John a pedir su mano y tenía que prepararle una buena cena en tan sólo media hora. **Tita** / **A Tita** no le gustaba cocinar **con** / **en** premura.

Laura Esquivel: *Como agua para chocolate*. Mondadori.

PARA ACLARAR LAS COSAS

Comino: semilla pequeña y gustosa que se pone en algunos platos.
Champandongo: plato mejicano compuesto de carne, verduras, nata, queso, nueces, almendras, caldo de pollo, aceite, azúcar y tortillas de maíz.

VOCABULARIO

I. TE PRESENTAMOS UNA SERIE DE SUSTANTIVOS Y DE VERBOS EN DOS COLUMNAS PARA QUE LOS EMPAREJES DE FORMA ADECUADA Y, DESPUÉS, COMPLETES LAS LÍNEAS SIGUIENDO EL MODELO:

		Ejemplo:
1. vender	a. fotografías	1. i.: En un centro comercial se venden diferentes cosas.
2. arreglar	b. láminas	
3. estrechar	c. pantalones	
4. limpiar	d. coches	
5. enmarcar	e. zapatos	
6. grabar	f. llaves	
7. copiar	g. tu nombre	
8. revelar	h. cortinas	
9. cambiar	i. diferentes cosas	
10. aparcar	j. dinero	
11. sacar	k. helados	
12. fabricar	l. entradas	

II. Con ayuda de tu compañero, dinos cinco actividades más que se realizan en un centro comercial.

1. _____.
2. _____.
3. _____.
4. _____.
5. _____.

III. Y para terminar, ¿piensas que los centros comerciales van a hacer que desaparezcan las pequeñas tiendas de toda la vida?

INTERACCIÓN ORAL

I. Campaña gubernamental.

A. En parejas. Leed este anuncio, primero en voz baja, y después en voz alta y de forma dialogada. Prestad atención a las siguientes recomendaciones:

– La persona que ofrece la droga debe hacerlo de forma sugerente. Su objetivo es lograr que quien tiene enfrente adquiera su mercancía.

– Al hablar conviene cambiar la entonación y enfatizar de forma especial las frases más significativas.

– Quien represente a la persona que rechaza consumir la droga debe aumentar la intensidad y contundencia de su negativa a medida que avance el diálogo.

> Tengo algo para ti. **NO.** Venga, hombre.
> **NO.** Prueba un poco. **NO.** Te gustará
> **NO.** Vamos, tío. **NO.** ¿Por qué? **NO.**
> Vas a alucinar. **NO.** No te cortes. **NO.**
> ¿Tienes miedo? **NO.** No seas gallina.
> **NO.** Sólo una vez **NO.** Te sentará
> bien. **NO.** Venga, vamos. **NO.** Tienes
> que probar. **NO.** Hazlo ahora. **NO.**
> No pasa nada. **NO.** Lo estás deseando.
> **NO.** Di que sí. **NO.**
>
> *En el tema de la droga tú tienes la última palabra.*
>
> **Fundación de Ayuda contra la drogadicción**

B. Explica el significado de estas palabras y expresiones:
Tío: _____.
Vas a alucinar: _____.
No te cortes: _____.
No seas gallina: _____.

C. ¿Crees que estas expresiones son propias únicamente del lenguaje juvenil? Da tu opinión sobre esta campaña gubernamental contra el consumo de drogas.

II. Hay que reclamar.

A. Mira bien las viñetas.
B. Busca en el diccionario las palabras que no sabes.
C. Describe todo lo que ves en cada una de ellas.
D. Cuarta viñeta. Primero, decide cuál de los personajes eres, y entabla un diálogo con otro/a estudiante.

III. Anuncios.

A. En grupos observad estos dos anuncios y decid todo lo que podáis sobre ellos: comentad la imagen, los colores, los/as protagonistas, el texto (tipo de lenguaje) etc.

PERODRI
Ya no recuerda todas las horas que ha ensayado. Pero las dos próximas no las olvidará nunca.

FESTINA
Tiempo.
Menudos granos de vida recorridos, partículas alegres de futuros dormidos.

B. Finalmente, realizad conjuntamente una valoración global de cada uno de ellos. Comentad los resultados.

IV. Publicistas. La empresa "Nutresa" quiere lanzar al mercado su nuevo producto: mermelada cítrica (naranja, limón, pomelo, mandarina y lima), y ha contactado con varias agencias publicitarias para que le presenten un proyecto para la campaña de promoción. Formad tres grupos y diseñad una campaña publicitaria para este producto.

A. Pensad el nombre y diseñad el envase del producto.
B. Cread un anuncio para la prensa. Proponed un dibujo o una foto y un eslógan contundente y directo.
C. Elaborad el guión para un anuncio en la radio. Debéis escoger una melodía de fondo. Decidid si hablará una sola persona o varias y pensad también cuánto tiempo debe durar, en qué emisoras de radio queréis que se emita, y a qué hora.
D. Realizad un guión de las secuencias de un anuncio para la televisión. Si queréis, podéis escoger una melodía de fondo. Decidid si intervendrán uno o más personajes. Pensad también dónde transcurre, cuánto tiempo debe durar, en qué canales de televisión queréis que sea visto, y a qué hora.

Gana la campaña publicitaria mejor creada. ¡Suerte!

RECUERDA Y AMPLÍA

El imperativo

1. Recuerda que las formas más usadas en un contexto informal son las de *tú* y *vosotros*, y en un contexto más formal, las de *usted* y *ustedes*, excepto en Hispanoamérica donde el plural de *tú* o de *vos* siempre es *ustedes*.

2. Todas las formas de imperativo son iguales a las del subjuntivo, excepto las formas afirmativas de *tú* y *vosotros*.

3. Aquí tienes un esquema que te puede ayudar:

Persona	Afirmativo	Negativo
Tú*	= a la 3.ª persona de singular de presente de indicativo: *come*	Presente de subjuntivo: *no comas*
Usted	Presente de subjuntivo: *coma*	Presente de subjuntivo: *no coma*
Nosotros/as	Presente de subjuntivo: *comamos*	Presente de subjuntivo: *no comamos*
Vosotros/as	Cambia la *-r* final del infinitivo por *-d*: comer → *comed*	Presente de subjuntivo: *no comáis*
Ustedes	Presente de subjuntivo: *coman*	Presente de subjuntivo: *no coman*

4. ¿Recuerdas las formas irregulares de la 2.ª persona de singular que ya has estudiado? Escríbelas.

Tener	→	ten	Salir	→	sal
Venir	→	ven	Poner	→	pon
Hacer	→	haz	Ser	→	sé
Decir	→	di	Ir	→	ve

II. El imperativo y los pronombres.

⇨ 1. Con la forma afirmativa, los pronombres van detrás del verbo, formando una sola palabra.
Ejemplo: *Escríbemelo*, por favor.

⇨ 2. Con el imperativo en forma negativa, los pronombres van delante del verbo y separados de él.
Ejemplo: *No me lo digas* otra vez.

III. Usos del imperativo.

1. Para prohibir algo: *No jueguen* a la pelota en la piscina. [play ball]
2. Para dar órdenes: *Sal* inmediatamente de esta habitación.
3. Para hacer sugerencias: Si vas a Cuenca, *visita* el Museo Arqueológico.
4. Para dar instrucciones: *Aprieta* fuerte y *da* media vuelta a la derecha. [put ur foot down?]
5. Para dar consejos: *Acepta* el trabajo que te han ofrecido y *no lo pienses* más.
6. Cuando la orden empieza por la palabra *que*, usamos el subjuntivo.
   Ejemplos:
   > *Pásame* la sal, por favor.
   < Perdona, ¿qué has dicho?
   > *Que me pases* la sal.
7. A veces repetimos el imperativo para resultar más educados. [well-mannered/polite]
   Ejemplo:
   Pase, pase, señor García.

EJERCICIOS

I. Reacciona ante estas situaciones usando el imperativo.

Ejemplo:
Una señora va a sentarse en una silla que está sucia.
(Tú) *No se siente, no se siente,* que se va a manchar. [get dirty/stain]

1. Unos amigos te dicen que van a ir a un restaurante y tú sabes que es caro y malo.
   No vayáis a este restaurante que sea caro y malo.
2. Un señor te está molestando.
   Déjeme en paz por favor.

3. Un amigo tuyo *se echa* de pronto *a llorar*.
   Deja de llorar / No llores.
4. Vienes con un montón de bolsas del súper y tus amigos no se mueven.
   Ayudadme por favor.
5. Has prestado una novela a un amigo y te la ha perdido.
   Cómprame una nueva novela.
6. Tu hijo no para de hablar y tú quieres escuchar las noticias.
   Para/deja de hablar.
7. Estás sentada en el autobús y entra un señor con *muletas*.
   Siéntese aquí señor.
8. Vas a salir con una amiga, pero no estás listo. Ella tiene prisa.
   Espérame por favor.
9. Una persona te está echando directamente el humo a la cara.
   Deje de echarme el humo a la cara.

PARA ACLARAR LAS COSAS

Echarse a llorar: empezar a llorar de golpe.
Muletas: bastones que sirven para ayudar a andar a una persona con problemas.

II. Utiliza uno de estos verbos y ponlo en imperativo. Sustituye el objeto indirecto y el objeto directo por pronombres, de acuerdo con el modelo que te presentamos.

*Explicar, permitir, grabar, **prestar**, dejar, vender, comprar, cortar, acompañar, dar, hacer.*

Ejemplo:
Pedro va a una fiesta y necesita *el coche*.
(Tú): *Préstaselo.*

1. Ana necesita una autorización para ir de viaje.
   ~~Dásela~~ Acompáñale.
2. Dolores quiere que le grabéis tres discos.
   Grabádselos.
3. Lucía necesita su (de ustedes) diccionario.
   Dénselo.
4. Antonio quiere que le cortes el pelo.
   No se lo cortes.
5. María no entiende el teorema de Pitágoras.
   Explícaselo.
6. Pablo va a pedirle (a usted) dinero.
   No se lo dé.
7. Salvador quiere ir de compras.
   Permíteselo.
8. Quiere viajar sola en auto-stop.
   No le deje.
9. Marta quiere comprar tu coche.
   Véndaselo.
10. Vuestro hijo necesita un chándal.
    Compráoselo.

avance: curso de español   unidad 5

OTRAS DESTREZAS

CÓMO LO OYES

I. Tras la audición, señala la opción adecuada.

1. Carmen propone a Marina hacer un viaje.
   a) a un sitio concreto de España.   b) fuera de España.
2. A los tíos de Marina les encantaba:
   a) pasar mucho tiempo separados.   b) estar juntos.
3. a) Su tío era más simpático que su tía.   b) Su tía era más graciosa que su tío.
4. a) Van a pagar el alojamiento en efectivo al llegar a los hoteles.   b) Van a pagar los hoteles con reducción de precio en la agencia de viajes.

A. En España, la familia es muy importante. Unos dicen que es por la tradición cristiana, otros que es consecuencia del carácter latino, y un tercer grupo piensa que es por la unión de ambos elementos. ¿Y tú qué crees?
B. Explica también cómo es la familia de tu país.

II. Diferentes avisos. Tras la audición, contesta a las siguientes preguntas:

1. ¿De qué vuelo se trata?
2. ¿Dónde empieza la promoción?
3. ¿Qué tiene que hacer el doctor Velasco?
4. ¿Qué tipo de tren va a efectuar su salida?
5. ¿Quiénes tienen que acudir al salón de recepción?

ESCRIBE

I. Ahora vas a escribir un texto argumentativo sobre la publicidad: ¿es buena?, ¿es nefasta?, ¿es necesaria?, ¿invita sólo al consumismo?, y todo lo que tú quieras añadir. Te recomendamos que antes de empezar a escribir consultes el texto que aparece en la sección "Lee", pues creemos que te servirá de ayuda.

Recuerda que convendría empezar el texto con:
- Una introducción más bien breve a modo de presentación.
- Tras ella, puedes empezar a argumentar tus ideas. Recuerda que cada idea debe desarrollarse en un párrafo, y que puedes usar las expresiones: *para empezar, por un lado, por otro, por otra parte, además*, etcétera.
- La conclusión también debe ser breve y puedes introducirla con: *para terminar, en resumen, en conclusión*, etcétera.

LEE

I. Lee detenidamente este texto y responde a las preguntas.

Mi relación de amor odio con la publicidad

Confieso que me gusta mucho la publicidad. Me irrita como a cualquier hijo de vecino que un amasijo de papeles invada mi buzón, pero siempre sucumbo a la tentación de ojear todos esos folletos comerciales.

Pero no toda la publicidad me resulta igual de atractiva. La hay invasora, la hay que se disfraza de información y, sobre todo, está aquélla que promociona bienes y servicios sensibles ante los que se impone una vigilancia especial. Y no se trata sólo de las medicinas, sino también de los contratos bancarios, las inmobiliarias e, incluso, las agencias de viaje.

Desde hace relativamente poco tiempo está permitida en nuestro país la publicidad comparativa. Las comparaciones tienen que estar basadas en datos objetivos y ser posibles de verificar.

La ley nos protege, en particular, de la publicidad engañosa. Se entiende por este concepto cualquier modalidad de información o comunicación contenida en mensajes que sea entera o parcialmente falsa, o, de cualquier otro modo, que sea capaz de inducir a error al consumidor respecto a la naturaleza, cantidad, origen y precio de los productos y servicios.

Desde el momento en que se supone que la publicidad tiene que ser totalmente veraz, el proveedor adquiere ciertos compromisos respecto al cliente, que no son los mismos en todos los casos. Por eso encontramos en numerosos folletos, situada a pie de página, la observación de que los datos expuestos pueden experimentar variaciones y no tienen carácter contractual. De esta manera, los proveedores se guardan las espaldas ante posibles reclamaciones de los clientes.

María José Alegre: adaptación
Mujer de hoy, nº 130, 20-26/10/2001

A. Busca en el texto un sinónimo de las siguientes expresiones:
- montón revuelto de: un amasijo de
- caer en: sucumbir a
- echar una ojeada: ojear
- parecer que es, pero no lo es: disfrazarse de
- que no dice la verdad completa: engañoso
- llevar a una equivocación: inducir (a alguien) a error

B. Realiza un resumen del texto y léeselo a tus compañeros/as.

UNIDAD 6 — ¿Cuando encuentre trabajo o cuando me jubile?

PRETEXTO

Nos convencemos a nosotros mismos de que la vida será mejor después…
Después de terminar la carrera, después de conseguir trabajo, después de casarnos, después de tener un hijo y después de tener otro.
Luego nos sentimos frustrados porque nuestros hijos no son lo suficientemente grandes, y pensamos que seremos más felices cuando crezcan y dejen de ser niños.
Después nos desesperamos porque son adolescentes, difíciles de tratar.
Pensamos: "seremos más felices cuando salgan de esa etapa".
Luego decidimos que nuestra vida será completa cuando a nuestro esposo o esposa le vaya mejor, cuando tengamos un coche mejor, cuando nos podamos ir de vacaciones, cuando consigamos el ascenso, cuando nos retiremos.

La verdad es que no hay mejor momento para ser feliz que ahora mismo.
Si no es ahora, ¿cuándo?
La vida siempre estará llena de "luegos", de retos. Es mejor admitirlo y decidir ser felices ahora de todas formas. No hay un luego, ni un camino para la felicidad, la felicidad es el camino y es ahora. Atesora cada momento que vives y deja de esperar hasta que termines la universidad, hasta que te enamores, hasta que encuentres trabajo, hasta que te cases, hasta que tengas hijos, hasta que se vayan de casa, hasta que te divorcies, hasta que pierdas esos diez kilos, hasta el viernes por la noche o hasta el domingo por la mañana, hasta la primavera, el verano, el otoño o el invierno, o hasta que te mueras, para decidir que no hay mejor momento que justamente éste para ser feliz.

1. En este texto se habla de diferentes cosas: separa las que se refieren al trabajo de las otras. Clasifica éstas en apartados como *vida privada*, *cosas materiales*, etcétera.
2. ¿Es un texto positivo o negativo? Señala los párrafos que justifiquen tu afirmación.
3. ¿Qué opinas del contenido de este mensaje? Coméntalo con tus compañeros/as.
4. Fíjate en las palabras que se refieren al tiempo y ponlas en una lista.
5. Ahora, subraya las conjunciones temporales y di si van con indicativo o subjuntivo. ¿Por qué crees que es así? Compara tus hipótesis con nuestras reglas.

CONTENIDOS GRAMATICALES

I. Las oraciones temporales...

Antes de nada tienes que aprender estas reglas que te van a ayudar mucho:

> 1. Las interrogativas, tanto directas como indirectas, no llevan subjuntivo.
>
> | Directas | Indirectas |
> |---|---|
> | –¿Dónde vive Antonio? | –Yo *no sé dónde vive* Antonio. |
> | –¿Cómo terminó la película? | –A mí *me gustó cómo terminó* la película. |
> | –¿Quién descubrió la penicilina? | –*No recuerdo quién descubrió* la penicilina. |
> | –¿Qué le pasa a Pepe? Está raro. | –Él *me ha contado qué le pasa,* pero no puedo decírtelo, es un secreto. |
> | –¿Cuánto cuesta? | –*No nos ha dicho cuánto cuesta.* |
> | –¿Cuándo te vas? | –Todavía *no sé cuándo me voy.* |
> | –¿Cuál es mejor? | –No puedo aconsejarte sobre *cuál es mejor.* |

> 2. Si la pregunta directa no lleva adverbio interrogativo, usamos *si* en la pregunta indirecta. Este *si* no es condicional sino interrogativo y tampoco lleva subjuntivo.
> Ejemplos:
> –¿Hay clase la semana que viene?   –*No han dicho si hay clase* o no.
> –¿Busca algún regalo especial?   –Todavía *no sé si voy a comprar* algo o no.

II. Construcciones temporales.

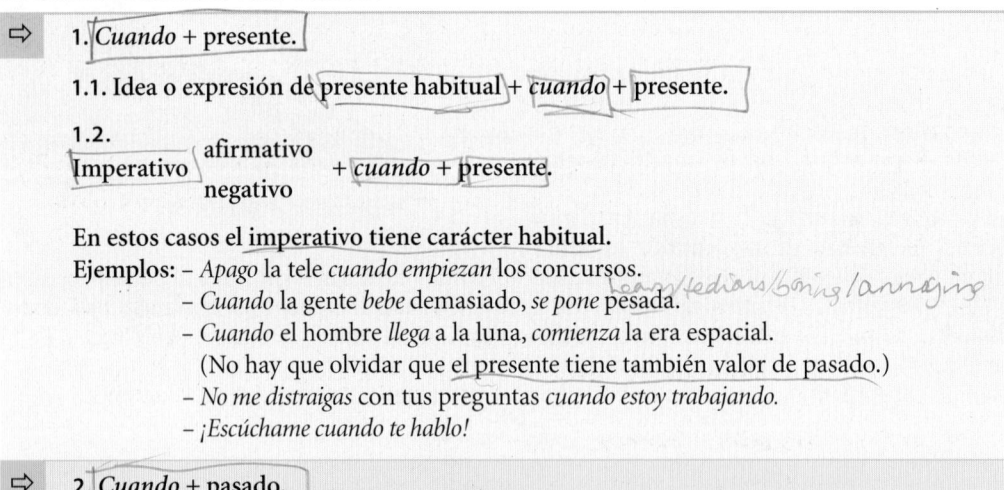

> 1. *Cuando* + presente.
>
> 1.1. Idea o expresión de presente habitual + *cuando* + presente.
>
> 1.2.
> Imperativo afirmativo / negativo + *cuando* + presente.
>
> En estos casos el imperativo tiene carácter habitual.
> Ejemplos: – *Apago* la tele *cuando empiezan* los concursos.
> – *Cuando* la gente *bebe* demasiado, *se pone* pesada.
> – *Cuando* el hombre *llega* a la luna, *comienza* la era espacial.
> (No hay que olvidar que el presente tiene también valor de pasado.)
> – *No me distraigas* con tus preguntas *cuando estoy trabajando.*
> – ¡*Escúchame cuando te hablo!*

> 2. *Cuando* + pasado.
>
> Idea o expresión de pasado + *cuando* + pasado.
> Ejemplos: – *Nos conocimos cuando* los dos *trabajábamos* de guías en la costa.
> – Pedro *llegó cuando* todo lo importante *había terminado.*
> – *Se fue* al cine *cuando salió* del trabajo.
> – *Cuando he ido* a buscar el coche, *he visto* que la rueda estaba pinchada.
> – *Cuando me he levantado, llovía* a mares.

3. *Cuando* + futuros.

Idea o expresión de futuro / imperativo + *cuando* + presente o pretérito perfecto de subjuntivo. En estos casos el imperativo se refiere al futuro.

Ejemplos: – Te *pagaré* lo que te debo *cuando cobre*.
– *Van a pintar* toda la casa *cuando venga* el buen tiempo.
– *Pienso decirle* toda la verdad *cuando lo vea*.
– *Quiero vivir* en el campo *cuando me jubile*.
– *Me voy* de vacaciones mañana, *cuando salga* de la oficina.
– *Tienes que llamar* a Pedro *cuando llegues* a casa.
– *Devuélveme* el libro *cuando lo hayas terminado*.
– *Llámame cuando sepas* algo.

4. Funcionan igual que *cuando*, es decir, pueden construirse con indicativo o subjuntivo:

⇨ *Después de* + infinitivo con el mismo sujeto / *después de que*.
Ejemplos: – *Después de leer* (yo) tanto sobre ese tema, *estoy* (yo) harto de él.
– *Hablaremos* más tranquilamente *después de que hayan pasado* estos momentos de nerviosismo.
– Todos los de la oficina *fuimos* a ver a Luisa *después de que dio* a luz.

⇨ *Tan pronto como / en cuanto / apenas* (formal). Expresan la idea de inmediatez: una acción ocurre a continuación de otra.
Ejemplos: – *En cuanto sepas* si te han dado el trabajo, *avísame*.
– *Tan pronto como llegamos* nosotros, las cosas *empezaron* a mejorar.

⇨ *Hasta* + infinitivo con el mismo sujeto / *hasta que*. Señala el límite de una acción.
Ejemplos: – *No vamos a dar* una opinión *hasta saber* la versión de los otros imputados.
– La clase *no empieza hasta que llega* la profesora.
– *Se quedaron* trabajando *hasta que terminaron* el proyecto.
– *Puedes quedarte* en casa *hasta que encuentres* un piso que te guste.

⇨ *Mientras / A medida que*. Expresan una acción simultánea a otra. Con subjuntivo, *mientras* adquiere matices condicionales.
Ejemplos: – *Mientras* todo *va* bien, nadie *protesta* ni *se queja*.
– *Mientras esté* usted en esta empresa, *tendrá que venir* a trabajar con corbata.
– *A medida que pasa* el tiempo, a todos nos *van saliendo* arrugas.
– *Iremos* buscando soluciones *a medida que se presenten* los problemas.

4.1. *Antes de que* se comporta de manera distinta.

⇨ *Antes de que* + siempre subjuntivo con distintos sujetos.
⇨ *Antes de* + infinitivo con el mismo sujeto.
Expresan la idea de anterioridad.
Ejemplos: – *Tienes* que terminar este informe *antes de que llegue* el jefe.
– *Vámonos* de aquí *antes de que empiecen* los problemas.
– Todos los días *saco* (yo) a la perra *antes de irme* a trabajar (yo).

unidad 6 avance: curso de español

PRACTICAMOS LA GRAMÁTICA

I. Completa con la forma adecuada del presente de indicativo o de subjuntivo o bien con el futuro o IR A + infinitivo.

> Aquí, en su mano, (ver) _veo_ que usted (tener) _tiene_ un carácter muy abierto, inquieto y sincero, pero también muy impulsivo. También (ver) _veo_ que, últimamente, ha tenido problemas en su vida profesional.

< Sí, (ser) _es_ cierto, la empresa donde trabajaba (estar) _está_ en suspensión de pagos por culpa de la crisis y ahora (estar, yo) _estoy_ en paro.

> Bueno, la cosa no (ser) _es_ tan grave como usted (creer) _cree_. Dentro de poco lo (llamar) _van a llamar_ para un trabajo. Pero, ¡atención!, cuando (ir, usted) _vaya_ a la entrevista (tener) _tiene_ que ser más prudente, menos impulsivo. Cuando (contestar) _conteste_ a las preguntas, (deber) _debe_ mostrarse más tranquilo de lo habitual.

< Ése (ser) _es_ un buen consejo. ¿(Poder) _Puede_ decirme ahora algo sobre mi vida sentimental?

> Pues sí, aquí (decir) _dice_ que usted (tener) _tiene_ mucho éxito con el otro sexo, ¿es cierto?

< Pueees, la verdad… sí, no me (poder) _puedo_ quejar, (ligar, yo) _ligo_ mucho. Pero eso ya lo sabía. Yo quería saber más cosas sobre el futuro.

> ¡Ay, qué impaciente (ser) _es_ usted! (Encontrar) _Encontrará_ muy pronto a la persona de su vida, alguien que le (hacer) _haga_ sentar la cabeza; con esta persona usted (querer) _querrá_ formar una familia, y cuando (casarse) _se case_ todo (cambiar) _cambiará_ para usted.

< ¡Cuándo me (casar) _case_! ¡Si yo no tenía planes de boda! Oiga, ¿y ahí (decir) _dice_ cuándo me (casar) _casaré_?

> Sí, cuando (encontrar) _encuentre_ a su media naranja.

< ¡Pues vaya una respuesta!

PARA ACLARAR LAS COSAS

- *En suspensión de pagos:* la empresa no puede pagar los salarios.
  Sentar la cabeza: llevar una vida más organizada, más ordenada.
  ¡Si yo no tenía…!: este *si* es exclamativo, se puede eliminar. Sirve para enfatizar la exclamación.

II. En parejas o pequeños grupos, completad estas afirmaciones. Comparad con lo que ha escrito el resto de la clase.

1. La vida será mejor cuando _tenga más dinero_.
2. Me pondré a dieta para perder peso después de que _coma esto_.
3. No pienso volver a hablar con ellos hasta que _se disculpen_.
4. Contrataremos más gente a medida que _obtengamos ganancias_.
5. Quiero que me expliques lo que te pasa antes de que _salgas_.
6. Va a encontrar el trabajo de su vida en cuanto _venga el Año Nuevo_.
7. Les devolveremos el dinero de la fianza tan pronto como _inspeccionemos el apartamento_.
8. Seremos más felices cuando _hayan acabado los exámenes_.
9. Quiero convocar una reunión urgente antes de que _la situación empeore_.
10. Venga a vernos cuando _tenga tiempo_.

avance: curso de español   unidad 6

III. En equipos, relacionar las expresiones de las dos columnas adecuadamente, y construid frases con ellas, como en el ejemplo.

Ejemplo: *En cuanto llegáis* vosotros a la oficina *se acaba* la paz [1. j.].

1. *En cuanto*	a. me compré unas botas de cuero baratísimas.
2. Cuando	b. os llamé, pero no estabais.
3. Oye, antes de que (tú)	c. me iré a dar una vuelta.
4. Hasta que	d. las cosas se aclararon.
5. Mientras	e. pienso pasarme todo el mes sin hacer nada.
6. Después de que (vosotros)	f. tenemos que hablar seriamente.
7. Siempre que	g. me iré de casa.
8. A medida que	h. se pone hecho una furia.
9. Hasta que	i. la clase no empieza.
10. Cuando	j. *se acaba la paz.*
11. Tan pronto como	k. cierra bien el grifo.
12. Hasta que	l. iré corrigiendo los exámenes.

IV. Completa el texto con las conjunciones del recuadro.

En cuanto, antes de que, mientras, cuando, hasta que, siempre que.

–¿Cariño? Hola soy yo, te llamo porque no podré volver a casa _____ haya terminado en la oficina.

–¿Que si tengo mucho trabajo? ¡Qué risa me da! Tengo esto que *parece una leonera* y _____ no ponga un poco de orden, aquí no hay quien trabaje.

–¿Más organizada? ¡Qué fácil es hablar! En esta empresa te querría yo ver, _____ alguien no sabe dónde poner algo, lo trae a la mesa de la nueva, pero ya estoy harta y _____ vea al jefe de personal, le presento *una queja en condiciones*.

–Sí, ya sé que me advertiste _____ empezara, pero, ¿qué quieres? A mí me gusta y _____ algo te gusta, pues lo aceptas casi todo, pero esto ya es demasiado. Bueno, te dejo. A ver si consigo adelantar algo.

A. A partir del contexto, explica el significado de la expresión *parece una leonera*.
B. Busca expresiones con palabras menos coloquiales que sean equivalentes a *¡qué risa me da!* y *una queja en condiciones*.

VOCABULARIO

I. PERFIL DE UNA PROFESIÓN.

1. En equipos, elegid una profesión y explicad en qué consiste con la ayuda de las palabras y expresiones de las tres columnas.

Es un trabajo / una profesión	Es un trabajo / una profesión que requiere / necesita / exige	Para ese trabajo / esa profesión se requiere / necesita / exige
Variado/a	Creatividad	Experiencia
Apasionante	Amabilidad	Carné de conducir
Interesante	Flexibilidad	Vehículo propio
Agradable	Iniciativa	Mentalidad comercial
Fácil	Disponibilidad de tiempo	Llevar uniforme
Difícil	Seriedad	Titulación universitaria
Original	Eficacia	Saber idiomas
Cansado/a	Dinamismo	Conocimientos de informática
Divertido/a	Don de gentes	Un capital inicial
Creativo/a	Capacidad de organización	Buena preparación física
Peligroso/a	Sentido de la responsabilidad	Aprobar unas oposiciones

2. En parejas, pensad en otra profesión. El resto de la clase tendrá que adivinar de cuál se trata con las pistas que les deis y las preguntas que os hagan.

   Ejemplo:
   – (*Dentista*). Este/a profesional suele dar miedo a todo el mundo; arregla lo que no funciona (*Pista.*)
   – ¿Para esta profesión se necesita llevar uniforme? (*Pregunta.*)

3. Ahora decidnos:
   A. ¿Qué tipo de trabajo no podríais hacer? ¿Por qué?
   B. ¿Qué cualidades o características os parecen imprescindibles para elegir vuestra profesión?
   C. ¿Quién debe cobrar más? ¿Qué profesiones os parecen más importantes en nuestra sociedad? Argumentad vuestras respuestas.

4. Elegid una profesión curiosa y hablad de ella, como en el ejemplo. Debéis incluir en vuestra explicación una descripción del tipo de herramientas o instrumentos que se usan en ella.

Una profesión curiosa: Doctores Sonrisas

Curan, aunque lleven nariz de payasos y vistan ropa extravagante de colorines llamativos. Recetan risas, bromas y entretenimiento a los niños y niñas ingresados en los hospitales. Son los Doctores Sonrisa, y llevan bastante tiempo de servicio en los hospitales españoles. También trabajan en 70 hospitales de otros nueve países. Mientras se maquillan y se ponen sus efectistas trajes no parece que vayan a recorrer camas de hospital.

INTERACCIÓN ORAL

I. Habla con tu compañero/a de tus costumbres. Para que la actividad resulte más interesante, puedes informarle de todas estas cosas.

A.

1. ¿Qué haces cuando te aburres?
2. ¿Qué haces cuando te duele la cabeza?
3. ¿Qué haces cuando todo te sale bien?
4. ¿Qué haces cuando te deprimes?
5. ¿Qué haces cuando intentan ligar contigo?
6. ¿Qué haces cuando te vas de vacaciones?

B. Cuéntanos algo de tu pasado. No vale contestar *no me acuerdo*.

1. ¿Cómo reaccionabas cuando te regañaban tus padres?
2. ¿Cómo reaccionabas cuando había de comer algo que no te gustaba?
3. ¿Cómo reaccionabas cuando abrías los regalos de Navidad?
4. ¿Cómo reaccionaste cuando fuiste por primera vez a la escuela?
5. ¿Cómo reaccionaste cuando te dieron permiso para llegar tarde a casa por primera vez?
6. ¿Cómo reaccionaste al llegar a tu primer trabajo?

C. Y, ahora, dinos qué crees que harás en estas situaciones.

Ejemplo: Yo, por ejemplo, *cuando tenga 65 años*, me dedicaré a escribir novelas policíacas, ¿y tú?

1. Cuando encuentre trabajo…
2. Cuando me case…
3. Después de que termine la carrera….
4. En cuanto vea al jefe…
5. Mientras viva en casa de mis padres…
6. En cuanto me divorcie…

II. Quien busca encuentra.

Existe una amplia oferta de sitios web donde puedes insertar tu currículum o buscar trabajo. Éstas son las direcciones de Internet más interesantes.

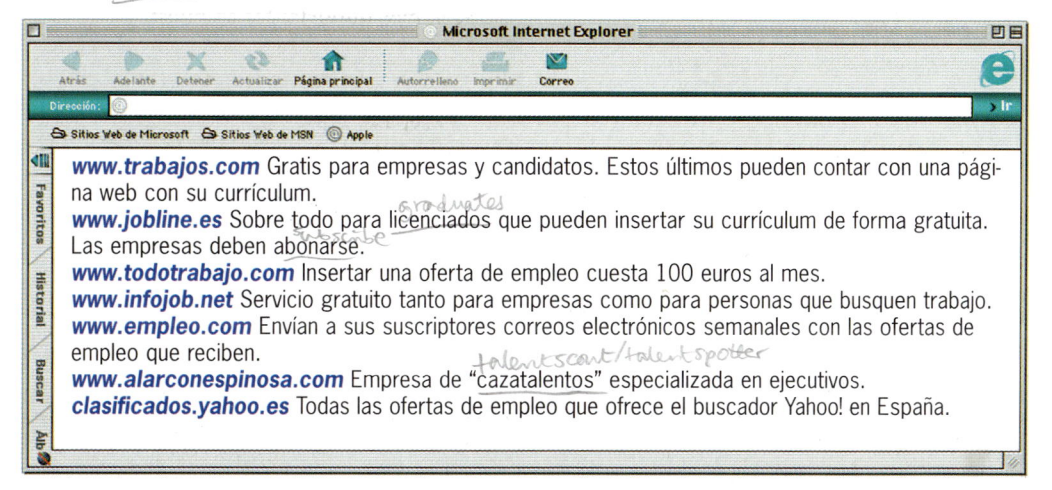

www.trabajos.com Gratis para empresas y candidatos. Estos últimos pueden contar con una página web con su currículum.
www.jobline.es Sobre todo para licenciados que pueden insertar su currículum de forma gratuita. Las empresas deben abonarse.
www.todotrabajo.com Insertar una oferta de empleo cuesta 100 euros al mes.
www.infojob.net Servicio gratuito tanto para empresas como para personas que busquen trabajo.
www.empleo.com Envían a sus suscriptores correos electrónicos semanales con las ofertas de empleo que reciben.
www.alarconespinosa.com Empresa de "cazatalentos" especializada en ejecutivos.
clasificados.yahoo.es Todas las ofertas de empleo que ofrece el buscador Yahoo! en España.

Individualmente o en parejas, entrad en alguna de estas páginas y traed a clase una selección de los mejores y peores trabajos que hayáis encontrado. Razonad vuestra elección.

III. No es oro todo lo que reluce.

A. Observa bien las viñetas.
B. Busca en el diccionario el significado de las palabras que no sabes.
C. Describe qué ves.
D. Cuarta viñeta. Entabla un diálogo con otro/a estudiante. Uno es el médico y el otro es su esposa.

IV. Debate. Lee el siguiente texto y subraya en él todo lo que tiene que ver con el trabajo. Luego comentad vuestras opiniones al respecto

Repartidor de pizzas a domicilio

Carlos González

Se prepara para trabajar en el departamento de Márketing.

Es uno de los trabajos más demandados por los estudiantes: servicios de comidas rápidas. Carlos lleva tres años y piensa continuar repartiendo pizzas hasta que acabe sus estudios. Para entonces le gustaría continuar en Telepizza, pero ya con un contrato fijo. Escalando puestos. Sueña con "formar parte del Departamento de Márketing, que es lo que estoy estudiando y, además, en mi facultad tienen un convenio para realizar las prácticas en esta empresa". Imparable, reconoce que no se puede estar quieto: "Además de llevar pizzas, me meto en la cocina y realizo todo el trabajo de tienda". A sus 21 años ha madurado muy rápidamente y es muy responsable: "Vivo con mi familia. El dinero me sirve para mis caprichos, yo trato de ayudar como puedo en casa, porque bastante tienen con pagarme la carrera en una universidad privada. Por ejemplo, el mes que cobro más, intento pagar la comunidad o algún que otro gasto". Orgulloso de su independencia económica echa cuentas: "No tengo horarios fijos. Hay que cumplir una serie de horas al mes y, como estudio por las mañanas, suelo venir por las noches". A Carlos no le cuesta trabajo compaginar tareas. Tanto es así que "nunca he tenido que pedir vacaciones".

Fuente: *Tiempo*, n.º 963.

¿Ocurre en vuestros países algo parecido a lo descrito en el texto? ¿Cuáles son las diferencias?

RECUERDA Y AMPLIA

I. LOS COMPARATIVOS.

1. Superioridad.

Más _____ *que...*
- Mi trabajo es *más* creativo *que* el tuyo.
- José tiene *más* dinero *que* Luis.

2. Inferioridad.

Menos _____ *que...*
- En este trabajo hay *menos* días libres *que* en la enseñanza.
- José tiene *menos* dinero *que* Luis.

3. Igualdad

a. *Tan* + adjetivo / adverbio + *como*.
- Mi trabajo es *tan* creativo *como* el tuyo.
- José vive *tan* lejos *como* Luis.

b. *Tanto /-a / -os / -as* + sustantivo + *como*.
- En este trabajo hay tantos días libres *como* en la enseñanza.
- José trabaja *tantas* horas *como* Luis.

c. Verbo + *tanto* + *como*.
- En este trabajo se gana *tanto como* en los demás.
- José no come *tanto como* Luis.

4. Comparativos irregulares.

Bueno/a ⇨ *mejor*   Grande ⇨ *mayor*
Malo/a ⇨ *peor*   Pequeño/a ⇨ *menor*

5. Con cantidades.

Más / menos de + cantidad.
> ¿Cuántos ministros forman el Gobierno?
< No sé, pero *más de* 10.
- No los he contado nunca, pero seguro que tengo *más de* 3.000 libros.
- No se admite la entrada a los que tengan *menos de* 18 años.

6. Con una idea, una suposición, una afirmación.

a. *Más / mejor / menos* _____ *de lo que*.

- Ese trabajo es *más* interesante *de lo que* creía.
- Todo ha salido *mejor de lo que* imaginábamos.
- Usar el ordenador es *menos* difícil *de lo que* me habían dicho.

b. Observa la variación del significado:

- *No tengo más de* 100 € (*Como máximo* tengo 100 €.)
- *No tengo más que* 100 € (*Sólo tengo* 100 €.)

unidad 6   avance: curso de español

EJERCICIOS

I. Completa con la forma comparativa más adecuada.

1. El año pasado vinieron alrededor de seis millones de turistas. Se calcula que este año vendrán _____ el año pasado.
2. En España hay unos 150.000 bares, una cantidad _____ la de todos los bares del resto de la UE juntos.
3. En Salamanca no hay _____ tráfico _____ en San Sebastián.
4. Este ejercicio es _____ complicado _____ yo pensaba.
5. > Yo creo que no hay idiomas _____ difíciles _____ otros.
   < Pues yo creo que sí, a mí me parece que el español es _____ complicado _____ el inglés.
6. > En mi país hay _____ niños _____ antes.
   < Sí, ha aumentado la tasa de natalidad gracias a los inmigrantes.
7. > No hay que preocuparse, las cosas van _____ tú crees.
   < Sí, eso lo dices tú porque a ti te va todo _____ que a mí.
8. Eres un exagerado, yo creo que no hay _____ delincuencia _____ tú dices.
9. > ¿Ha venido mucha gente?
   < No, no hay _____ cincuenta personas.
10. > Oye, ¿me prestas veinte euros?
    > Lo siento, no tengo _____ diez euros.

II. Lee este aviso y compara:

Ejemplo: Quedarse sin vida privada es *más / menos* importante *que* perder el trabajo.

AVISO IMPORTANTE:
Existe un virus peligroso llamado "TRABAJO".

Si recibes "TRABAJO", sea de un/a colega o de tu jefe/a, por correo electrónico o por Internet, no lo abras, no lo mires y no lo toques bajo ninguna circunstancia. Si entras en contacto con "TRABAJO", se borrará tu vida privada y tu cerebro dejará de desempeñar funciones normales. Si recibes "TRABAJO" en forma de papel, no le prestes atención. No lo leas y échalo directamente a la papelera. Ponte la chaqueta, vete con dos buenos amigos o amigas al bar más cercano y pide tres cervezas. Si repites esto catorce veces, podrás comprobar que "TRABAJO" se habrá borrado completamente de tu cerebro. Envía este aviso a buenos/as amigos/as. Si no tienes amigos/as, significa que ya has sido infectado y "TRABAJO" te tiene completamente bajo control.

avance: curso de español   unidad 6

III. Con las palabras entre paréntesis, construye frases en las que compares el momento actual con el año 2090.

Ejemplo: En el año 2090 habrá *más / menos* habitantes en el mundo *que* ahora.

1. Habitantes en el mundo (haber). _____.
2. El agujero de la capa de ozono (ser). _____.
3. Los niños (ver) la televisión. _____.
4. La gente (trabajar). _____.
5. Competitividad (existir). _____.
6. Las personas (vivir). _____.
7. Los mares (estar) limpios. _____.
8. Drogadictos (haber). _____.
9. La humanidad (ser) feliz. _____.
10. Guerras (haber). _____.
11. Tiempo libre (tener). _____.
12. El aspecto de la gente (cambiar). _____.

OTRAS DESTREZAS

COMO LO OYES

I. "A usted".

1. Antes de oír la canción, describid entre todos/as cómo creéis que vive un ejecutivo agresivo.
2. Escuchad la canción atentamente y completad [la transcripción de] su letra con las palabras que faltan.
3. En este texto no hay ninguna tilde. Ponlas donde corresponda tras escuchar en la canción cómo se pronuncian.
4. Explicad el significado de las palabras y expresiones del texto destacadas en cursiva.
5. Comparad vuestra descripción [de la forma de vida de un ejecutivo agresivo] con la que hace Joan Manuel Serrat.

A usted que corre tras el _éxito_,
ejecutivo de película.
hombre agresivo y _enérgico_
con _ambiciones_ políticas.
A usted que es un hombre _práctico_
y reside en un piso _céntrico_
regando flores de plástico
y *pendiente del* _teléfono_.
A usted que sabe de _números_
y _consta_ en mas de una _nómina_
que ya es todo un *energúmeno*
con una *posición* _sólida_.
¿No le _gustaría_ no ir mañana a trabajar
y no pedirle a nadie _excusas_
para jugar al _juego_

que mejor _juega_ y que mas le gusta?
¿No le _gustaría_ ser capaz de _renunciar_ a
todas sus *pertenencias* y _ganar_ la libertad
y el _tiempo_ que pierde en defenderlas?
¿No le _gustaría_ dejar de mandar al _prójimo_
para exigir que nadie le _mande_ lo mas
minimo?
¿No le _gustaría_ acaso vencer la tentación
sucumbiendo de lleno en sus _brazos_?
Antes que les _den_ el *pesame*
a sus *deudos* entre _lágrimas_
por su irreparable perdida
y lo _archiven_ bajo *una lapida*.
¿No le _gustaría_...

Canta: Joan Manuel Serrat.

los familiares de la persona que ha muerto

- estar pendiente de algo = paying close attention sth
- un energúmeno = persona dominada por la ira
- posición sólida = tiene un trabajo importante y bien retribuido
- pertenencias

ESCRIBE

I. Elabora tu currículum siguiendo el modelo que te damos a continuación.

Currículum vitae

Datos personales
Nombre:
Apellidos:
DNI / n.º de pasaporte:
Domicilio:
Fecha de nacimiento (opcional):
Lugar de nacimiento:
Nacionalidad:
Teléfono / e-mail:

Formación académica
Titulación: fechas, centro, tipo de estudios
Idiomas: nivel hablado o escrito…
Otros cursos: másters, fotografía, danza, música…
Otros méritos:

Experiencia profesional
Fecha:
Empresa:
Puesto /cargo desempeñado / responsabilidades:

Áreas de especialización / intereses

LEE

I. Antes de leer el texto siguiente, describe cuál crees que debe ser la actitud ideal antes de asistir a una entrevista de trabajo.

A. Lee ahora el texto atentamente y realiza las actividades propuestas.

Errores imperdonables en una entrevista
¿Sabes qué es lo que nunca debes hacer durante un proceso de selección?

El reclutamiento es diferente según la empresa y el puesto a cubrir: entrevistas personales o múltiples, tests psicotécnicos, simulación de situaciones. El objetivo: buscar la persona más competente y descubrir cualidades que no aparecen en su currículo. Sin embargo, muchas entrevistas fracasan por nervios, timidez, sentimientos de inferioridad… Éstos son los principales pecados a la hora de enfrentarse a ese momento.

1. No prepararse previamente. La entrevista no empieza cuando te sientas ante la persona que espera. Hay que estar lo mejor posible y eso requiere un trabajo previo: realizar un simulacro con alguien que actúe de entrevistador o entrevistadora y te ponga en situaciones difíciles. También conviene obtener la máxima información sobre la empresa.

2. Mostrar una imagen descuidada o inapropiada. Debes transmitir limpieza y cuidado personal hasta en el más mínimo detalle. En cuanto a la ropa, usa el sentido común y piensa en cuál es la mejor imagen para el puesto. Es mejor ser convencional, pero elige algo que te dé seguridad y con lo que te sientas cómodo/a. Si eres mujer evita la imagen de coqueta o "come hombres".

3. Fumar. Además de que cada vez está peor visto, un cigarrillo en unas manos temblorosas delata la intranquilidad y el nerviosismo y, lo peor: falta de control. Rechaza el cigarrillo si te lo ofrecen.

4. No responder a alguna pregunta. El pánico puede cerrarte la boca o hacer que pierdas la concentración. Por eso es importante que lleves "entrenadas" las respuestas típicas sobre aspectos profesionales, académicos y personales que pueden serte útiles. Si no sabes la respuesta, confiésalo, pero contesta.

5. Hablar sin parar. Hablar mucho a veces resulta peor que hablar poco, porque puedes llegar a decir cosas inconvenientes. Cuidado con presumir, mentir o exagerar. Responde de forma clara, breve y sencilla.

6. Confiar en la excesiva cordialidad de quien hace la entrevista. Puede ser una trampa para sonsacarte tus puntos débiles. Atención a las preguntas personales que aparentemente carecen de importancia.

7. Entrar en polémicas o descalificaciones. Si hay varios candidatos y se critican las respuestas de los demás, no entres en el juego. Defiende tus respuestas con calma y entusiasmo. Demuestra educación, iniciativa, flexibilidad y capacidad para resolver problemas.

8. No saber transmitir las expectativas u objetivos que se buscan. ¿Por qué le gustaría trabajar aquí?, es algo que casi siempre se pregunta. Si conoces la empresa, podrás contestar de forma que quede patente que puedes sintonizar con su forma de trabajar.

9. Ir con mentalidad perdedora. No hay patrones para superar este proceso, pero si no crees que eres la persona más adecuada, ¿cómo vas a transmitirlo? Recuerda que si ya estás ahí es porque les interesas, saca lo mejor de ti y utiliza cualquier recurso para autovalorarte. Pero, sobre todo, relájate y muéstrate seguro/a.

Fuente: *Mujer de hoy*, n.º 33.
Ana M.ª Martínez

1. ¿Cuáles son los consejos que se dan en este texto? Subráyalos y coméntalos con el resto de la clase.
2. Diferencia lo que se refiere al plano personal y al laboral.
3. Elabora una lista con las diez palabras que más relación tienen con el trabajo.
4. En parejas o pequeños grupos, elegid los consejos más importantes, ponedlos en común y justificad vuestra elección.

B. Hagamos un ensayo: preparad una entrevista de trabajo siguiendo estos pasos:
1. Imaginad un puesto de trabajo que haya que cubrir en una empresa.
2. Enumerad las características del trabajo, es decir, las exigencias laborales.
3. Describid el perfil profesional que debe tener la persona que vaya a cubrirlo.
4. Indicad la oferta de la empresa (salarios, horario, tipo de contrato).

UNIDAD 7 *¿Relaciones personales.com?*

PRETEXTO

Wanadoo.es

Aserejé33: ¡Hola! ¿Qué cuentas?
Papagena: Aquí, trabajando, aunque no estoy nada inspirada… No me concentro por mucho que lo intento, y eso que me he puesto de fondo a Mozart.
Aserejé33: ¡Ja, ja, ja! no me extraña… Para animarte necesitarías otra música de fondo. Y además con ese *nick*…
Papagena: Oye… Aunque me guste la ópera, también sé de otras cosas, ¡eh! ¿Has oído el último disco de *Maná*? (Para que veas, que estoy al día…) ¿Cómo van tus proyectos?
Aserejé33: Liada, muy liada, y mira que me organizo bien, ¿eh? Pero ni así. Es que nos ha salido un proyecto muy bonito: un portal de educación intercultural. www.aulaintercultural.org
Papagena: ¡Hala! ¿Y eso?
Aserejé33: Pues, ya sabes que el tema de la educación es una obsesión para mí, pero no te voy a *soltar ningún rollo*, tranquila.
Papagena: Pero sigues con lo de la inmigración, ¿no?
Aserejé33: Sí, claro, hay que trabajarlo mucho, a pesar de que las leyes no siempre nos apoyen.
Papagena: Ya, es que es complicado… Comprometerse a que las cosas cambien es un trabajo a largo plazo.
Aserejé33: ¡Y constante, querida, y constante! Pero estamos muy serias hoy. ¿Cómo están tus hijos?
Papagena: Ya sabes…, en *la edad del pavo*; con la de cosas que hay que hacer, y ellos tumbados en el sofá delante de la tele. Pero bueno, a pesar de todo, son buenos chicos. Poco motivados, pero buenos chicos.
Aserejé33: Tranquila, mujer… lo bueno de la juventud es que se pasa con los años, ¡ja, ja, ja! y si no, míranos a nosotras… ¡Ay va! ¡La hora! Me tengo que ir ya, tengo una reunión a las 12:00. ¿Entrarás en el chat mañana?
Papagena: Espera…. mañana no… tengo mil cosas que hacer.
Aserejé33: ¡Mujer! Relájate un poco, que *no por mucho madrugar*… ya sabes.
Papagena: Lo intento sobre las 12:00. Recuerdos a Luis. Un beso. ☺
Aserejé33: De acuerdo. Buen día. Otro beso. ☺

PARA ACLARAR LAS COSAS

Aserejé: canción del grupo español "Las Ketchup".
Papagena: personaje de la ópera de Mozart "La flauta mágica".
Maná: grupo mexicano de rock.

1. ¿Cuáles son las dificultades de las que habla cada personaje? ¿Cómo las solucionan? Por ejemplo:
   Papagena no se concentra por mucho que lo intenta.
2. Señala los recursos que se usan para expresar dificultades y las formas de superarlas.
3. Deduce del contexto o busca en el diccionario el significado de: *soltar el rollo* y *estar en la edad del pavo*.
4. Termina el refrán: *No por mucho madrugar…*
5. Indica con tu compañero/a los temas de los que hablan y da tu opinión sobre ellos.

CONTENIDOS GRAMATICALES

I. Construcciones finales.

A. ¿Recuerdas cómo se construyen *para* y *para que*? Completa adecuadamente las siguientes frases usando esas expresiones.

- Tenemos que reservar el hotel con tiempo *para* ___tener sitio___ (tener sitio).
- No riegues demasiado las plantas *para que* ___no se estropeen___ (no estropearse).
- Voy a preparar bien el examen *para que* ___salga bien___ (salir bien).
- Le he prestado ese dinero *para* ___ayudarle___ (ayudarle).

1. ¿Podrías escribir tu propia regla?
   Para se construye seguida de ___infinitivo___ cuando ___las dos frases tienen el mismo sujeto___.
   Para que se construye seguida de ___subjunctivo___ cuando ___tienen distinto sujeto___.
   Las dos construcciones expresan _____.

2. Aquí tienes este esquema por si no te acuerdas.

Para + infinitivo	*Para que* + subjuntivo (siempre)
Cuando las dos frases tienen el **mismo sujeto**.	Cuando las dos frases tienen **distinto sujeto**.
Ejemplo: – Estoy (yo) ahorrando *para viajar* (yo) a México.	**Ejemplo:** – Estoy (yo) ahorrando *para que* mi hijo vaya este verano a Inglaterra.

Recuerda

En las frases interrogativas introducidas por *para qué* no aparece el subjuntivo.
Ejemplos: – ¿*Para qué sirve* tanto esfuerzo? – No me han explicado *para qué me han hecho* venir.

B. Expresiones que funcionan igual que *para que*:

⇨ 1. *A que.*
   Cuando el verbo anterior es de movimiento o exige la preposición *a*, como sucede con *ayudar, invitar, obligar*, etcétera.
   Ejemplos:
   – He venido *a que me prestes* tus apuntes, te los devuelvo mañana.
   – Tienes que *ayudarme a que* todo *salga* bien.

⇨ 2. *Con el objeto de que / Con el fin de que.*
   Son construcciones finales, propias del lenguaje escrito.
   Ejemplo:
   – Estimados/as clientes: Nuestra empresa ha ampliado su red de cajeros automáticos *con el fin de que tengan / con el objeto de ofrecerles* un mejor servicio.

⇒ 3. *No sea que.*
Es un sinónimo de *para que no*... introduce una idea de advertencia.
Ejemplo:
– Espera, no cojas todavía el papel de la impresora, *no sea que se emborrone.*

II. CONSTRUCCIONES CONCESIVAS.

A. *Aunque.*

⇒ *Aunque* + indicativo + frase principal

1. Usamos el indicativo para:
   1.1. Informar.
        Ejemplo: *Aunque es* un trabajo muy bien pagado, no voy a aceptarlo.
   1.2. Presentar nuestra frase como algo nuevo para nuestro interlocutor u oyente.
        Ejemplo: *Aunque* nadie *me lo ha contado,* yo me he imaginado lo que pasaba.

⇒ *Aunque* + subjuntivo + frase principal

2. Usamos el subjuntivo para:
   2.1. Hablar de hechos que no han ocurrido y, por tanto, no conocemos. En este caso el subjuntivo es obligatorio.
        Ejemplo: *Aunque* no *encuentre* otro trabajo, mañana mismo me voy de esta oficina, ¡no aguanto más!
   2.2. Hablar de hechos conocidos para mí y para mi interlocutor u oyente, pero a los que quiero restar importancia. En este caso, el subjuntivo no es obligatorio, aunque sirve para transmitir la idea de que, si bien ambas personas conocen los hechos, al que habla no le importan, lo que le importa es la otra frase.
        Ejemplo: *Aunque* tus amigos *sean* españoles (cosa que no dudo, pero que no tiene la menor importancia), no pueden darte clase de español.

B. Funcionan igual que *aunque*, es decir, son también concesivas:

⇒ 1. *A pesar de (que), pese a (que), por mucho / más que.*
   Pueden llevar (no es obligatorio) *infinitivo* cuando el sujeto de las dos frases es el mismo.
   Ejemplos:
   – *A pesar de que hace* calor, yo tengo frío.
   – *Pese a que haya llovido* este invierno, anuncian sequía para el verano.
   – *Por mucho que lo ha estudiado,* no lo ha entendido.
   – *Por más que lo pienso,* no consigo acostumbrarme a esa idea.

⇒ 2. *Por mucho* + sustantivo + *que.*
   Mucho debe concordar en género y número con el sustantivo al que acompaña.
   Ejemplos:
   – *Por muchos libros que tenga,* no es una persona culta.
   – *Por muchas tonterías que dice,* tú siempre le crees.

➡ 3. *Y eso que, con la (cantidad) de, y mira que.*
   Y eso que, y mira que van detrás de la oración principal.
   Se construyen con indicativo.
   Ejemplos:
   – ¡Cuántas cosas te has comprado! *Y eso que* no tenías dinero.
   – Siempre se está quejando de cómo vive… *Y eso que* lo tiene todo.
   – ¡*Con la de gente que conoce* y siempre está solo!
   – ¡Vaya novio feo que te has buscado, *con la de* chicos guapos que hay por ahí!

➡ 4. *Por muy* + adjetivo / adverbio + *que*.
   Se construyen habitualmente con *subjuntivo*.
   Raramente podemos encontrarlas con *indicativo*.
   Ejemplos:
   > Un ordenador es algo muy útil.
   < Pues *por muy útil que sea*, a mí no me interesa.
   – ¿Te has fijado en lo puntual que es? *Por muy lejos que viva*, siempre llega a tiempo.

PRACTICAMOS LA GRAMÁTICA

1. Completa con *indicativo* o *subjuntivo*.

1. > Es mejor enviar la carta certificada para que no (perderse) _____.
   < Bueno, yo la mando así, aunque (poder) _____ perderse igual.
2. > Aunque todo el mundo (reconocer) _____ que hay crisis, tengo la impresión de que la gente vive *a lo grande*.
   < ¿Y para qué (querer, tú) _____ que la gente (preocuparse) _____? ¿Va eso a solucionar algo?
3. > Bueno, doctora, ¿cómo me ha encontrado? ¿Estoy mejor?
   < Es usted *un caso*, a pesar de que le (decir, yo) _____ que debía dejar de fumar, ha seguido haciéndolo y, claro, aquí están las consecuencias. ¡Mire cómo tiene los pulmones!
4. > Con la de cosas que (poder, tú) _____ hacer y *te pasas la vida* viendo la tele.
   < Pues, mira, tú también *te equivocas*, he encontrado trabajo, sí, sí, yo solito, aunque te (parecer) _____ mentira.
5. > ¿Otra vez tengo yo que escribirte el informe? Y eso que (decir, tú) _____ que el del mes pasado era el último.
   < De verdad que éste sí que es el último, te lo juro. Y no (poner, tú) _____ esa cara, hombre. Ya verás que digo la verdad.
6. > ¿Lorenzo? ¿Que qué opino de Lorenzo? Pues, el muchacho tiene buena voluntad, no digo que no, pero por mucho que (esforzarse, él) _____ se nota que todavía *está muy verde*.
   < ¿Y entonces? ¿Le renovamos el contrato o no?
   > Ya veremos.

7. > Aunque no se lo (creer, ustedes) _crean_, hay personas que no tienen televisión en sus casas.
   < La verdad, sí que me cuesta creerlo.
   ■ ¿Y qué hacen para (pasar) _pasar_ el rato? Claro, porque un libro, por muy bueno que (ser) _sea_, es sólo eso, hojas de papel impresas.

PARA ACLARAR LAS COSAS

Ser un caso: comportarse de manera rara. Unas veces tiene sentido positivo y otras de crítica.
Estar verde: aplicado a personas, significa sin experiencia.

A. Deduce por el contexto o con ayuda de tu diccionario el significado de las expresiones destacadas en negrita. ¿Cómo se expresa la misma idea en tu idioma?

B. Señala en los diálogos las expresiones que se utilizan para manifestar desacuerdo y las que se usan para prometer algo. ¿Conoces otras?

II. Transforma los verbos en infinitivo en el tiempo y modo adecuados.

¿Que qué hago en mi tiempo libre? Como mínimo trabajo ocho horas diarias, y con la de cosas que (tener) _tengo_ que hacer como ama de casa, ya me dirá usted cuánto tiempo me (quedar) _queda_. A mí que no me llamen para que (ir, yo) _vaya_ a una excursión al campo, y mira que se (poner) _pone_ bonito en esta época del año, pero, por muy sano que (ser) _sea_ eso de respirar aire puro, a mí no me apetece andar, preparar meriendas y todo eso, y luego volver a casa más cansada de lo que (estar) _estaba_.

Por más que me (decir, ellos) _dicen_ que soy un muermo, a mí me da igual. No es que no tenga ganas de hacer cosas, es que no tengo fuerzas. Cuando estoy haciendo las tareas de la casa sólo pienso en cuánto tiempo me falta para (tumbarse) _tumbarme_ en el sofá y poder estar tranquila para (leer) _leer_, (escuchar) _escuchar_ música o (hacer) _hacer_ crucigramas.

Como ve, aunque (pensar) _piense_ que no tengo aficiones, sí que las tengo, pero tranquilas. ¿Sabe una cosa que me encanta? Conectarme a Internet. Me he vuelto una experta. A veces soy yo la que les busca la información a mis hijos. ¡Hay que ver todo lo que puede encontrar una navegando!

En fin, voy a tener que dejarle, dentro de un rato hay una reunión para que nos (poner, nosotros) _pongamos_ de acuerdo sobre el plan de potenciación del tiempo libre entre los jóvenes; es un intento de animarlos a que (hacer) _hagan_ algo constructivo y no sólo (ver) _vean_ la tele. ¿No le parece una ironía?

Marta Cascales trabaja en el Ayuntamiento de Cáceres y es la responsable del Área de la Juventud.

PARA ACLARAR LAS COSAS

Que qué + verbo: repite una pregunta hecha previamente; lo mismo que: ¿que por qué…?
No tener fuerzas: no tener energías, ganas.
No tener fuerza: no tener potencia en los músculos para levantar un peso, por ejemplo.

III. Aquí hay un grupo de personas que no puede vivir sin la técnica. ¿Qué argumentos en contra podemos esgrimir para que cambien de actitud? Emplea las expresiones que hay entre paréntesis.

Ejemplo: *Por muy rápida que sea* la información de la tele, yo prefiero los periódicos.

1. La tele me mantiene informado y, además, de forma rápida.
   Tu comentario: (*Por muy*) _____.
2. Paso muchas horas conectada a Internet porque hay mucha información.
   Tu comentario: (*Por mucho/a*) _____.
3. ¿Que es malo el móvil? Pues para mí se ha vuelto imprescindible.
   Tu comentario: (*Y eso que*) _____.
4. Yo ya no veo películas de vídeo, sólo alquilo DVDs.
   Tu comentario: (*Con la cantidad*) _____.
5. Los juegos de ordenador me encantan. Con ellos te vuelves más ágil, más rápido.
   Tu comentario: (*Y mira que*) _____.

IV. Sigue el modelo que te damos e inventa un mensaje parecido sobre otro asunto. Ilústralo con una foto adecuada.

Queremos estar más cerca

Para que la limpieza de vuestro hogar no *sea* un problema.
Para solucionaros las gestiones *que* os roban tiempo.
Para que no os *preocupéis* por las obras y reformas de la casa.
Para ocuparnos de las compras cuando el trabajo os lo impida.
Para que vuestros mayores *estén* siempre bien atendidos.
Queremos estar más cerca para ayudarte más y mejor.
www.mascerca.org

VOCABULARIO

I. No sabemos si con las mismas palabras nos referimos a las mismas cosas. Hemos elaborado estos cuestionarios para comprobarlo. Veamos qué grupo tiene más aciertos en menos tiempo.

A. Primer cuestionario:
1. Mi ordenador tiene poca memoria RAM significa:
   a. que la memoria de trabajo es pequeña.
   b. que tiene poca memoria a largo plazo.
2. Si le dicen que guarde algo en el disco duro es que:
   a. debe elegir un disco compacto.
   b. no debe usar ni un CD-Rom extraíble ni un disquete.
3. Una conexión inalámbrica es:

a. la que no usa hilos.

   b. la que normalmente tienen los teléfonos conectados a la red.

4. Un lector de películas DVD es:

   a. un aparato que permite ver las películas grabadas en un CD-Rom.

   b. una persona que lee las traducciones para corregirlas.

5. El aparato con el que podemos jugar con videojuegos se llama:

   a. aparador.

   b. consola.

B. Segundo cuestionario:

1. ¿Qué se hace con lo que queremos que aparezca en Internet?:

   a. se cuelga.

   b. se pone.

2. ¿Qué se hace con la información que queremos seleccionar de Internet?:

   a. la copiamos.

   b. la bajamos.

3. Cuando recibimos un mensaje divertido y queremos que nuestros amigos y amigas lo tengan:

   a. lo remitimos.

   b. lo reenviamos.

4. Si tenemos mucha información sobre el mismo tema debemos:

   a. abrir una carpeta.

   b. abrir un cuaderno.

5. Para poder escribir en nuestro ordenador usamos:

   a. un cuadro de mandos.

   b. un teclado.

C. Tercer cuestionario:

1. Define brevemente para qué sirven los siguientes aparatos:

   a. Ratón:

   b. Pantalla:

   c. Impresora:

   d. Grabadora de CD's:

II. Y AHORA, EN PEQUEÑOS GRUPOS, ELABORAD OTROS CUESTIONARIOS PARA QUE TODA LA CLASE SIGA LOS MODELOS ANTERIORES.

INTERACCIÓN ORAL

I. Debate. Una nueva forma de vida ha nacido asociada a Internet. Distanciarse de la oficina para trabajar está originando sustanciales cambios en la sociedad. ¿Para mejor? ¿Para peor?

A. Queremos establecer los riesgos y las ventajas del teletrabajo. Se abre el debate. La clase se divide en equipos que deberán buscar argumentos a favor y en contra de este nuevo modelo de actividad laboral. Al final se recogen los resultados por escrito.

II. Los mejores momentos de la vida.

A. Hay cosas que no cambian. Veamos si coincidimos al establecer una larga lista de buenos momentos. Para empezar os proponemos algunos ejemplos, en los que también se ha colado el *puntocom*.

- Una buena conversación.
- Despertarte y darte cuenta de que todavía podías dormir un par de horas.
- Salir de la ducha y que la toalla esté calentita.
- Encontrar miles de mensajes cuando vuelves de vacaciones.
- Mirar un atardecer. ¿En directo? ¿En el ordenador?

III. ¿Kmo ers?

A. En el *Pqño lbro d msj txt,* de la editorial Ediciones B, hemos encontrado fórmulas rápidas para describirse a uno mismo. Aquí tenéis varios ejemplos. En pequeños grupos intentad encontrar el significado de cada mensaje.

1.]-I _____.
2. I-(_____.
3. B:-) _____.
4. @:-) _____.
5. :- Q _____.
6. @ _ @ _____.
7. > _ < _____.

B. Si entras en estas direcciones encontrarás la información necesaria para descifrar los emoticones y enviar postales con ellos a tus amigos y amigas.

http://www.aunmas.com/entretenimientos/emoticones/emoticones.php
http://www.mipunto.com/foros/emoticones.jsp
http://www.postales.com/categoria.php?cid=35

IV. La realidad no virtual también existe.

A. Observa bien las viñetas.
B. Busca en el diccionario las palabras cuyo significado desconoces.
C. Describe lo que ves.
D. Última viñeta. Decide si eres el hombre o la mujer, entabla el diálogo entre la pareja y escenifícalo con un compañero/a.

RECUERDA Y AMPLÍA

I. El condicional.

A. ¿Verdad que no te has olvidado de cómo se forma? Para demostrarlo completa esta tabla. Presta mucha atención, ya que hemos incluido también verbos irregulares.

Verbo	Yo	Tú	Nosotros/as	Ellos/as
Poder				
Beber				
Salir				
Ir				
Hablar				
Tener				
Querer				
Hacer				
Estar				

B. Ahora escribe la regla.

El condicional se forma añadiendo _____ a los _____.
Los condicionales irregulares son _____.
_____.

C. Usos del condicional

La forma condicional se usa para:

1. Dar y pedir consejos, hacer sugerencias con fórmulas de obligación.
   Ejemplo: *Deberías* trabajar menos y salir más.

2. Expresar deseos.
   Ejemplo: *Sería* estupendo vivir en un mundo sin contaminación y con agua para todos.

3. Realizar peticiones de manera cortés.
   Ejemplo: ¿*Podría* explicar este ejercicio de nuevo?

4. Expresar inseguridad o probabilidad o duda con frases en imperfecto e indefinido.
   No te olvides de que la función viene determinada por el momento temporal, no por la forma verbal.

Ejemplos:	Seguridad	Probabilidad
¿A qué hora te llamaron?	Me *llamaron* a las diez.	Me *llamarían* a las diez.
¿Qué le pasaba ayer a Ana?	Le *dolía* la espalda.	No *estaría* bien.

> **RECUERDA**
>
> El pretérito imperfecto también se usa para mostrar amabilidad.
> *Ejemplo:* (En una tienda)
> \> Buenos días, ¿qué *deseaba*?
> < *Quería* probarme ese vestido.

avance: curso de español **unidad 7**

RECUERDA ESTE CUADRO:	
Seguridad	Inseguridad/probabilidad
Presente ⇨	Futuro
Pretérito imperfecto ⇨	Condicional
Pretérito indefinido ⇨	Condicional

EJERCICIOS

I. ¿Podrán las nuevas tecnologías hacernos invisibles? Completa el siguiente texto con las formas adecuadas del condicional.

Me (encantar) _encantaría_ ser invisible a ratos, porque así (poder) _podría_ ver muchas cosas sin ser vista. Por ejemplo, (entrar) _entraría_ en el despacho de la profesora y (leer) _leería_ el examen, y de este modo lo (hacer) _haría_ perfecto. Siendo invisible, (escuchar) _escucharía_ las conversaciones secretas, me (enterar) _enteraría_ de los grandes asuntos de Estado que nadie conoce.
También (poder) _podría_ entrar en el cine, a los conciertos y a otros espectáculos gratis. Como me encanta viajar, aprovecharía para hacerlo sin pagar nada.
¡(Ser) _sería_ estupendo ser invisible algunas veces!

Comenta con toda la clase en qué situaciones más os gustaría ser invisibles.

II. El condicional nos ayuda a decir cosas que ya sabemos expresar de otra manera. Transforma el texto en cursiva (italic) **usando el condicional. Fíjate en las funciones que señalamos entre corchetes** (square brackets).

Lee los diálogos con tu compañero/a e intenta entonarlos de manera adecuada.

1. [Expresar un deseo] *Me apetece* tomar un café. ¿Me acompañas?
   > _Me apetecería tomar un café. ¿Me acompañas?_
   > Buena idea, así me despejo un poco, que falta me hace.

2. > ¿A qué hora terminasteis anoche?
   < [Tienes dudas sobre la hora exacta] No me hables, no me atreví a mirar el reloj, *pero eran alrededor de* las cinco. ¡Hoy estoy hecho polvo!
   pero serían (alrededor de) las cinco — como/aproximadamente

3. > [Pides algo y quieres ser amable] *¿Me llevas* mañana al trabajo? Es que tengo el coche en el taller.
   ¿Me llevarías mañana al trabajo? / _¿podrías llevarme?_
   < Vale, pero a las ocho en punto, que, si no, llego tarde al curro.

4. > [Estás dando un consejo] Mira, después de lo que te ha hecho, *ni le hables*.
   no le hablarías (yo en tu lugar no le hablaría)
   < [Estás sugiriendo algo] *¿Te importa* no meterte en mis cosas? Ocúpate de las tuyas, que bastante tienes. _¿Te importaría no meterte en mis cosas?_

5. > [Expresas un deseo] *Sueño con* tener una casa para mí sola y hacer lo que me dé la gana.
   < ¡Anda! ¡No te quejes tanto! Si vives como una reina…
6. > Mira qué mensaje me mandó ayer Victoria. No hay quien lo entienda.
   < [No sabes la razón, tienes dudas] *Seguramente estaba* cansada. Acababa de llegar de Brasil.
7. > ¿Cómo es que se metió Eduardo a albañil?
   < [Presentas la respuesta como algo probable] ¡Quién sabe! *A lo mejor no encontró* nada mejor.

OTRAS DESTREZAS

COMO LO OYES

1. Encontrar pareja en Internet.

A. Escucha e indica si las siguientes afirmaciones son verdaderas o falsas.

Según la grabación:

	V	F
1. Ana niega que haya "morbo" en los chats.	☐	☐
2. Xavier sabe mucho de relaciones en la red.	☐	☐
3. Los adolescentes de trece años son un fastidio.	☐	☐
4. Ana y Xavier se encontraron porque tienen mucho en común.	☐	☐
5. El *chat* hace que todo el mundo se parezca.	☐	☐

B. ¿Qué os parece esta forma de encontrar pareja?

ESCRIBE

I. El siguiente texto es un mensaje (correo electrónico) que Rosalie, una profesora chilena de español, envía a sus amigas españolas. Léelo y, después, contesta.

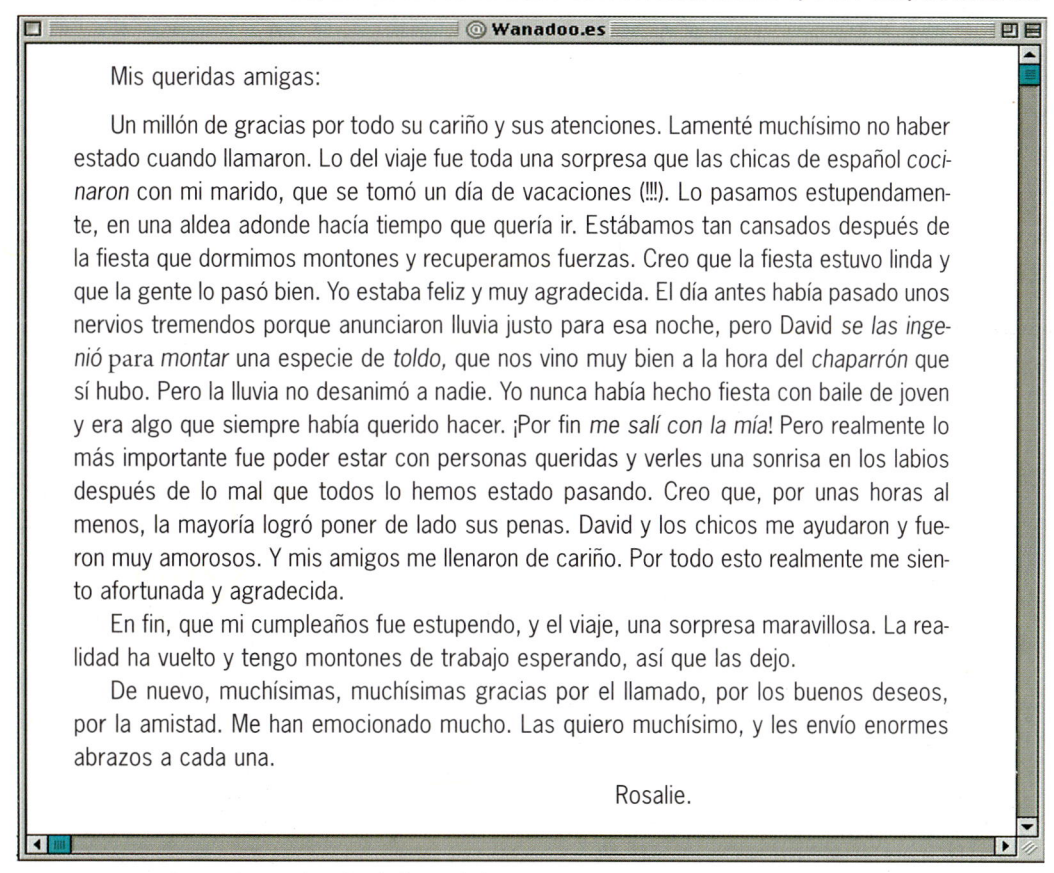

Mis queridas amigas:

Un millón de gracias por todo su cariño y sus atenciones. Lamenté muchísimo no haber estado cuando llamaron. Lo del viaje fue toda una sorpresa que las chicas de español *cocinaron* con mi marido, que se tomó un día de vacaciones (!!!). Lo pasamos estupendamente, en una aldea adonde hacía tiempo que quería ir. Estábamos tan cansados después de la fiesta que dormimos montones y recuperamos fuerzas. Creo que la fiesta estuvo linda y que la gente lo pasó bien. Yo estaba feliz y muy agradecida. El día antes había pasado unos nervios tremendos porque anunciaron lluvia justo para esa noche, pero David *se las ingenió* para *montar* una especie de *toldo*, que nos vino muy bien a la hora del *chaparrón* que sí hubo. Pero la lluvia no desanimó a nadie. Yo nunca había hecho fiesta con baile de joven y era algo que siempre había querido hacer. ¡Por fin *me salí con la mía*! Pero realmente lo más importante fue poder estar con personas queridas y verles una sonrisa en los labios después de lo mal que todos lo hemos estado pasando. Creo que, por unas horas al menos, la mayoría logró poner de lado sus penas. David y los chicos me ayudaron y fueron muy amorosos. Y mis amigos me llenaron de cariño. Por todo esto realmente me siento afortunada y agradecida.

En fin, que mi cumpleaños fue estupendo, y el viaje, una sorpresa maravillosa. La realidad ha vuelto y tengo montones de trabajo esperando, así que las dejo.

De nuevo, muchísimas, muchísimas gracias por el llamado, por los buenos deseos, por la amistad. Me han emocionado mucho. Las quiero muchísimo, y les envío enormes abrazos a cada una.

Rosalie.

A. Intenta explicar el significado de las palabras y expresiones en cursiva como en el ejemplo:

Se las ingenió: buscó una forma original.
Cocinaron: _____.
Montar: _____.
Toldo: _____.
Chaparrón: _____.
Me salí con la mía: _____.

B. Contesta a las preguntas.

1. ¿Encuentras en el texto expresiones que te resulten diferentes a las que has estudiado hasta ahora? Coméntalas en clase.
2. El español se habla en 22 países. Imagina cuántas diferencias puede haber. Intenta averiguar otras formas españolas, distintas a las del texto, para expresar las mismas ideas.

LEE

I. Un jeroglífico en el móvil.

A. Deduce del contexto el significado de las palabras destacadas en negrita.
B. Señala los párrafos en que se divide el texto según los temas que introduce.
C. Escribe las ideas más importantes y coméntalas con toda la clase.

Es la nueva jerga adolescente. Los mensajes cortos de texto entre teléfonos móviles hacen furor entre los más jóvenes y han creado un nuevo lenguaje que presenta al menos dos características: es ininteligible para muchos adultos y sale mucho más barato que hablar de viva voz.

Primero se trataba de familiarizarse con términos como *web, puntocom, chat, e-mail,* **enlace, arroba** o **virus**. ¿Quién no manda hoy un *emilio* o compra un **cederrón**? Ahora un argot jeroglífico a medio camino entre el **telegrama** y la **taquigrafía** se imponen en los habitáculos virtuales.

Los A2 (adiós), xdon (perdón), Bss (besos), Ktl (¿qué tal?), F2t (*free to talk?*: ¿estás libre para hablar?) llegan con fuerza.

Que el 55% de los usuarios de telefonía móvil tenga entre 15 y 29 años, y que el 25% de los padres les hayan regalado los teléfonos para controlarlos tiene consecuencias.

Una **aberración** del lenguaje, un **tropel** de faltas de ortografía para unos y una divertida manera de comunicarse para otros. En los centros de enseñanza **se echan las manos a la cabeza**. "Las clases se hacen insoportables. Les hacemos que insonoricen el móvil, pero se mandan mensajes". Y es que es tan popular esta nueva forma de comunicación que, si antes te bajaban un punto por no acentuar las esdrújulas, ahora la falta más frecuente es sustituir la 'qu' por la 'k'. "Si estás todo el día comiéndote vocales, siempre **se te cuela** algo en los exámenes". Es Curro Zamora quien habla. "Yo no creo que estemos inventando un nuevo lenguaje. Simplemente **abreviamos** porque no nos cabe. Yo sólo acorto lo necesario. **Cosas de cajón:** wapa (guapa), slu2 (saludos)".

El nuevo argot debe mucho a los informáticos anglosajones. De hecho, los acrónimos más populares vienen del inglés: W2tlk? (*Want to talk?:* ¿Quieres hablar?), o Gr8¡¡ (*Great:* ¡Genial!). No se sorprenda por el número de exclamaciones finales. ¿Lo que ahorran en caracteres por un lado lo desperdician por otro? Puede ser, pero así logran algo que a priori parece imposible: transmitir emociones con tres signos ortográficos

En los *chats,* foros, *e-mails* y SMS (mensajes cortos) cada vez es más común usar estas fórmulas de lenguaje abreviado. Son útiles para **quedar**, dar un recado y, sobre todo, han creado un nuevo modo de relacionarse entre los jóvenes. Una nueva jerga, un signo más de identificación generacional, una frontera lingüística con los mayores.

Ana Sánchez Juárez (texto resumido).

UNIDAD 8 — La gastronomía: comer con los ojos y con el paladar

PRETEXTO

De Manoli (cocinera), Julia (cocinera) y Juana Mari (directora) se ha escrito que "tienen sensibilidad femenina para convertir cualquier simplonería en un manjar". Ellas, *parcas en palabras*, agradecen el halago, pero apostillan: "No creemos que haya diferencia entre la cocina de un hombre y la de una mujer". Se iniciaron en los fogones de grandes maestros. A la muerte de su padre decidieron dejar el ganado y el campo y aprender hostelería. "En los pueblos no había industria y las mujeres no tenían medio de subsistencia, así que con veinte años nos fuimos a estudiar cocina. Mis hermanas estuvieron en el Hostal-Castillo de Beasaín, que es *un templo del buen comer*, y yo en San Juan de Luz (Francia).

"Fue un aprendizaje muy duro", recuerda Manoli. Después de seis años a las órdenes de otros *chefs*, abrieron su propio restaurante en Pamplona iniciados los setenta. "Cogimos una *pensión de mala muerte* porque no nos atrevíamos a hipotecar nada. Allí empezaron a conocernos y al año venía *la flor y nata de la ciudad*", dicen, mientras apuntan que a su mesa también se han sentado los Reyes. Los comensales llegaban atraídos por una nueva forma de hacer cocina: "Era una cocina *enraizada en la tradición*, pero revolucionamos la cocción de las verduras, muy breve, e introdujimos la trufa, que aquí no se conocía". Con una clientela ya consolidada decidieron *cambiar de emplazamiento*. "Organizamos un restaurante chiquitín, con 12 mesas, para poder dominarlo. Nunca pensamos en hacer platos de alto nivel: hemos ido llegando hasta donde nos ha llevado la barca". No hay mejor prueba que esta anécdota: ni siquiera sabíamos lo que era la "*Guía Michelín*" cuando nos dieron una estrella".

Fuente: *Mujer de hoy*, noviembre de 2002.

Las hermanas Hartza en su restaurante de Pamplona.

PARA ACLARAR LAS COSAS

- *Guía Michelín:* guía francesa en la que se recoge una relación de los mejores restaurantes de Europa clasificados según los estrictos criterios de la propia Guía.

1. En este texto aparecen términos relacionados con la cocina. Señálalos y busca sinónimos, o intenta explicar su significado.

Ejemplo: Fogones. Lugar de la cocina donde antes se hacía fuego. En el texto se refiere a la parte de la cocina donde se preparan los alimentos.

2. ¿Qué significan las expresiones: *parcas en palabras; pensión de mala muerte; flor y nata de la ciudad?*

3. ¿Puedes deducir del contexto el significado de: *templo del buen comer, enraizada en la tradición* y *cambiar de emplazamiento*?
4. Fíjate en las preposiciones que ya conoces. Clasifícalas según expresen tiempo, movimiento, causa o finalidad.
5. También sabes que hay preposiciones exigidas por los verbos, como en el caso de *pensar en*. Señala las palabras del texto –verbos, adjetivos, participios– que en tu opinión exigen una preposición. ¿Por qué crees que es así? Compara tus hipótesis con nuestras reglas.

CONTENIDOS GRAMATICALES

I. Las preposiciones.

1. ¿Recuerdas las preposiciones que ya has estudiado? Completa con ellas el siguiente texto y piensa en el significado de cada una.

   1. > ¿_____ cuándo no ves ____ tus amigos?
      < _____ que llegué aquí _____ estudiar.
   2. > ¿ ___ qué frecuencia visitas ____ tu abuela?
      < Dos veces _____ el año.
   3. > Dicen que salir _____ noche es peligroso.
      < ¿Sí? _____ mí no me lo parece, pero…
   4. • Aprovechen la oportunidad, regalamos una camisa _____ la compra de dos.
   5. • ¿Qué alimentos comeremos _____ el futuro?
   6. • No deje _____ mañana lo que pueda hacer hoy.

2. También has estudiado algunos verbos que exigen preposición. ¿Los recuerdas? Escribe las preposiciones que exijan los verbos destacados en cursiva.

   1. > Ayer *soñé* ____ (tú), pero *me he olvidado* _____ casi todo.
      < ¡Qué pena!
   2. > ¿Quieres que te *ayude* _____ preparar la comida?
      < ¡Ay, sí, gracias! *Va* _____ venir tanta gente que no sé si yo solo podré terminar a tiempo.
   3. > La diferencia entre *casarse* _____ una persona y *enamorarse* _____ ella es que para casarse hacen falta dos, y uno puede enamorase solo, aunque el otro o la otra no *se enamore* ___ ti.
      < ¡Qué teoría tan original! Nunca había *pensado* _____ eso.
   4. > ¿*Se acuerda* ____ Lorenzo? Es mi sobrino.
      < ¡Claro que sí! ¡Cuánto *me alegro* ____ verte!

II. Otros valores de las preposiciones.

Aquí tienes otros casos en los que también necesitas las preposiciones. Te recomendamos que repases los que ya has estudiado en relación con el tiempo y el espacio.

1. La preposición *a* se emplea para:

> **1.1.** Indicar una localización = *cerca de.*
> Ejemplo: Espérame *a la entrada.* Yo saldré en seguida.
>
> **1.2.** Señalar una distancia.
> Ejemplo: Estamos *a pocos kilómetros* del pueblo.
>
> **1.3.** Acompañar al O.D. de personas o cosas personificadas y siempre al O.I.
> Ejemplos:
> – ¿Has visto *a Lucía*?
> – Echo de menos *a mis amigos.*
> – No todo el mundo cree que haya que defender *a su país.*
> – ¿Les gusta *a ustedes* viajar?
> – Tengo que aumentarle la memoria *a mi portátil.*
>
> **1.4.** Algunos verbos exigen esta preposición:
> *acercarse a; acostumbrarse a; aprender a* + inf.; *atreverse a; ayudar a; dedicarse a; decidirse a; empezar a* + inf.; *obligar a* + inf.; *oler a; parecerse a; saber a.*

2. La preposición *con* se emplea para:

> **2.1.** Expresar compañía en sentido real: trato, relación, encuentro, choque.
> Ejemplos:
> – El otro día estuve *con mis antiguos compañeros* y lo pasé fenomenal.
> – Es que me encanta hablar *con gente inteligente.*
> – Es muy amable *con todo el mundo* salvo cuando te peleas *con él.*
>
> **2.2.** Indicar compañía en sentido figurado: ingredientes, contenido, características.
> Ejemplos:
> – No me gustan los macarrones *con tomate.*
> – Organizamos un restaurante *con 12 mesas.*
>
> **2.3.** Señalar el instrumento, medio.
> Ejemplo:
> – Nunca limpio *con productos contaminantes.*
>
> **2.4.** Algunos verbos exigen esta preposición:
> *confundir con; soñar con.*

3. La preposición *de* se emplea para:

   3.1. **Expresar definición, especificación.**
   Ejemplos:
   – Nunca pensamos en hacer platos *de alto nivel*.
   – El Hostal-Castillo es un templo *del buen comer*.

   3.2. **Indicar distanciamiento, separación.**
   Ejemplos:
   – Me voy *de aquí* para siempre.
   – Sacó el dinero *de su cuenta*.

   3.3. **Algunos verbos exigen esta preposición:** *alegrarse de; burlarse de; cambiar de; deber de* + inf.; *dejar de* + inf.; *despedirse de; hartarse de; quejarse de; reírse de*.

4. La preposición *en* se emplea para:

   4.1. **Indicar localización real y en sentido figurado.**
   Ejemplos:
   – *En los pueblos* no había industria.
   – Esas ideas no me caben *en la cabeza*.
   – Era una cocina enraizada *en la tradición*.

   4.2. **Explicar el resultado de una transformación.**
   Ejemplo: Ha cambiado el salón *en despacho* para trabajar.

   4.3. **Algunos verbos exigen esta preposición:** *convertir en; creer en; entrar en; insistir en; integrarse en; pensar en; quedar en* + inf.; *tardar en*.

5. La preposición *para* se utiliza para:

   5.1. **Indicar objetivo, finalidad, destino.**
   Ejemplos:
   – Organizamos un restaurante pequeño *para poder* dominarlo.
   – La comida sin grasa es muy buena *para el estómago*.
   – Ese no es un trabajo adecuado *para alguien* como él.

   5.2. **Establecer una comparación.**
   Ejemplo: Ese apartamento es muy caro *para los metros que tiene*.

6. La preposición *por* se usa para:

6.1. Explicar una causa o motivo.
Ejemplos:
– Los comensales llegaban atraídos *por una nueva forma de hacer cocina*.
– No te quedes en casa *por mí*, de verdad que no me importa quedarme solo.

6.2. Como sinónimo de *a cambio de, en lugar de, en nombre de*.
Ejemplos:
– Estoy harto de trabajar *por nada*, desde ahora quiero que me paguen.
– Ten cuidado con esos papeles, no vayas a darles *unos por otros* y metas la pata.
– Hemos elegido una representante que hablará *por el grupo*.

6.3. Señalar aproximación temporal (salvo con horas) y espacial.
Ejemplos:
– Todos los años vuelve a casa *por Navidad*.
– Vamos a darnos una vuelta *por el centro*.

6.4. Acompañar al complemento agente en las oraciones pasivas o tras participio (en realidad el participio es una pasiva que por economía ha perdido el verbo).
Ejemplo: Esa ley fue votada *por la mayoría de los diputados*.

III. ALGUNOS CONTRASTES ENTRE LAS PREPOSICIONES *PARA Y POR*.

1. En relación con el tiempo:
   Para: plazo antes del que debe ocurrir algo.
   Ejemplo: Estaré aquí *para la cena*.
   Por: aproximación, salvo con horas.
   Ejemplo: Vuelva a casa *por Navidad*.

2. En relación con el espacio:
   Para: dirección.
   Ejemplo: Esperadnos, vamos *para allá* ahora mismo.
   Por: lugar a través del cual, a lo largo del cual se mueve algo.
   Ejemplos: – Vamos *por el parque*, el camino es más corto.
   – ¡Qué olor a azahar entra *por la ventana*!

3. Para señalar destino u opinión cuando expresan la causa:
   Destino ≠ causa: *Para mí*, un café, gracias ≠ *Por mí* no hagas café, no te molestes.
   Opinión ≠ causa: *Para ti* esto es muy fácil ≠ Lo he hecho *por ti*, no *por mí*.

4. Neutralización: Dice esas cosas *para / por molestar* (= con el fin de molestar).

PRACTICAMOS LA GRAMÁTICA

I. Completa con la preposición adecuada: A, DE, EN, ENTRE, HASTA, PARA, POR, SIN.

Todo empezó una tarde, cuando salí yo 1 _de_ la oficina, entristecido 2 _por_ ese cansancio que 3 _hasta_ niño me ha producido el otoño. El centro 4 _de_ la ciudad, 5 _hasta_ esas horas, era poco adecuado 6 _para_ mi estado interior, deprimido y más bien melancólico, y no sé si 7 _por_ esto o 8 _por_ pura casualidad, fui y cogí la primera <u>bocacalle</u> *a mano izquierda*. Yo creo que *al coger* esa calle buscaba mi propia tranquilidad, por más que luego haya pensado que si tiré 9 _por_ allí fue *debido a* la misteriosa atracción que 10 _en_ algunos momentos 11 _en_ la vida se establece 12 _entre_ los hombres y las cosas. Anduve durante un buen rato 13 _sin_ rumbo, 14 _hasta_ que me vi 15 _en_ un rincón solitario y desconocido, y entonces me fijé 16 _en_ un cartel que ponía: "Vinos", y yo pensé: "¿Qué tal un vino?". Y fíjate, David, 17 _en_ la cadena de coincidencias, que 18 _para_ mí que no me gusta el vino, entré 19 _en_ el bar, me senté 20 _a_ una mesa alargada y pedí un vino blanco.

Miguel Delibes: *El loco.*

A. Indica el significado de las expresiones destacadas en cursiva.
B. Este hombre anuncia que algo va a pasar, ¿con qué palabras lo expresa?
C. Imagina lo que pasó después.

II. Completa las siguientes frases con PARA o POR, y justifica tu elección.

1. > ¿Qué te ha dicho el mecánico?
   < Que me tendrá el coche _para_ la mañana.
2. > ¡Anda! ¿Qué haces con muletas?
   < Es que me caí _por_ las escaleras el otro día.
   > No me extraña, siempre vas _por_ ahí sin mirar dónde pones los pies.
3. > Tengo que comprar una funda _para_ el portátil, porque la otra se ha estropeado de tanto usarla.
   < Pues ahora hay una oferta estupenda, te la puedes comprar _por_ casi nada.
4. > _Para_ ser jefe a mí me parece demasiado amable.
   < Pero ¿qué idea tienes tú de los jefes? ¿_Por_ qué no puede un jefe ser amable?
5. > Oye, ¿a quién han elegido _para_ el puesto de cocinero?
   < A Lucía, _por_ su experiencia y _por_ los platos tan originales que presentó.
   > ¿Y no _por_ su amistad con la dueña?
6. > Gracias _por_ sus consejos, han sido muy útiles _para_ nosotros.
   < De nada, mujer, _por_ eso estamos.
7. > Carmen y Paqui están más contentas que antes, ¿no te parece?
   < ¡Claro! Es que ahora les va mejor. Pero acuérdate, el año pasado _por_ estas fechas, pensaban cerrar el restaurante y ahora, ¡míralo! ¡Llenito!
   < Es verdad. Se lo merecen. Se *han dejado la piel* _para_ sacarlo a flote.
8. > Mire usted, mi hijo fue detenido _para_ expresar libremente sus ideas y eso no es justo.
   < No señora, pero su hijo habla demasiado _____ los tiempos que corren.

> **PARA ACLARAR LAS COSAS**
> *Dejarse la piel:* trabajar mucho.
> *Sacar algo a flote:* hacer que vaya bien de nuevo, que funcione.

A. En este texto aparecen expresiones con estas funciones: **quitar importancia a lo que se hace**; **pedir confirmación de lo que se dice**; **sorpresa** o **extrañeza**; y **reproche**. Indica cuáles son.

III. Fíjate en las respuestas y escribe la pregunta adecuada. Presta atención a las preposiciones que necesitas.

1. > ¿_____?
   < Mías, gracias. Las he buscado como loca.
2. > ¿_____?
   < Sólo lo haría por mis hijos, por nadie más.
3. > ¿_____?
   < Con mi padre, es que es *19 de marzo*.
4. > ¿_____?
   < De tonterías, del trabajo, esas cosas…
5. > ¿Cuánto_____?
   < Una barbaridad, pero en Madrid, ya se sabe, todo está por las nubes.
6. > ¿_____?
   < Para la cena de esta noche.
7. > ¿_____?
   < A las 7:30 en la Puerta del Sol.
8. > ¿_____?
   < ¿A Rosa? No sé, es que tiene de todo.
9. > ¿_____?
   < De pollo, con lechuga y mayonesa.
10. > ¿_____?
    < En mi pueblo, por las *fiestas de la patrona*.

A. ¿El 19 de marzo es un día especial en vuestra cultura? En España en esa fecha se celebra el día del padre y de San José, nombre habitual de chicos y chicas. A los/las "José/Josefa" se les llama también Pepe y Pepa.

B. ¿Qué son las fiestas de la patrona? ¿Tenéis un equivalente en vuestra ciudad?

C. ¿Encuentras otras referencias culturales "escondidas"?

IV. Completa de forma adecuada con los verbos del recuadro.

Aprender a, alegrarse de, saber a, soñar con, hartarse de, atreverse a, pensar en, empezar a, dejar de, acostumbrarse a, quejarse de, tardar en, confundir con.

> ¿Desde cuándo es usted vegetariano?
< Desde los dieciocho años. ~~Empecé~~ *dejé de* comer carne cuando *empecé a* vivir con una chica que no la comía. Al principio la comida no me _____ nada, me sentía como un conejo o una vaca, todo el día *rumiando*, pero ahora, *me acostumbré a* esa forma de alimentación y me siento mejor. La verdad es que *me alegro de* haber cambiado.
> ¿Qué es lo que más trabajo le ha costado?
< Lo más difícil es *aprender a* cocinar de otra manera, *pensar en* menús apetitosos que sean vegetarianos no es nada fácil, no se crea. ¡Ah! Hay otra cosa. Todos los vegetarianos _____ que en los restaurantes convencionales siempre tenemos que comer ensaladas o verduras rehogadas y a veces ni eso porque llevan jamón. ¿Por qué no _____ tener un menú alternativo para vegetarianos? Estoy seguro de que no sólo lo elegiríamos nosotros y les saldría rentable.
> La gente cree que comiendo así, uno se queda con hambre, ¿es cierto?
< ¡Hombre! Eso es como todo, si usted _____ filetes de pollo, no tiene hambre, pues lo mismo pasa si se llena de hamburguesas vegetarianas. Yo sólo le digo que si algo no se prueba, no se puede

opinar sobre ello. Yo _____ los chuletones de Ávila y no _____ casi nada de tiempo __ pasarme a los "chuletones" de *seitán*. Y también le digo otra cosa: que es falsa esa teoría de que los que no comen carne son como acelgas. ¿_____ usted ___ un tipo *canijo*?
< No, señor, al contrario.

PARA ACLARAR LAS COSAS

Rumiar: forma de comer propia de vacas, camellos, etcétera.
Seitán: tipo de trigo con el que se hacen "filetes" de carne, pollo, etcétera.
Canijo/a: persona de aspecto débil, sin energía, ni fuerza.

VOCABULARIO

I. NO SÓLO ALGUNOS VERBOS EXIGEN UNA PREPOSICIÓN DETERMINADA. TAMBIÉN SON IMPRESCINDIBLES PARA CIERTOS ADJETIVOS.

1. En parejas, clasificad los siguientes adjetivos según se construyan con *ser* o *estar*. Explicad su significado y comentadlo.

| Capaz // incapaz **de** | Obsesionado/a **por/con** | El/la primero/a // el/la último/a **en** |

| superior // inferior **en** (algo) **a** (alguien) | Encantado/a **de/con** | compatible // incompatible **con** |

Capacitado/a *para*; Enfadado/a / furioso/a *con / por*; Orgulloso/a *de / por*; Experto/a *en*; Avergonzado/a *de / por*; Bueno/a // malo/a *en /con*; Fácil //difícil *de*; El/la único/a *en*; Consecuente // inconsecuente *con*; Generoso/a *con*; Aficionado/a / adicto/a *a*; Parecido/a // semejante // igual *a*; Fiel // infiel *a*; Simpático/a // antipático/a *con*.

Adjetivos con *ser*
Ser capaz *de*

Adjetivos con *estar*
Estar capacitado/a *para*

2. Completa el texto con los siguientes adjetivos. Presta mucha atención, porque cada uno de ellos exige una preposición determinada. Elige también el verbo *ser* o *estar* según corresponda.

> *Consecuente, capaz, fácil, obsesionado/a, parecido/a, incompatible, último/a, bueno/a, difícil, incapaz, fiel, generoso/a, enfadado/a, adicto/a, superior.*

1. > (Ser/estar) _____ hacer todo lo que se propone. Lo envidio y lo admiro. Me encanta la gente así. Yo (ser/estar) _____ ser así.
   < Sí, pero a veces parece _____ el trabajo.
2. > Tiene un carácter _____ llevar. Siempre (ser/estar) _____ todo el mundo, grita por todo, me tiene harta.
   < Bueno, vale, pero reconocerás que también (ser/estar) muy _____ todos, nos trae regalos cuando vuelve de sus viajes, nos invita, ¿o no?
3. > Me encantaría (ser/estar) _____ matemáticas, pero creo que nunca conseguiré entenderlas, (ser/estar) _____ mí.
   < A mí me pasa lo mismo, creo que las matemáticas (ser/estar) _____ (yo).
4. > Aquí están ocurriendo cosas muy extrañas, y yo (ser/estar) _____ enterarme.
   < Me parece que (ser/estar) _____ las cosas que pasan, no es para tanto.
5. > Creo que no podría vivir con alguien que no (ser/estar) _____ sus ideas.
   < Bueno, pero no hay que exagerar en lo de (ser/estar) _____ sí mismo, puedes caer en la cabezonería.
6. > Me contó un cuento popular brasileño y resulta que (ser/estar) muy _____ un cuento tradicional vasco.
   < Pues eso no (ser/estar) _____ imaginar estando tan alejados.

INTERACCIÓN ORAL

I. ¿SABES COMER BIEN?

A. A veces, junto a las grandes verdades acerca de la alimentación, hay falsedades sin fundamento. Descubrir si las siguientes afirmaciones son verdaderas o falsas te ayudará a saber más sobre dietética. Trabajad en equipos. Las soluciones están al final de la página siguiente.

	V	F
1. La osteoporosis aparece en la menopausia. Para evitarla, las mujeres deben tomar alimentos ricos en calcio a partir de los 40 años.	☐	☐
2. Una manzana al día suministra la cantidad de fibra necesaria.	☐	☐
3. La comida más abundante debe ser la de mediodía.	☐	☐
4. El pescado azul engorda.	☐	☐
5. Hay que beber agua antes de tener sed.	☐	☐
6. Si la etiqueta de un alimento dice "sin colesterol", quiere decir que no contiene grasas nocivas.	☐	☐
7. Conviene tirar el líquido que se forma sobre los yogures.	☐	☐
8. La vitamina C es la mejor protección contra el cáncer.	☐	☐
9. Es mejor el tomate crudo que la salsa de tomate.	☐	☐
10. Es mejor para la digestión no tomar agua con las comidas.	☐	☐
11. Si quieres adelgazar, sáltate una comida.	☐	☐
12. Los conservantes son peores que los pesticidas.	☐	☐

SOLUCIONES A LA ENCUESTA

1. NO. Hay que tomar alimentos ricos en calcio desde la adolescencia.
2. NO. Una manzana proporciona 3,6 g de fibra, y son necesarios 20 o 30 g diarios.
3. NO. Debe ser el desayuno y éste debe combinar proteínas con hidratos de carbono.
4. NO. Al contrario, ayuda a perder peso.
5. SÍ. Para evitar la deshidratación.
6. NO. Más importante que evitar el consumo de colesterol es no abusar de las grasas saturadas.
7. NO. Porque contiene vitamina B y minerales.
8. NO. Hay otros componentes de los vegetales que también lo previenen.
9. NO. Curiosamente durante la cocción el tomate libera licopeno que evita el deterioro celular.
10. NO. El agua no influye en la digestión. Para adelgazar en cambio conviene beberla antes del primer plato.
11. NO. Porque así el metabolismo puede bajar y quemar menos calorías que si se come cada poco tiempo.
12. NO. Los pesticidas están relacionados con cánceres, infertilidad masculina, etcétera.

II. ACERTIJOS Y ENIGMAS.

A. A continuación os planteamos un enigma relacionado con la comida. En grupos, proponed una solución y contrastadla luego con las de los otros equipos. Elegid entre todos la que creáis más acertada. No hay una solución única.

La sal derramada. Una educada dama, de alta clase social, se encontraba sentada junto al anfitrión en un banquete en el que se les estaba sirviendo una comida exquisita. Ya habían llegado a los postres y la señora estaba empezando a comer una tarta deliciosa. Iba a saborearla con especial aprecio, pues era una mujer muy golosa que disfrutaba mucho con los dulces. Además no tenía problemas de sobrepeso y no necesitaba hacer ningún régimen de adelgazamiento, por lo que se sentía libre para comer con agrado la tarta. Sin embargo, derramó deliberadamente la sal sobre el postre y se disculpó ante el anfitrión por su torpeza. Inmediatamente un camarero trajo a la señora una nueva ración de tarta.

1. ¿Por qué crees que la educada señora derramó la sal sobre su plato de postre?

III. LA SABIDURÍA POPULAR SOBRE LA COMIDA.

A. Los siguientes refranes españoles tratan sobre los alimentos. Presentad en clase los que conozcáis de vuestra cultura y explicad su significado. (¡Fíjate en los verbos con preposición!)

1. Cada niño al nacer trae un pan bajo el brazo.
   Alude a que también debemos confiar en nuestra suerte para encontrar el alimento, el medio de vida.
2. Casa en que se trabaja nunca está sin pan.
   Alude a _____.
3. A buen hambre no hay pan duro.
   Se refiere a _____.
4. Beber con medida alarga la vida.
   Quiere decir que _____.
5. Come de niño y crecerás, bebe de viejo y vivirás.
   Significa que _____.
6. Pan, uvas y queso saben a beso.
   Habla de _____.
7. De grandes cenas están las sepulturas llenas.
   Significa que _____.

4. ¿ESTÁS SEGURA DE QUE...?

A. Observa atentamente las viñetas.
B. Busca en el diccionario el significado de las palabras que no sabes.
C. Describe lo que ves.
D. Elige un personaje de esta tira cómica e imagina el diálogo de la última viñeta con otro/a estudiante.

RECUERDA Y AMPLÍA

I. LAS EXPRESIONES DE TIEMPO.

1. Para expresar el principio de una acción usamos *desde*.

> Pregunta: ¿*Desde cuándo* + frase?
> Respuestas: *Desde* + fecha exacta.
>   + sustantivo.
>   *que* + acción.
>
> Ejemplos: – ¿*Desde cuándo* tienes gato?
>   – *Desde el verano pasado / diciembre / desde que* me lo regalaron.

2. Para saber la duración global de una acción usamos:

> **2.1.** *Hace* + cantidad de tiempo + *que* + acción.
>   Pregunta: ¿Cuánto tiempo *hace que* tienes móvil nuevo?
>   Respuestas: *Seis meses* (cantidad exacta).
>   *Desde* + mi cumpleaños (una fecha).
>   *Hace poco / mucho*, etc. (imprecisión).
>   Lo tengo *desde que* me lo regalaron (acción).
>
> **2.2.** *Llevar* + cantidad de tiempo + gerundio / actividades / expresiones de lugar.
>   Pregunta: ¿Cuánto tiempo *llevas* estudiando español / de gerente / aquí?
>   Respuestas: *Dos años y medio* (cantidad exacta).
>   *Desde 2000* (*desde* + fecha).
>
> **2.3.** Cuando la *acción es negativa* la estructura es la siguiente:
> *Llevar* + *sin* + infinitivo + cantidad de tiempo.
>   Pregunta: ¿Cuánto tiempo *llevas sin* hablar español?
>   Respuestas: *Tres meses* (cantidad exacta).
>   *Desde que* vivo aquí (*desde* + *que* + frase).

3. Para saber la cantidad global de tiempo que duró una acción que ha cambiado usamos:

> **3.1.** Imperfecto de *hacer* + *que* + frase en imperfecto.
>   Pregunta: ¿Cuánto tiempo *hacía* que no fumabas?
>   Respuestas: Tres meses (cantidad de tiempo).
>   *No fumaba (desde) hacía tres meses, pero el otro día volví a hacerlo.*
>   Acción en imperfecto + *(desde) hacía* + cantidad de tiempo + acción diferente:
>
> **3.2.** Imperfecto de *llevar* + cantidad de tiempo + gerundio / actividades / expresiones de lugar.
>   Pregunta: ¿Cuánto tiempo *llevabas viviendo* en México (cuando te marchaste)?
>   Respuestas: *Dos años* (cantidad de tiempo).
>   *Dos años,* pero tuve que volver a España por razones familiares (cantidad de tiempo + acción diferente).

3.3. Cuando la acción es negativa usamos:
Imperfecto de *llevar* + *sin* + infinitivo + cantidad de tiempo.
Pregunta: ¿Cuánto tiempo *llevabas sin ir* a España?
Respuestas: *Dos años* (cantidad de tiempo).
Dos años, pero tuve que volver por razones familiares (cantidad de tiempo + acción diferente).

4. Cuando queremos *relacionar dos acciones del pasado*, usamos:

⇨ **4.1.** Acción + cantidad de tiempo + *después* + acción / acción + *después de* + cantidad de tiempo + acción.

4.2. Acción + cantidad de tiempo + *más tarde* + acción.

4.3. Acción + *después de* + cantidad de tiempo + acción.

4.4. Acción + *al cabo de* + cantidad de tiempo + acción.

4.5. Acción + *al / a la / a los / a las* + cantidad de tiempo + acción.

Ejemplos:
– Llegué a Málaga en septiembre y *tres meses después / después de tres meses / tres meses más tarde* encontré trabajo.
– Se conocieron en una fiesta y *al cabo de unos meses* montaron un negocio.
– Llegó a la oficina y *a las dos semanas* lo había cambiado todo.

5. Cuando queremos *referirnos a una acción futura desde el presente*, usamos:

⇨ Preguntas: ¿*(Para) cuándo* + acción?
¿*Dentro de cuánto* (tiempo) + acción?
Respuestas: (Futuro / presente) + *dentro de* + cantidad de tiempo
Ejemplos:
> ¿*Cuándo te cambiarás / te cambias* a la casa nueva?
< *Dentro de unos días* si es que la han terminado.

EJERCICIOS

I. COMPLETA CADA ESPACIO CON LA EXPRESIÓN ADECUADA.

1. > Te estoy esperando _____ una hora, no sé por qué no me he ido.
   < ¡Qué cara! Pues porque el otro día quedamos y te presentaste _____ hora y media.
2. > Vivimos aquí _____ el mes pasado y ya se ha estropeado el ascensor tres veces.
   < ¡Qué mala suerte! Yo _____ aquí casi cuatro años y el ascensor nunca se había averiado hasta ahora. A mí me pilla dentro y me da un ataque; con la claustrofobia que tengo…
3. > ¿Cuánto tiempo _____ de camarero?
   < Muy poco, acabo de empezar.
4. > _____ no sé cuánto tiempo _____ no iba al cine y _____ vivo en Barcelona, voy todos los fines de semana.

< ¡Pues vaya pastón que gastarás!
5. > Y usted, ¿~~Cuánto tiempo hace~~ no va de vacaciones? *[Cuánto tiempo hace / hace cuánto tiempo / desde cuándo]*
< ¡Ufffffff! __hace__ demasiado tiempo.

II. Completa los siguientes textos con una expresión del recuadro.

Más tarde, llevar sin, al poco tiempo, dentro de, hará, hace tiempo que, hacía, desde que te, meses después.

1. Llegué a esta ciudad sin conocer a nadie y sin tener trabajo y _____ ya tenía varios amigos. O eso creía yo. Todos me trataban con simpatía, pero _____ me di cuenta de que algunos se habían acercado a mí por otras razones.

2. _____ vi supe que eras la persona que estaba esperando. _____ tanto tiempo que esperaba a alguien como tú, que el otro día hice algo que _____ resulta absurdo.

3. No sé qué puede pasarle a mi madre. _____ un montón de tiempo _____ escribirme. _____ dos días _____ cinco meses. Eso no es normal en ella. Cuando murió mi padre, pareció reaccionar relativamente bien, pero _____ se comporta como si fuera otra persona. Me tiene preocupada.

En pequeños grupos, inventad una continuación y un final para la historia que más os guste.

OTRAS DESTREZAS

COMO LO OYES

I. La alimentación, ¿algo natural o un invento humano?

A. Antes de escuchar la grabación, comenta con tus compañeros/as su título.
B. ¿Qué sentidos intervienen cuando comemos? Justifica tu respuesta.
C. Ahora, escucha y contesta a las siguientes preguntas.

1. ¿Cómo serían en el futuro los alimentos de los que se habla?
2. ¿Qué papel ha tenido y tiene la ciencia en la alimentación?
3. ¿Cómo se consigue que los alimentos sean más apetitosos?
4. Se habla de otras revoluciones alimentarias, ¿de cuáles?
5. ¿Ha cambiado hoy en día lo que se pensaba de los tomates o las patatas?

D. Si quieres tener más información sobre los tomates, entra en http://www.ciudadfutura.com/integral/fruyver/00000016.htm, y si te interesan cuestiones relacionadas con la patata, entra en http://www.redepapa.org/prejuicios.html.
Comenta con tus compañeros/as todo aquello que te haya resultado curioso.

ESCRIBE

I. Aquí tienes la receta mexicana de las fajitas de pollo.

Ingredientes: medio kilo de pechugas de pollo, 4 tortitas de maíz, 2 cebollas grandes, 1 pimiento rojo, 2 pimientos verdes, sal, pimienta negra, pimienta cayena, jengibre, 1 cucharadita de ajo picado, el zumo de un limón, una pizca de cúrcuma. Para la salsa: 3 tomates maduros, 1 cebolla, 1 pimiento verde, 1 diente de ajo, 2 cucharaditas de vinagre, una pizca de cayena, una pizca de pimentón dulce, un cuarto de litro de salsa de tomate.

Preparación: Cortamos las pechugas de pollo en tiras finas, y el pimiento rojo, el verde y la cebolla en tiras un poco anchas.
Salteamos estas verduras ligeramente, de modo que queden "al dente". Sobre ellas añadimos las tiras de pollo y las salteamos hasta que se hagan. Incorporamos el ajo, el zumo de limón, la cayena, la sal, el jengibre y la cúrcuma. Lo reservamos.
Preparamos la salsa picando la cebolla, el pimiento verde y el diente de ajo, rehogándolos. Añadimos los tomates pelados, despepitados y troceados. Lo rehogamos e incorporamos la salsa de tomate para que hierva unos 20 minutos a fuego suave, removiendo para que no se pegue. Lo ponemos a punto con el vinagre, la cayena, el pimiento y la sal.
Presentamos las tortitas enrolladas, una vez calentadas al horno en papel de aluminio con las verduras y el pollo encima, y, por último, añadimos una cucharadita de salsa.

Fuente: *El País Semanal,* 23 de febrero de 2003.

A. Piensa en un plato que te guste y escribe su receta. Debes usar las expresiones adecuadas, indicar los ingredientes y señalar los utensilios necesarios.
B. Presenta tu receta al resto de la clase.

LEE

I. En la mesa sí se habla.

Ni delante de la tele ni en silencio, como si fuéramos cartujos, con una bandeja solitaria. La hora de la comida es un momento excelente para reunirse con los propios y, sobre todo, hablar.

Dicen que comer en familia nutre el cuerpo y también el alma. Que es una ocasión para conocernos mejor, para escuchar y que nos escuchen, para saber qué les pasa a los nuestros y ocuparse de ellos o para pedirles ayuda y opinión.

Es cierto que habitualmente la vida escolar o la actividad laboral no permiten hacer de ello una costumbre diaria, pero tal vez sea posible lograrlo los fines de semana.

¿De qué hablamos? De la escuela, del jefe, del mercado,

del Gobierno, de la prensa, de los vecinos… Cuando comer juntos es habitual, si uno está triste, contento, abatido, lo diga o no, en la mesa podremos saberlo y tal vez *echarle un cable*.

Desenchufe la tele y escuche a los suyos y, si llaman por teléfono, devuelva la llamada más tarde. ¿Y si discutimos? Pues se discute. No vamos a estar de acuerdo en todo, y más vale que cada cual pueda expresarse.

Luisa Fernández, psicóloga clínica, defiende también los beneficios de la comida en familia: "La mesa es el lugar en el que todos están presentes compartiendo algo esencial como el alimento. Se transmiten los sabores, las tradiciones, se comparten historias y, de modo a veces imperceptible, se aprende a ser parte del grupo". ¿De qué no conviene hablar? "Tal vez sea recomendable dejar de lado las broncas o los conflictos particulares para tratarlos personalmente, sin implicar, si no viene al caso, a los demás en el problema. Si el asunto afecta a todos o a varios de los miembros de la casa, entonces, tal vez convenga tratarlo a la hora de los postres, cuando el trasiego de platos haya terminado."

¿Qué tienen los postres que no tenga el primer plato? Que hay menos lío, que todo el mundo está terminando de comer y por eso es más fácil que concentremos la atención en lo que alguien dice.

Según los resultados de una encuesta desarrollada por el Departamento de Extensión Universitaria del estado de Iowa, en Estados Unidos, más de la mitad de las familias entrevistadas dijo que les gustaría reunirse para comer más a menudo, pero que sus actividades no se lo permitían. "Compartir una comida y la conversación –dicen en sus conclusiones Patricia Steiner, experta en nutrición y salud, y Mary Crooks, socióloga especializada en vida familiar–, refuerza los lazos del grupo." ¿En qué sentido? Mejora la comunicación, estrecha los lazos familiares y crea una rutina que desarrolla, especialmente en los más pequeños, la idea de pertenencia a un grupo. Y, además, es una escuela inmejorable para aprender a explicarse y escuchar.

Fuente: Llum Quiñonero, *Magazine*, 2002

PARA ACLARAR LAS COSAS

Echar un cable a alguien: ayudar.

A. Identifica y comenta los párrafos en que se habla de los beneficios de comer en familia.
B. ¿Se mencionan en el texto qué hacer ante la incomunicación?
C. Elige las dos afirmaciones que consideres más importantes y coméntalas.
D. Señala los fragmentos con los que no estás de acuerdo y argumenta por qué.
E. Si comer en familia es bueno, ¿por qué no se realiza más frecuentemente?

EJERCICIOS DE REPASO DE LAS UNIDADES 5, 6, 7 Y 8

SEÑALA LA RESPUESTA APROPIADA

1. A Luis no _____ bien las bebidas alcohólicas.
    a) le sientan
    b) se siente

2. >¿Hace mucho que no ves a Tomás?
   <_____.
    a) A Tomás lo vi ayer
    b) Ayer lo veía

3. Últimamente _____ muy buenas películas.
    a) han habido
    b) se han estrenado

4. > ¿Gafas nuevas?
   <Sí, es que las otras _____ ayer.
    a) se me rompieron
    b) las rompía

5. ¿Cuánto _____ de Madrid a Bogotá?
    a) tardan
    b) se tarda

6. A la persona a la que le gusta hablar de la vida privada de los demás, se la llama _____.
    a) cotilla.
    b) pedante.

7. >¿Dónde están los Picos de Europa?
   <_____.
    a) En el norte de España.
    b) Entre España y Francia.

8. Si alguien te dice "no seas gallina", te está llamando _____.
    a) cobarde.
    b) embustero.

9. _____, simplemente _____ porque tenemos poco tiempo.
    a) No os bañáis / lavaros
    b) No os duchéis / lavaos

10. Un amasijo es _____.
    a) un montón de cosas revueltas.
    b) la masa de pan antes de hornearla.

11. ¿Cuál de estas dos frases es la correcta: "Es difícil de expresar los sentimientos más íntimos", "Los sentimientos más íntimos son difíciles de expresar"?
    a) La primera
    b) La segunda

12. _____ en cuanto llegue.
    a) Se lo comentaría
    b) Coméntaselo

13. Por favor, no entres en la cocina cuando _____ el suelo.
    a) lave
    b) estoy fregando

14. Díselo antes de que Estíbaliz _____ por aquí.
    a) aparezca
    b) se asoma

15. No nos cambiaremos de piso _____ el barniz del suelo esté seco.
    a) en cuanto
    b) hasta que

16. No sé si mi madre _____ de eso.
    a) se haya informado
    b) se ha enterado

17. Cuando una persona debe hacerse más responsable se dice que: _____.
    a) La responsabilidad crea la justicia de la vida.
    b) Debe sentar cabeza.

18. Suspensión de pagos significa que:
    a) La empresa ha quebrado o está a punto de quebrar, y por eso no paga a sus empleados.
    b) Los trabajadores no quieren cobrar para salvar la empresa.

19. Cuando algo está muy desordenado, decimos:
    a) ¡Vaya faena!
    b) Parece una leonera.

20. ¡Qué alegría! Tengo _____ 120 euros en mi cartilla; bastante más _____ pensaba.
   a) más que / que
   b) más de / de lo que

21. Cuando una persona está en la edad del pavo, tiene _____.
   a) más de 65 años
   b) más o menos 15 años

22. Por favor, ve a la enfermería _____ te den gasas.
   a) puesto que
   b) a que

23. Aunque Juan no _____ la carrera en julio, va a intentar hacer un máster el próximo curso.
   a) termine
   b) termina

24. Has vuelto a faltar a clase _____ me habías prometido que nunca más lo harías.
   a) como
   b) y eso que

25. ¿Cuál de estas dos expresiones no está relacionada con la informática?
   a) el disco duro.
   b) el blanqueo.

26. _____ conocer a Mozart.
   a) Me habría encantado
   b) Me encantaría

27. <¿No queda nada de chocolate?
   > No, se lo _____ ayer por la tarde los niños.
   a) habrán comido
   b) comerían

28. Cuando llueve con mucha intensidad, se dice que _____.
   a) está cayendo un chaparrón.
   b) están lloviendo a jarros y a cántaros.

29. ¡Qué mimado y tozudo eres! Siempre _____.
   a) das tu brazo a torcer.
   b) te sales con la tuya.

30. "Puede ser una trampa para sonsacarte tus puntos débiles" significa que:
   a) La persona está siendo directa y sincera contigo.
   b) La persona está usando algunos trucos.

31. Cuando una persona habla poco, se dice que es:
   a) parca en palabras.
   b) dadivosa de palabras.

32. De pequeña _____ bastante mala _____ matemáticas.
   a) era / en
   b) estaba / para

33. No insistas más _____ darme explicaciones; no _____ necesarias.
   a) por / están
   b) en / son

34. ¿Entonces, _____ qué quedamos?
   a) en
   b) de

35. > ¿Abro la ventana?
   < _____ mí, sí.
   a) Por
   b) Para

36. Lee muy bien _____ su edad.
   a) para
   b) por

37. Para que el asado esté más sabroso, ponle un _____ de ajo.
   a) clavo
   b) diente

38. Arreglaremos la cocina _____ el verano.
   a) después de
   b) después

39. Visitamos Córdoba y _____ siguiente fuimos a Granada.
   a) el día
   b) al día

40. Si quieres que alguien te ayude, le dices: _____.
   a) estréchame la mano.
   b) échame un cable.

avance: curso de español   unidad 9

UNIDAD 9

Y te voy a escribir la canción más bonita del mundo…

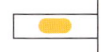

PRETEXTO

"Me ha impresionado que, en estos seis días que llevo en Buenos Aires, *haya podido asistir* a tantas actuaciones de jazz y, además, que todas *hayan sido* de una calidad increíble."

"He tenido mucha suerte al tener facilidad para los idiomas, así puedo cantar en cinco lenguas diferentes, ya que *nunca podría cantar en una lengua que no entendiera.*"

"Empecé mi carrera artística como cantante de rock, hasta que un día, por pura casualidad, escuché a Billie Holiday y decidí cantar jazz. Unos años después fui a recibir clases de canto a Nueva York, y allí me enteraba de las principales actuaciones de jazz, iba al local y me presentaba a los músicos diciendo: 'Soy Dolores Mar, cantante de jazz de Barcelona' *como si ya llevara* mucha carrera detrás, y me invitaban a cantar uno o dos temas con ellos."

"Decidí montar el espectáculo: 'Ellas y yo' (homenaje a mis mujeres cantantes favoritas), *sin que nadie me lo produjera.*"

"En mis comienzos nunca habría podido imaginar que, a estas alturas de mi vida, *ya hubiera cantado* desde Canadá a la Antártida, y desde Brasil hasta San Petersburgo."

En estas confesiones de Dolores Mar vas a encontrar tres tiempos nuevos del modo subjuntivo: el pretérito perfecto, el pretérito imperfecto y el pretérito pluscuamperfecto.

1. Lee atentamente el primer texto. ¿Recuerdas que el presente del subjuntivo del verbo *haber* es *haya*? Aquí va seguido del participio *podido*, ¿cuál de los tres tiempos de subjuntivo piensas que es?
2. En el segundo texto hay una frase de relativo destacada en cursiva; ¿en qué tiempo de subjuntivo crees que está? El verbo que introduce la frase de relativo está en condicional. ¿Podrías extraer alguna conclusión?
3. En el último texto aparece otro tiempo compuesto del subjuntivo, ¿podrías decirnos cuál es?
4. ¿Crees, como Dolores, que para interpretar una canción es necesario entender la lengua en que está escrita?
5. ¿Te parece que Dolores Mar ha tenido buena o mala suerte? ¿Por qué?

CONTENIDOS GRAMATICALES

I. Los tiempos verbales en modo subjuntivo.

Ya conoces el presente de subjuntivo. Ahora vas a aprender el *pretérito perfecto*, el *pretérito imperfecto* y el *pretérito pluscuamperfecto* de subjuntivo y cuándo debes usarlos.

1. Pretérito perfecto.

⇨ El pretérito perfecto de subjuntivo, se forma con el presente de subjuntivo del verbo *haber*, seguido del participio del verbo.

A. Observa el siguiente ejemplo con el verbo *estar*:

Pretérito Perfecto	
Haya estado	Hayamos estado
Hayas estado	Hayáis estado
Haya estado	Hayan estado

B. Ahora, conjuga los siguientes verbos en pretérito perfecto de subjuntivo: *leer, escribir, volver, romper, hacer y abrir*.

2. El pretérito imperfecto.

⇨ Se forma tomando la 3.ª persona del plural (ellos/ellas/ustedes) del pretérito indefinido de indicativo, (por ejemplo: *estuvieron*), se suprime la terminación *–ron* y se sustituye por las terminaciones propias de este tiempo: *ra / ras / ra / ramos / rais / ran*.
Todos los verbos irregulares en pretérito indefinido, lo son también en pretérito imperfecto de subjuntivo.

A. Observa el siguiente ejemplo con el verbo *estar*:

Pretérito indefinido		Pretérito Imperfecto	
Estuve	Estuvimos	Estuvie-ra	Estuvié-ramos
Estuviste	Estuvisteis	Estuvie-ras	Estuvie-rais
Estuvo	Estuvie-ron	Estuvie-ra	Estuvie-ran

B. Ahora, conjuga estos verbos en pretérito imperfecto de subjuntivo: *hacer, querer poner, decir, tener, traducir, pedir, oír y poder*.

C. Observa cómo se conjuga el pretérito imperfecto de subjuntivo del verbo *haber*:

Hubiera	Hubiéramos
Hubieras	Hubierais
Hubiera	Hubieran

avance: curso de español   unidad 9

3. El pretérito pluscuamperfecto.

⇨ Se forma con el pretérito imperfecto de subjuntivo de *haber*, seguido del participio.

PRETÉRITO PLUSCUAMPERFECTO	
Hubiera estado	Hubiéramos estado
Hubieras estado	Hubierais estado
Hubiera estado	Hubieran estado

A. Observa el siguiente ejemplo con el verbo *estar*:

B. Ahora, conjuga estos verbos en pretérito pluscuamperfecto de subjuntivo: *meter, vivir, envolver, cubrir, decir* y *morirse*.

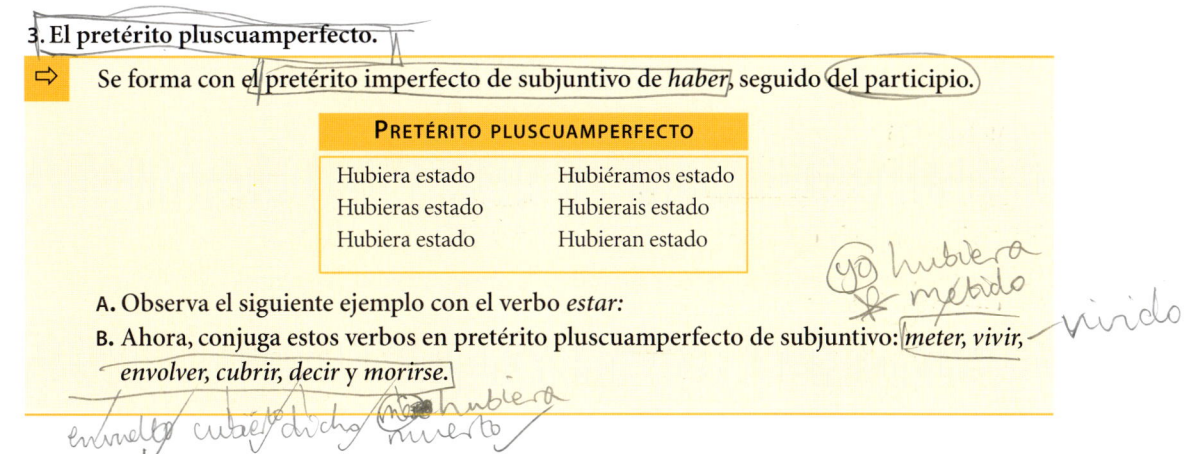

II. LA CORRESPONDENCIA DE LOS TIEMPOS.

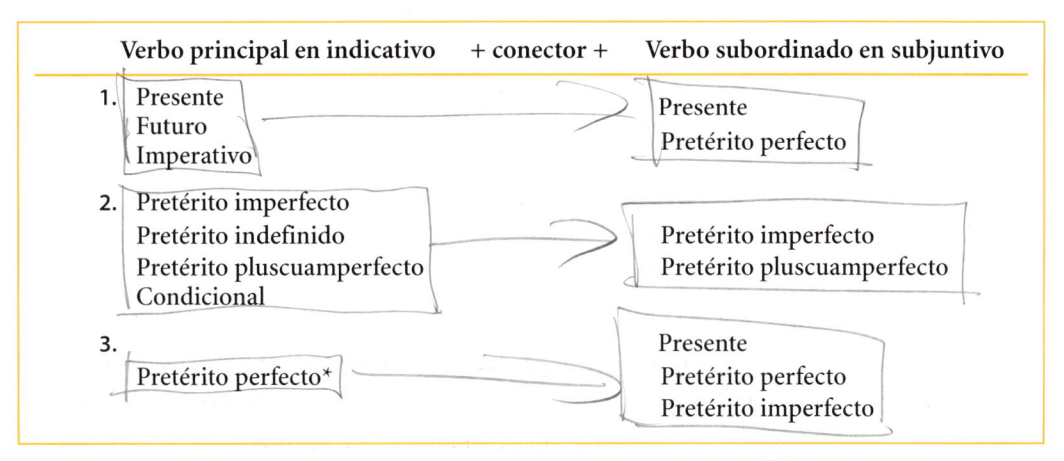

	Verbo principal en indicativo	+ conector +	Verbo subordinado en subjuntivo
1.	Presente Futuro Imperativo	→	Presente Pretérito perfecto
2.	Pretérito imperfecto Pretérito indefinido Pretérito pluscuamperfecto Condicional	→	Pretérito imperfecto Pretérito pluscuamperfecto
3.	Pretérito perfecto*		Presente Pretérito perfecto Pretérito imperfecto

(*) Este tiempo, por formar parte del pasado y al mismo tiempo estar conectado con el presente, admite las dos posibilidades.

1. Ejemplos:
– *Me molesta* mucho *que* no *seas* puntual.
– *Es extraño que* Juan no *haya llegado* todavía.
– Por favor, *sube* a secretaría *a que* te *den* el impreso que necesitamos.
– Nos *llamará cuando sepa* el resultado.
– Te *devolveré* la novela *en cuanto* la *haya terminado*.

2. Ejemplos:
– A mi abuela le *encantaba que* sus nietos *fuéramos* cariñosos con ella.
– El otro día Elisa me *llamó para que fuéramos* juntas al Aquarium, pero no pude.
– *Habían matriculado* a su hijo en el Liceo *para que aprendiera* francés.
– *Sería* estupendo *que* toda la población mundial *estuviera* bien nutrida.
– Le *molestó* mucho *que* el autobús ya *hubiera pasado*, porque tuvo que coger un taxi que le costó carísimo.

3. Ejemplos:
– Yo *no he dicho que* Juan *sea* desagradable.
– A Pedro le *ha molestado que* Álex *haya llegado* tarde.
– Me parece que no le *ha gustado que* ayer nos *fuéramos* tan pronto de su casa.

III. DOS CASOS ESPECIALES.

> Como si
> + **Pretérito imperfecto de subjuntivo.**
> + **Pretérito pluscuamperfecto de subjuntivo.**
>
> **Sin + infinitivo.** Cuando se construye con un solo sujeto.
> **Sin que + todos los tiempos de subjuntivo.** Cuando se construye con un sujeto diferente.
>
> Ejemplos: – Me trató *como si tuviera* tres años.
> – Me trató *como si yo le hubiera robado* su cartera.
> – Me acosté *sin cenar.*
> – Lo hice *sin que nadie se enterara.*

PRACTICAMOS LA GRAMÁTICA

I. COMPLETA CON UNA FRASE QUE TENGA SENTIDO Y QUE LLEVE EL TIEMPO CORRESPONDIENTE DE SUBJUNTIVO.

Ejemplo:
> Me encantaría que en la Tierra *(el agua estuviera bien repartida)*.
< ¡Hombre! Eso sería estupendo.

1. > Te avisaré en cuanto ___*te vea* / *el tren llegue* / *tenga la oportunidad* / *haya llegado el tren*___.
   < Gracias por tu amabilidad.
2. > Por favor, llama (imperativo) al abogado para que ___*resuelva* / *resolvamos el asunto* / *el asunto sea resuelto*___.
   < Ya lo he hecho, pero no estaba en su despacho.
3. > ¿Te molestó que tu vecino ___*hiciera tanto ruido* / *pusiera la música tan alta*___?
   < No, me dio igual.
4. > Alfredo no me ha comentado esta mañana que ayer ___*no fuera al colegio* / *hubiera salido* / *hubiera hecho* / *hubiera salido con los amigos*___.
   < Es lógico que no te lo (contar) ___*contara*___, porque *no dice mucho a su favor.*
5. > Su padre le había aconsejado que ___*estudiara más* / *hiciera carrera* / *debiera estudiar* / *dejara de fumar*___.
   < ¿Y lo hizo?
   > ¡Qué va! Ya sabes que a José Luis le encanta *llevar la contraria.*
6. Al final no compré el tresillo (pregunta). No, es que me ___*fuera* / *pareciera* / *fuese* / *costara* (presente)___ muy caro, es que no me convenció el color.
7. A mí me parece que, a pesar de que Pedro ___*sea inteligente* / *amable* / *agradable*___ (uneducated), es bastante *inculto*, siempre dice 'habían' cuatro personas, en lugar de 'había' cuatro personas y muchas cosas más que ahora mismo no recuerdo.

PARA ACLARAR LAS COSAS

> *No decir mucho a favor de alguien:* haber actuado mal.
> *Llevar la contraria:* decir justamente lo contrario de lo que ha dicho otra persona.

avance: curso de español   unidad 9
137

II. PON EL INFINITIVO EN EL TIEMPO VERBAL CORRECTO (_____) Y EL CONECTOR CAUSAL O CONSECUTIVO NECESARIO (........).

(Entrevista de José A. Pascual a Alberto Hidalgo. *SUR*, 2 de noviembre de 2002.)

1. **¿De dónde es?** Soy hijo y nieto de emigrantes españoles, que se marcharon a la República de Argentina hace muchos años. Por tanto, mis sentimientos son de *acá*, además de tener la nacionalidad española. Siempre hay nostalgia de la *madre patria* aunque (nacer, tú) _____ allí.

2. **¿Cómo empezó a cantar tangos?** Comencé por vocación, _____ me atraía el mundo del tango. Es la mejor *seña* de identidad del argentino. Lo interpreto con bandoneón, piano, guitarra y orquesta.

3. **¿Por qué le atrae tanto el flamenco?** Es un arte que sale de las mismas entrañas del pueblo, y _____ se asemeja tanto al tango, que también es un canto del pueblo. La suavidad de las malagueñas hace que (recrearse, yo) _____, así como la garra de *la soleá*. Las *peteneras* me impresionan. Pienso que a un cantante de boleros o tangos le (ser) _____ muy difícil interpretar esta seña de identidad de Andalucía, _____ se lleva dentro. Podría imitarse pero nada más.

> **PARA ACLARAR LAS COSAS**
> *Acá*: en Argentina lo usan en vez de aquí.
> *Madre patria*: la forma de llamar a España algunos hispanoamericanos.
> *Soleá y peteneras*: música flamenca.

A. ¿Cómo se llama la música típica de Málaga?
B. ¿Piensas que el Sr. Hidalgo tiene razón en lo que dice?
C. ¿Conoces todos los tipos de música de los que habla A. Hidalgo en esta entrevista?

III. REALIZAD AHORA POR PAREJAS EL SIGUIENTE CONCURSO: UNID CORRECTAMENTE TODOS LOS ELEMENTOS DE CADA UNA DE LAS TRES COLUMNAS PARA ENCONTRAR DIEZ FRASES LÓGICAS Y BIEN CONSTRUIDAS. OS DAMOS UNA YA RESUELTA COMO MODELO. GANA LA PAREJA QUE LOGRE COMPLETAR LAS DIEZ FRASES EN MENOS TIEMPO.

Ejemplo: 6. h. C. *Está muy triste porque se ha muerto su perro.*

1. Iremos al campo	a. cuando	A. fuera a su casa.
2. Yo no dije	b. por eso	B. nos encontráramos en el teatro.
3. Me llamó	c. que	C. se ha muerto su perro.
4. Me pongo cómodo/a	d. de ahí que	D. llegó a la ciudad.
5. Fue una casualidad	e. para que	E. él hubiera robado la cartera.
6. *Está muy triste*	f. aunque	F. sabes tanto español.
7. Está enfadado con María	g. que	G. llego a casa.
8. Preguntó por ti	h. *porque*	H. ayer no fuera a su fiesta.
9. Estaba muy cansado	i. ya que	I. haga frío.
10. Explícame este ejercicio	j. en cuanto	J. no vio el partido.

IV. LEE EL SIGUIENTE TEXTO Y REALIZA LAS ACTIVIDADES.

A. Marca la respuesta apropiada.

Una canción de Eric Clapton estaba **tocando / sonando** cuando llamaron **en / a** la puerta, y Susana pensó que habría preferido que su hijo **tardaría / tardara** unos minutos más en volver de la ferretería, porque era *Tears in Heaven* y no podía evitar nunca **al / para** oírla que **se / se le** humedecieran los ojos. La **oyó / había oído** con él el día anterior, mientras desmontaban algo en la cocina, y él le había preguntado **de qué / que** trataba. "De un hombre que ha perdido a su hijo y quiere saber cómo sería encontrarse con él en el Cielo." Al decir esto temió que al chico no le **gustaría / gustara** la canción, y entonces la volvió a poner desde el principio y se la tradujo verso a verso. Notó con felicidad que él sentía la emoción de su voz y de que **para no / en vez de** disgustarle, o de sentirse incómodo por ella, era capaz de compartirla, tal vez de intuir también que para su madre la letra de la canción **hablaba / expresaba** de sus propios sentimientos de ternura y de pérdida hacia él. Descubría a su madre ahora cuando **había quitado de vivir / había dejado de vivir** siempre con ella, la admiraba secretamente por tener esas aficiones, por vestir **en / de** una manera un poco extravagante y por parecer más joven que la nueva mujer de su padre y que las madres de sus amigos, probablemente ninguna de las cuales habría sabido traducirle **al / del** inglés las canciones que a él le gustaban.

Antonio Muñoz Molina: *Plenilunio* (1997).

B. Responde a las preguntas.
–¿Sabes qué cosas se pueden comprar en una ferretería?
–¿Por qué no viven juntos la madre y el hijo? ¿Por qué crees que han tomado esa decisión?
–¿Podrías definir con dos o tres adjetivos el carácter de la madre?

VOCABULARIO

I. EL LENGUAJE DE LA MÚSICA.

1. Aquí tienes una serie de palabras: *director, batuta, violín, viola, chelo, piano, contrabajo*. Di cuáles de ellas designan elementos que aparecen en la fotografía.

2. ¿Sabes cómo se llaman los instrumentos musicales que están tocando los componentes de este grupo de rock?

3. ¿Sabes cómo se llaman los instrumentos musicales que están tocando los componentes de este grupo de jazz y que no aparecen en la foto del grupo de rock?

4. Clasifica todos los instrumentos que han aparecido en este vocabulario en instrumentos de cuerda, viento y percusión

cuerda	viento	percusión

5. Y, ahora, cuéntanos dónde puedes ir a escuchar a:

Una orquesta sinfónica: _____.
Un grupo pop: _____.
Una banda de jazz: _____.
Un coro: _____.
Un grupo flamenco: _____.

INTERACCIÓN ORAL

1. MALDITO REGALO.

A. Mira bien las viñetas.
B. Busca en el diccionario las palabras que no sabes.
C. Describe todo lo que ves.
D. Cuarta viñeta. Primero, decide si eres el hombre o la mujer y entabla un diálogo con otro/a estudiante.

II. Debate:

A. Se divide la clase en dos grupos; un grupo debe defender que la única música que les gusta y vale la pena es la música clásica. El otro grupo debe defender que la música pop es la mejor. Recordad que conocéis muchas formas de argumentar.

Preguntas

¿Qué opinas / opina usted de / sobre …?
¿Qué te / os / les parece + nombre singular?
¿Qué te / os / les parecen + nombre plural?

En tu/su opinión + ¿………………?
¿Cree(s) que ….?

Respuestas

Creo que… / A mí me parece que…
En mi opinión… / Para mí…
Creo que sí / no.

No estoy seguro/-a.
No tengo ni idea.
No sé qué decirte/le.

III. COMPROBEMOS AHORA VUESTROS CONOCIMIENTOS MUSICALES.

A. Lee estos textos y relaciona cada uno de ellos con la fotografía del cantante al que se refieran.

Tras pasear por España en verano del año pasado el exitoso tour *El alma al aire*, en octubre recogió en Los Ángeles cuatro premios Grammy Latinos y grabó el primer *Unplugged* de un artista español, del que se han vendido más de 300.000 copias sólo en EE.UU. En febrero se convirtió en el primer artista en cantar en castellano en la ceremonia de los Premios Grammy 2002 (Covadonga Pelayo. *Magazine. El Mundo*, n.º 156).

Comenzó a cantar a los 5 años en la iglesia, y a los 10 grabó su primer disco con el grupo infantil Los Chicos. En la actualidad, este puertorriqueño de 34 años compagina una vida pública, de giras y espectáculos, con otra familiar junto a su mujer y sus dos hijos. Canta como los ángeles, se mueve como un dios en el escenario y su risa suena como verdadera música celestial (Elena Pita. *Magazine. El Mundo*, n.º 151).

Para muchos es el dios de la guitarra flamenca, pero él se considera sólo un ermitaño. En su última visita de incógnito a España, ha roto su silencio por primera vez en muchos años, y nos ha hablado de su vida y su música (*Juan José Téllez. El Semanal nº 775*).

B. Se divide la clase en dos grupos y cada uno redacta un texto de la misma longitud que los anteriores, sobre un/a cantante o músico muy famoso/a. El otro grupo debe adivinar de quién se trata.

IV. Rueda de prensa con...

1. Vuestro grupo favorito latinoamericano (cuatro componentes) ha venido de gira y está en Barcelona. Celebra una rueda de prensa en un hotel muy importante. Actuad de periodistas de una revista o de un diario.

A. Decidid cómo se llama el grupo.
B. Decidid quiénes son sus componentes, qué instrumentos tocan y quién es el/la cantante.
C. Una vez escogidos los cuatro estudiantes que interpretarán los papeles de músicos del grupo, el resto de la clase, elige el nombre de un periódico o de una revista y prepara las preguntas que deben ir dirigidas a los diferentes miembros del grupo. ¡Que disfrutéis en la rueda de prensa!

RECUERDA Y AMPLÍA

I. Verbos de cambio.

1. Características generales de los verbos de cambio.

⇒ **1.1. Están relacionados con *ser* y *estar*.**

Ejemplo:
Antonio Banderas *es* famoso ➡ Antonio Banderas *se ha hecho* famoso.
Luis *está* enfermo ➡ Luis *se ha puesto* enfermo.

⇒ **1.2. Explican cómo se ha producido una transformación.**

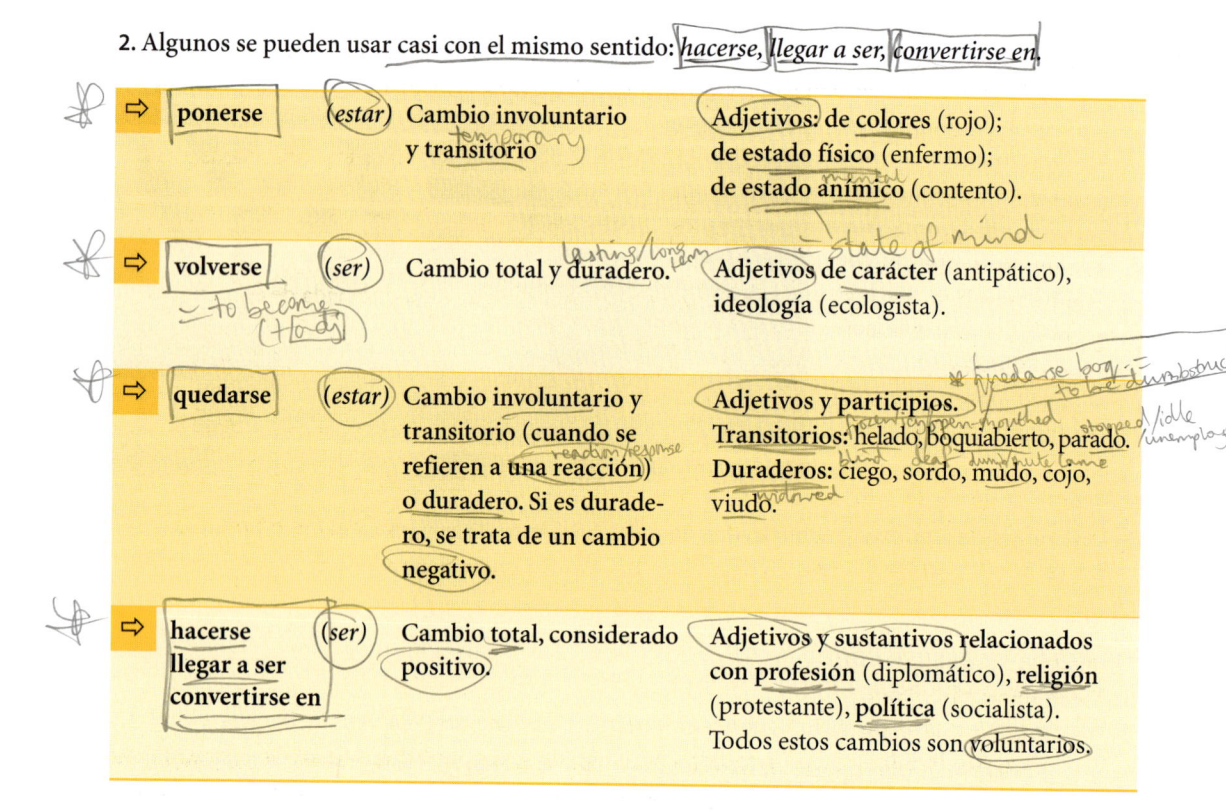

2. Algunos se pueden usar casi con el mismo sentido: hacerse, llegar a ser, convertirse en.

⇨ ponerse	(estar)	Cambio involuntario y transitorio	Adjetivos: de colores (rojo); de estado físico (enfermo); de estado anímico (contento).
⇨ volverse	(ser)	Cambio total y duradero.	Adjetivos de carácter (antipático), ideología (ecologista).
⇨ quedarse	(estar)	Cambio involuntario y transitorio (cuando se refieren a una reacción) o duradero. Si es duradero, se trata de un cambio negativo.	Adjetivos y participios. Transitorios: helado, boquiabierto, parado. Duraderos: ciego, sordo, mudo, cojo, viudo.
⇨ hacerse llegar a ser convertirse en	(ser)	Cambio total, considerado positivo.	Adjetivos y sustantivos relacionados con profesión (diplomático), religión (protestante), política (socialista). Todos estos cambios son voluntarios.

Ejemplos:
– Cuando la llamó, *se puso* muy nervioso.
– Pilar, desde que se casó, *se ha vuelto* muy sociable.
– A pesar de que *se quedó* ciego por un accidente, lleva una vida totalmente normal.
– Muchos dicen que, en el ejército, los chicos *se hacen* hombres, pero yo no lo creo.
– Me molesta que la gente *se convierta en* famosa por contar sus intimidades.
– Para *llegar a ser director* de esta empresa, hay que valer mucho.

EJERCICIOS

I. Pon el verbo de cambio apropiado en el tiempo correspondiente.

1. "En ningún momento _____ triste por no trabajar con Spielberg. Él me enseñó el guion y yo le dije que no lo podía hacer" (Javier Bardem).
2. "Cuando _____ la primera directora de la Academia del Cine español, pensé en todas las mujeres que han luchado por la igualdad" (Aitana Sánchez-Gijón).
3. "_____ tan gordo para interpretar el papel de Torrente, me ha costado mucho dinero" (Santiago Segura).
4. "No comprendo a los famosos que _____ tan diferentes como personas" (Antonio Banderas).

5. "Muchos dicen que _____ calvo de tanto pensar" (Carlos Saura).
6. Ajeno a las modas que vienen y que van, Amancio Prada, músico leonés, _____ una referencia obligada de la canción intelectual.
7. Shakira y Juanes _____ los cantantes pop hispanoamericanos más premiados en el año 2002.
8. Con sus películas *Nueve reinas* y *El hijo de la novia*, Adolfo Aristaráin _____ el director argentino más famoso en España.
9. Shalma Hayek _____ Frida Khalo en la película que trata de la vida de esta pintora mexicana.
10. Héctor Alterio y Federico Luppi _____ muy famosos en todo el mundo hispanoamericano por ser dos actores fabulosos.

A. ¿Sabes quiénes son todos los personajes que se citan en este ejercicio?
B. Si no lo sabes, pide ayuda a tus compañeros/as; y si, aún así, no conseguís saber quiénes son, pedid ayuda a vuestro/a profesor/a.

II. CONCURSO POR PAREJAS.

1. Aquí tenéis tres columnas; si unís los elementos de las tres encontraréis quince frases lógicas y bien construidas. Os damos una ya resuelta como modelo. Gana la pareja que logre completar las quince frases en menos tiempo.

Ejemplo: 7. c. O.: *El agua se convierte en hielo a 0ºC.*

1. Si comes tanto,	a. se quedó	A. antipático.
2. Empezó de botones y	b. se pone	B. progresista.
3. Antes era conservador y	c. *se convierte en*	C. nada en la vida.
4. Al escuchar la noticia,	d. se puso	D. director de un hotel.
5. Era muy amable, pero	e. se ha hecho	E. parado.
6. En cuanto la mira,	f. se quedó	F. colorada.
7. *El agua*	g. no llegarás a ser	G. fortísima.
8. Ha estudiado mucho y	h. te pondrás	H. furioso.
9. Tuvo un accidente y	i. se puso	I. helada.
10. Le robaron la cartera y	j. se ha quedado	J. coja.
11. No oye bien, es que	k. se ha puesto	K. diplomático.
12. Si no trabajas,	l. ahora se ha vuelto	L. sorda por una otitis.
13. Como comía poco,	m. llegó a ser	M. muy gordo.
14. Ha perdido su empleo y	n. se quedó	N. enfermo.
15. Como entrena mucho,	o. ahora se ha vuelto	O. *hielo a 0º C.*

unidad 9 avance: curso de español

OTRAS DESTREZAS

COMO LO OYES

I. Ya has conocido a Dolores Mar en el pretexto.

1. Ahora vas a escuchar un fragmento de una entrevista que le hicieron en Radio Nacional Argentina en septiembre de 2002. Ya han hablado de su primer disco, 'ellas y yo', que ha estado sonando todos los domingos desde hace un mes en un programa de jazz, y ahora empiezan a hablar de su segundo disco. Dolores Mar ha decidido autoproducirlo y es de esto sobre lo que van a hablar ahora mismo

A. Tras la audición, contesta si son verdaderas o falsas las siguientes afirmaciones:

	V	F
– Los productores sólo quieren sacar dinero.	☐	☐
– En España no tienes muchos problemas aunque seas poco comercial.	☐	☐
– Dolores piensa que es más bonito ser independiente.	☐	☐
– Ella sólo se dedica a la música.	☐	☐
– Una canción de cuna y una nana es lo mismo.	☐	☐
– Cuando salga el disco, esta nana irá acompañada de guitarra flamenca.	☐	☐
– No se debe aplaudir al acabar de cantar una nana.	☐	☐

B. Ahora vuelve a escuchar sólo la nana e intenta completar la letra.

En el amanecer
_____ la dicha
resplandeciente y clara
de un _____ día.
En los atardeceres
_____ calma
manantial de _____ tibia
para tu alma.
Y cuando al fin _____
llega y su manto
de terciopelo _____
calma tu llanto.
Recuerda que Él está siempre _____,
que no te deja _____ tu fiel testigo,
y vela por tus sueños,
si _____ dormido.
(Letra y música de Dolores Mar.)

Dolores Mar interpretando *Carmen* en Brasil, en 1994.

ESCRIBE

I. ESCRITURA COLECTIVA. EN GRUPOS, LEED LAS SIGUIENTES CITAS, Y DEFENDED O CRITICAD LO QUE DICEN CON VUESTROS PROPIOS ARGUMENTOS.

1. La música es para el alma lo que la gimnasia para el cuerpo (Platón).
2. Sin música la vida sería un error (Friedrich Nietzsche).
3. Los músicos son terriblemente irrazonables. Siempre quieren que uno sea totalmente mudo en el preciso momento que uno desea ser completamente sordo (Oscar Wilde).
4. El arte de dirigir consiste en saber cuándo hay que abandonar la batuta para no molestar a la orquesta (Herbert von Karajan).
5. Aprender música leyendo teoría musical es como hacer el amor por correo (Luciano Pavarotti).
6. En verdad, si no fuera por la música, habría más razones para volverse loco (Piotr Ilich Tchaikosvski).
7. El jarrón da forma al vacío y la música al silencio (George Braque).
8. La música es una cosa amplia, sin límites, sin fronteras, sin banderas (Leon Gieco).
9. La música es el verdadero lenguaje universal (Carl Maria von Weber).
10. Estoy seguro de que la música alarga la vida (Jehuda Menuhin).

LEE

I. HOMENAJE A COMPAY SEGUNDO, VITALIDAD Y SONRISA HASTA SUS 96 AÑOS.

Este prodigioso músico nació en Siboney (Cuba), en 1907. Su verdadero nombre es Francisco Repilado, aunque es conocido por todo el mundo como Compay Segundo.

Es el mayor representante de un siglo de tradición musical cubana.

Ha creado un instrumento musical, el armónico, una especie de guitarra muy peculiar.

Siempre sonriente, bondadoso, desarmante, con un brillo pícaro en sus ojos, inseparable de sus sombreros y de sus enormes puros en la boca, ha realizado muchas giras y ha actuado en infinidad de lugares del mundo.

En el año 1997 el gran guitarrista estadounidense Ry Cooder (autor, entre otros muchos temas, de la banda sonora de *Paris-Texas*) se reunió con él y con sus amigos Rubén González, Ibrahim Ferrer, Eliades Ochoa..., y mezclaron sus culturas para realizar el álbum *Buena vista social club*, que resultó ser una obra maestra.

El disco, al que se adjunta un librito compuesto por fotografías, las letras de las canciones, resultó de una elegancia, de una sobriedad, y de una profundidad inigualables.

También se realizó la película del mismo nombre, donde vemos toda la historia desde el primer encuentro hasta el último concierto, y que, dada su calidad, ha obtenido un gran éxito.

El 15 de noviembre de 1997, con motivo de sus 90 años, recibió la Orden Félix Varela, que es la más alta distinción honorífica en el mundo de las artes.

Nos dejó el 14 de julio de 2003.

Ahora transcribimos su canción *Chan Chan*. Pero antes de leer la letra, oídla y tratad de responder a estas preguntas:

A. ¿De qué trata la canción?
B. ¿Qué actividades realizan los protagonistas de la misma, Juanita y Chan Chan?
C. ¿Qué sentimientos aparecen en la canción?
D. ¿Cómo se dice en tu idioma se me sale la babita / se me cae la baba? ¿En qué contextos se usa?

De Alto Cedro voy para Macarné
Llego a Cueto voy para Mayarí[1]
El cariño que te tengo
Yo te lo puedo negar
Se me sale la babita
Yo no lo puedo evitar.
Cuando Juanica y Chan Chan
En el mar *cernían arena*
Como sacudía el jibe[2]
A Chan Chan le daba pena.
Limpia el camino de paja
Que yo me quiero sentar
En aquel tronco que veo
Y así no puedo llegar
De Alto Cedro voy para Macarné
Llego a Cueto voy para Mayarí

PARA ACLARAR LAS COSAS

[1] Alto Cedro, Macarné, Cueto y Mayarí, ciudades de la región oriental de Cuba.
[2] El jibe: Palabra usada en Cuba y Santo Domingo para denominar a la criba usada principalmente por los obreros de la construcción.
Se me sale la babita: español de España = *se me cae la baba*.
Cerner arena: pasar la arena por un tamiz para quitarle las impurezas.

II. Tras la lectura del texto...

Prepara cinco preguntas que harías a Compay Segundo si fueses a entrevistarlo. La primera persona que las termine se las enseña al/a profesor/a y, si están bien formuladas, se las realiza a sus compañeros/as.

UNIDAD 10
El deporte es vida

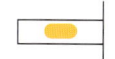

PRETEXTO

I. Lee atentamente los pensamientos que Enrique, un niño de 7 años, ha escrito en su diario.

"Cuando sea mayor, seré jugador profesional de balonmano. Como ahora no se ve, bueno, no se ve mucho, ojalá se ponga de moda. A mi madre le da mucho miedo que juegue de portero, porque mucha gente dice que los porteros están locos porque reciben muchos balonazos. Mi padre fue balonmanista y lo hacía muy bien, pero ahora es abogado y lo ha dejado porque tiene mucho trabajo.

Aunque haya cometido algunos errores, mi entrenador me anima para que sea profesional. Pero yo me voy a esforzar mucho para que mi padre y mi madre dejen de trabajar.

A mis padres les gusta que juegue al balonmano, pero me dicen que, de momento, me dedique a estudiar, que es lo que menos me gusta".

Venga, Enrique, duérmete, que es muy tarde.

II. Pasado un tiempo, una tía de Enrique encontró este papel y relató a toda la familia lo que en él decía.

Enrique pensaba que, cuando fuera mayor, sería jugador profesional de balonmano. Deseaba que se pusiera de moda, ya que entonces no se veía mucho. Le preocupaba que a su madre le diera miedo que jugara de portero, porque mucha gente decía que los porteros estaban locos porque recibían muchos balonazos. Recordó que su padre había sido balonmanista y que lo hacía muy bien, pero que entonces era abogado y lo había dejado porque tenía mucho trabajo.

Afirmaba que, aunque hubiera cometido algunos errores, su entrenador le animaba para que fuera profesional. Y él aseguraba que iba a esforzarse mucho para que su padre y su madre dejaran de trabajar.

Pero sabía que, aunque a sus padres les gustaba que jugara al balonmano, le decían que, de momento, se dedicara a estudiar, que era lo que menos le gustaba.

Al final, Enrique, hablando consigo mismo, se dijo que se durmiera, porque era muy tarde.

1. Señala los cambios que han experimentado las palabras y algunas frases del texto de Enrique al de su tía.
2. Hay palabras que aparecen en el primer texto y no en el segundo. ¿Puedes explicar por qué?
3. Observando atentamente ambos textos, ¿podrías destacar los cambios que experimentan los verbos al pasar a estilo indirecto en pasado?
4. Señala los verbos que introducen las frases.

CONTENIDOS GRAMATICALES

I. Estilo indirecto.

El estilo indirecto sirve para contar a otras personas algo que nos han dicho, hemos leído, hemos oído, hemos pensado, etcétera.

1. ¿Recuerdas? Completa con las palabras que faltan:

> Cuando repetimos nuestras palabras o las palabras de otros, y nos referimos a un momento del pasado, se producen una serie de cambios que afectan:
> al verbo, a los _____, a los _____ y demostrativos, a los marcadores _____ y adverbios de lugar, a los verbos ir – _____ y llevar– _____. Si quien "habla" es un periódico, un diccionario, una carta, un fax, un correo electrónico, es decir, algo escrito, el verbo introductor suele estar en pretérito _____.
> Ejemplos:
> El periódico de ayer _____ que iba a bajar el crecimiento económico.

2. El estilo indirecto cuando repetimos una pregunta:

> Si repetimos una pregunta con partícula interrogativa usamos:
> *Preguntar* + *qué/quién/cuál/cómo/cuándo/cuánto/dónde* + pregunta.
>
> Si repetimos una pregunta sin partícula interrogativa usamos:
> *Preguntar* + *si* + pregunta.

3. ¿Recuerdas cómo se transforman estos elementos de la frase?

Aquí	⇨ _____	Mañana	⇨ _____
Este	⇨ _____	Por ahora	⇨ _____
Hoy	⇨ _____	Dentro de	⇨ _____
Ahora	⇨ _____	Pasado mañana	⇨ _____
Ayer	⇨ _____	Venir	⇨ _____
Ir	⇨ _____	Traer	⇨ _____
Llevar	⇨ _____		

4. Verbos.

⇨ **4.1.** Si el verbo introductor está en presente, no cambian los tiempos verbales, excepto en el modo imperativo, que pasa a presente de subjuntivo.
Ejemplo: Pasa el balón. ⇨ El pívot le *dice que pase* el balón.

⇨ **4.2.** Si el verbo introductor está en **pretérito perfecto**, no es obligatorio cambiar los tiempos verbales.

Ejemplo: > Vamos al cine esta tarde.
 < Perdona, es que no te he oído. ¿Qué has dicho?
 > *Te he preguntado* que si *vamos* al cine esta tarde.

⇨ **4.3.** Si el verbo introductor está en **pasado**, se producen los siguientes cambios al pasar al estilo indirecto:

Presente de indicativo	⇨	Pretérito imperfecto de indicativo
Futuro simple	⇨	Condicional simple
Futuro perfecto	⇨	Condicional perfecto
Pretérito perfecto de indicativo	⇨	Pretérito pluscuamperfecto /indefinido
Pretérito indefinido	⇨	Pretérito pluscuamperfecto /indefinido
Imperativo	⇨	Pretérito imperfecto de subjuntivo
Presente de subjuntivo	⇨	Pretérito imperfecto de subjuntivo
Pretérito perfecto de subjuntivo	⇨	Pretérito pluscuamperfecto de subjuntivo
Condicional simple	⇨	No cambia
Condicional perfecto	⇨	No cambia
Pretérito imperfecto de indicativo	⇨	No cambia
Pretérito imperfecto de subjuntivo	⇨	No cambia
Pretérito pluscuamperfecto de indicativo	⇨	No cambia
Pretérito pluscuamperfecto de subjuntivo	⇨	No cambia

5. Además de los verbos de *lengua*, podemos usar verbos de influencia, que ya has estudiado, para introducir el estilo indirecto. Aquí tienes algunos de ellos: *sugerir, insinuar, recomendar, insistir en, asegurar, aconsejar.*

Ejemplos:
– El médico le *recomendó* que no fumara.
– María me *sugirió* que me cortara el pelo.

PRACTICAMOS LA GRAMÁTICA

I. Cambia las frases que están en estilo directo a indirecto y viceversa.

1. El entrenador les *ha dicho* a sus jugadores: "Habéis hecho un marcaje muy flojo".

2. En el periódico *pone*: "La Selección se concentrará a partir de pasado mañana en Argentina".

3. El capitán del Real Madrid *declaró*: "El sábado le vamos a dar una paliza al Barcelona".

4. Gasol *declaró*: "En un futuro inmediato espero que el Menphis suba de nivel".

5. Rubén *preguntó* a sus amigos si querían jugar al ajedrez con él.

6. En la crítica deportiva *se decía* que el arbitraje había sido un desastre.

7. El capitán *afirma* que el equipo está un poco tocado, aunque debe estar preparado para sufrir, ya que la eliminatoria está en el aire.

II. Transforma las siguientes frases en estilo indirecto, e introdúcelas con los verbos que conoces. Observa la terminología deportiva y coméntala con tus compañeros/as y tu profesor/a.

1. El *Dépor* sólo vence cuando juega *a tope*.

2. Al nuevo Consejo de Administración no le importa que el delantero se haya ido de aquí.

3. Ortega dice que ya ha llegado la hora de escuchar ofertas de otros equipos.

4. El club fleta dos autobuses gratis para que los seguidores puedan presenciar el partido en Toledo.

5. Blanco confía en que el Marbella consiga la permanencia en la división.

6. El motociclista afirma que tiene problemas con las suspensiones y los neumáticos, y que se necesita trabajar más para que la moto vaya mejor.

7. El entrenador no se explica que el presidente del equipo no reconozca que es el técnico ideal.

PARA ACLARAR LAS COSAS

El Dépor o Súper Depor: El Deportivo de La Coruña, equipo que hizo una campaña especialmente brillante durante la temporada 93-94.
A tope: al máximo, con todas sus fuerzas.

III. Pasa al estilo indirecto en pasado las preguntas y las respuestas.

Entrevista a Arantxa Sánchez-Vicario

> Desde el pasado miércoles forma parte de la Asamblea del Comité Olímpico Español. ¿Qué supone esta nueva nominación para usted?

< Estoy contentísima. Fui nominada junto a **Iñaki Urdangarín** para formar parte de la Asamblea. De momento no sé en qué consisten mis tareas porque, al estar jugando en Oporto, sólo he podido hablar telefónicamente. Cuando vuelva a Barcelona tendré que hablar con más calma de lo que debo hacer.

> Lo más destacado de su carrera olímpica es el hecho de ser la deportista española que ha obtenido más medallas.

< El mero hecho de que reconozcan todo lo que has hecho es muy especial y me siento muy orgullosa de que piensen en mí.

> ¿Tiene alguna preferencia entre Madrid y Sevilla, ambas aspirantes a ser sedes olímpicas?

< La verdad es que no, pero la que sea seleccionada necesitará todo el apoyo. En esas épocas ya no estaré en activo y lo veré desde otro punto de vista aunque sin lugar a dudas siempre tendrán mi apoyo.

> ¿Qué necesita una ciudad para albergar una competición deportiva de tan alto nivel?

< Buenas instalaciones de todo tipo, y es muy importante que haya muchos voluntarios para que ayuden a que todo salga bien. Pero lo más importante es que las instalaciones estén a tiempo para la cita. Si se tiene que hacer todo nuevo, sería un poco de caos para la ciudad.

> Ya han pasado algunos años desde su primera final de Roland Garros. ¿Qué es lo que más recuerda de ese día?

< Recuerdo tantas cosas... Era una niñita que jugaba con la número uno del mundo. Me tiré por la arena, me puse a llorar de la emoción, salté para abrazar a mis padres y me salté todo el protocolo, pero fue una emoción muy grande.

> ¿Aprende de las derrotas? ¿Qué final le dolió perder más?

< Perder siempre duele, pero quizás la que más fue la final de Wimblendon de 95 ante Steffi Graff.

> ¿Alguna vez piensa cómo será su vida después de su retirada?

< Todavía hay Arantxa para rato y prefiero no pensarlo.

PARA ACLARAR LAS COSAS

Iñaki Urdangarín: es el marido de la infanta Cristina, hija del rey Juan Carlos. Ha sido jugador de balonmano en los equipos de Barcelona y de la Selección Nacional.

¿Sabes qué es de Arantxa Sánchez-Vicario? ¿Conoces otros deportistas españoles?

unidad 10   avance: curso de español

IV. FORMULA LA PREGUNTA A ESTAS RESPUESTAS UTILIZANDO LOS SIGUIENTES VERBOS.

Sugerir, asegurar, prometer, recomendar, insistir en, preguntar y decir.

1. > ¿ _____ ?
   < Que descansara bien antes del partido
2. > ¿ _____ ?
   < ¿Que si me consideraba una buena deportista.
3. > ¿ _____ ?
   < En que bebiera mucha agua; siempre me lo dice.
4. > ¿ _____ ?
   < Que no podía ir al gimnasio porque tenía que ir al abogado.
5. > ¿ _____ ?
   < Que adelgazara un poco, que me iba a sentir mejor.
6. > ¿ _____ ?
   < Que ella no me había abierto la bolsa en el vestuario.
7. > ¿ _____ ?
   < Que el fin de semana iba a dormir mucho y que no iba a salir por la noche.

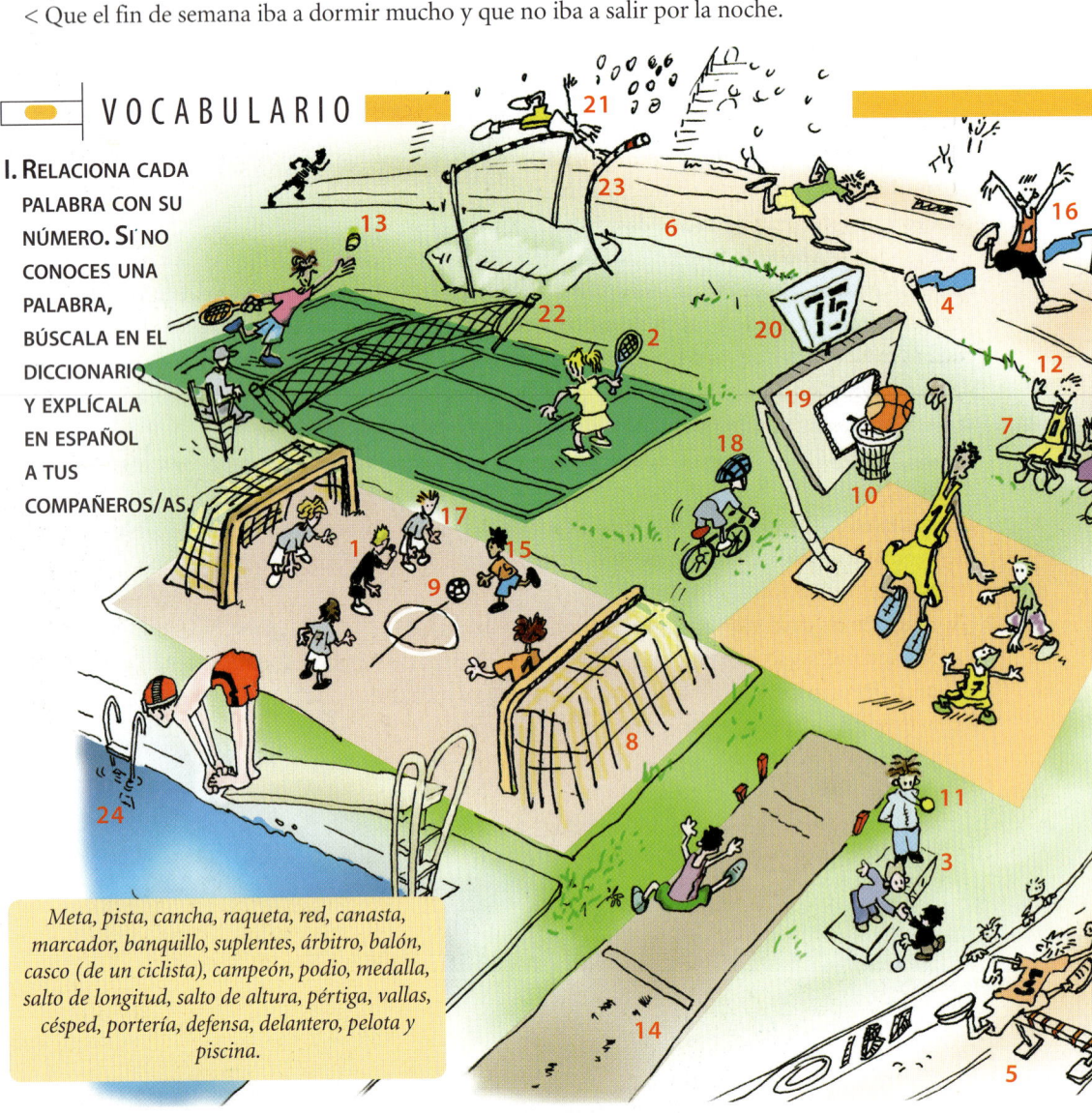

VOCABULARIO

I. RELACIONA CADA PALABRA CON SU NÚMERO. SI NO CONOCES UNA PALABRA, BÚSCALA EN EL DICCIONARIO Y EXPLÍCALA EN ESPAÑOL A TUS COMPAÑEROS/AS.

Meta, pista, cancha, raqueta, red, canasta, marcador, banquillo, suplentes, árbitro, balón, casco (de un ciclista), campeón, podio, medalla, salto de longitud, salto de altura, pértiga, vallas, césped, portería, defensa, delantero, pelota y piscina.

INTERACCIÓN ORAL

I. Describe un deporte. Tus compañeros/as deben adivinar de cuál se trata. No se lo pongas demasiado fácil.

Ejemplo:
Se practica en agua salada; el viento es muy necesario, se necesita una tabla provista de vela para poder realizarlo. Dicen que Tarifa es el paraíso para quienes lo practican.
Solución: windsurf.

II. Deportes de aventuras.

– ¿Conoces estos deportes? Defínelos.
– ¿Los has practicado alguna vez?
– ¿Qué se necesita para practicarlos?
– ¿Crees que la gente los practica simplemente por el placer del riesgo y para descargar adrenalina?
– ¿Sabes que han muerto algunos bomberos en operaciones de rescate? En caso de accidente por imprudencia, ¿cómo crees que se debe actuar? ¿Quién debe pagar los gastos del rescate, por ejemplo, helicópteros?

"PUENTING"

ALA DELTA

GLOBO

ESCALADA

KAYAK O PIRAGÜISMO

MOTO ACUÁTICA

III. Debate: En parejas, Señalad vuestro acuerdo o desacuerdo con las siguientes afirmaciones. Después, poned los resultados en común.

	SÍ	NO	DEPENDE
1. La práctica del deporte ayuda a conseguir el equilibrio personal.			
2. Hay deportes en los que lo más importante es el dinero que se maneja.			
3. El deporte es un modo de canalizar la agresividad.			
4. Practicar deporte ayuda a disciplinarse en el trabajo en equipo.			
5. El boxeo no es un deporte: deberían prohibirlo.			
6. Ver demasiado fútbol destruye a la familia.			
7. En los deportes suele ser más importante la autosuperación que la competitividad.			
8. Cada día, el deporte tiene más de espectáculo.			
9. Cuesta mucho dinero practicar deporte.			
10. El deporte todavía es machista.			
11. El que practica un deporte de riesgo debería pagarse su rescate.			
12. La afición juega un papel muy importante para los deportistas.			

IV. Un día en la nieve.

A. Mira bien las viñetas.
B. Busca en el diccionario el significado de las palabras que no sabes.
C. Describe todo lo que ves.
D. Cuarta viñeta. Elige un personaje y entabla un diálogo con otros/as dos estudiantes.

RECUERDA Y AMPLÍA

I. LAS PERÍFRASIS.

Ya conoces algunas perífrasis. Aquí te las presentamos agrupadas según su significado.

1. Perífrasis incoativas. Expresan el principio de la acción:

1.1. Con infinitivo:

Empezar (comenzar) a: Es la de uso más general.
Ejemplo: Estamos en febrero y ya *ha empezado a hacer* calor.

Ponerse a: Añade un matiz de voluntad, esfuerzo por parte del sujeto. Puede ir también con verbos como *llover, nevar*, etcétera.
Ejemplo: *Se puso a estudiar* a las cinco y no terminó hasta las doce.
A media tarde *se puso a nevar* y tuvimos que refugiarnos en una cabaña.

Ir a: Expresa el futuro inmediato.
Ejemplo: Este fin de semana *voy a dedicarlo* a ordenar papeles.

Echar(se) a: Indica un principio brusco; añade el matiz de "de repente".
Ejemplo: Estábamos muy serios y, de pronto, *se echó a reír*.

1.2. Con gerundio:

Ir: Tiene un valor progresivo: "poco a poco".
Ejemplo: Su español *va mejorando*.

2. Perífrasis durativas.

Todas van con gerundio.

Llevar: La acción está comprendida en un "desde - hasta", sin que ello signifique que la acción no pueda continuar. Exige la presencia de complementos temporales.
Ejemplo: *Llevo viviendo* en Málaga seis meses.

Seguir / continuar: El verbo no pierde del todo su significado:
Ejemplo: *Sigo pensando* que esto es una tontería.

Ir: Como hemos visto tiene un valor incoativo – progresivo:
Ejemplo: Con el tiempo *vas aprendiendo* a vivir.

Venir: Expresa una acción durativa en la que el movimiento se desplaza desde el pasado hacia el hablante, al contrario de *ir* + gerundio.
Ejemplo: *Vengo diciéndote* lo mismo desde que te conocí.

Andar: Tiene un valor similar a *estar*, pero añade un matiz de exteriorización.
Ejemplo: *Anda diciendo* que es millonario, pero no tiene un duro.

3. Perífrasis terminativas. Presentan la acción en su término o acercándose a él.

3.1. Con infinitivo:

Dejar de: Expresa la interrupción de un proceso, su cese.
Ejemplo:
– Hace tres meses que *dejó de fumar*.

Acabar de: Expresa el pasado reciente. Sólo puede ir en presente o imperfecto.
Ejemplo:
> ¿Quieres un cigarro?
< No, gracias, *acabo de apagarlo*.

Llegar a: Expresa la culminación de un proceso.
Ejemplo:
– *Ha llegado a ser* el director de la empresa.

Acabar /terminar por: Expresan la culminación de un proceso, que normalmente se presenta difícil.
Ejemplo:
– *Acabaréis por comprender* las perífrasis.

3.2. Con gerundio:

Acabar (terminar): Tiene el mismo valor que la anterior.
Ejemplo:
– *Terminaréis comprendiendo* las perífrasis.

3.3. Con participio:

Tener: Expresa el resultado de la acción, y va siempre con verbos transitivos.
Ejemplo:
– Todavía no *tengo pensado* lo que voy a hacer en vacaciones.

4. Perífrasis aproximativas.

Deber de + infinitivo: Expresa una duda, una posibilidad.
Ejemplo:
– *Debía de estar* muy enfermo cuando no vino a clase.

Venir a + infinitivo: Aproximación, idea no exacta:
Ejemplo:
– Este piso *viene a costar* unos 275.000 euros.

5. Perífrasis reiterativas.

Con infinitivo:

Volver a: Expresa la repetición de la acción.
Ejemplo: después de dos años, *he vuelto a nadar*.

EJERCICIOS

I. COMPLETA LAS SIGUIENTES FRASES CON LOS VERBOS QUE TE DAMOS, EN SU TIEMPO Y MODO CORRESPONDIENTES.

Ponerse a, dejar de, acabar de, llegar a ser, seguir, deber de, venir a y volver a.

1. > Y tú, Sergio, ¿_____ nadando?
   < ¡Qué va! Si _____ practicar deportes hace tres años.
2. > ¿Me dejas la pelota? Es que tengo un partido.
   < La pelota no, querrás decir el balón.
   > ¡Qué tiquismiquis eres! Al fin y al cabo _____ significar lo mismo, ¿no?
3. > Al principio de la segunda parte, tuvieron que suspender el partido porque _____ llover.
   < Pues ya tenía que llover fuerte, porque un árbitro no suspende un partido por unas gotas.
4. > Sin duda, Induráin _____ el deportista español más famoso de todos.
   < No sólo él, piensa, por ejemplo, en Arantxa Sánchez-Vicario. Todo el mundo la conoce.
5. > No entiendo a la gente que practica piragüismo.
   < Algo _____ tener, porque son muchos los que lo practican.
6. > _____ oír en la radio que se han perdido dos alpinistas en los Pirineos.
   < ¡Madre mía! Con lo que está nevando.
7. > ¿Por qué _____ a empezar la carrera?
   < Porque el de la calle seis ha salido antes de la señal.

II. COMPLETA LAS SIGUIENTES FRASES CON LOS VERBOS QUE TE DAMOS, EN SU TIEMPO Y MODO CORRESPONDIENTES.

Echarse a, andar, tener, llevar, empezar a, volver a, venir, ir, acabar y estar.

1. > Por fin la gente _____ entender que el problema ecológico es grave.
   < Ya era hora, aunque no sé si será demasiado tarde.
2. > ¿Estás lista?
   < Sí, _____ llamando al ascensor mientras cojo el bolso.
3. > De un tiempo a esta parte, _____ notando que la gente está cada día más loca.
   < Eso es que te _____ haciendo mayor.
4. > Paco _____ diciendo que Alberto va a dejar a su mujer.
   < No le hagas caso o _____ siendo un cotilla como él.
5. > Ayer, cuando Marta vio a Antonio, salió de la habitación y _____ llorar.
   < La verdad es que no sé qué pasa entre ellos. Ya _____ saliendo cinco años.
6. > Ya _____ escrita la composición, pero no me gusta nada.
   < Pues _____ escribirla.

OTRAS DESTREZAS

COMO LO OYES

I. "Los hombres no aguantan una buena clase de gimnasia."

1. Después de oír esta entrevista con Anna Salrá, aparecida en el diario *Sur*, señala si las siguientes afirmaciones son verdaderas o falsas.

	V	F
1. Anna es una profesora muy dura, maltrata a su alumnado.	☐	☐
2. Anna usa un sistema matemático en sus clases.	☐	☐
3. Los hombres al principio tienen una mala opinión de las clases de gimnasia.	☐	☐
4. Los muslos de las amas de casa trabajan mucho.	☐	☐
5. A esta profesora no le molesta que se regalen vídeos.	☐	☐
6. La gimnasia favorece la elasticidad corporal.	☐	☐
7. Los extranjeros, en opinión de Anna, van más a clase.	☐	☐
8. Anna ha llegado a su meta.	☐	☐

II. La Selección Nacional jugó y ganó.

1. Completa el texto de la audición con las palabras que faltan.

Ayer, sábado, la Selección Nacional española disputó un partido de semifinales de la Copa del Mundo contra la selección argentina. El _____ fue entretenido, con un _____ final de tres a uno. Raúl, tras un saque de esquina, _____ de cabeza, y el portero no pudo parar el primer gol.

El _____ pitó ocho faltas al _____, y doce al equipo visitante. Así mismo _____, cinco tarjetas amarillas y una roja que supuso la _____ de Martínez.
Por su parte, el argentino Saviola sufrió una _____ en el muslo derecho, por lo que tuvo que abandonar el campo, y Riquelme se incorporó al juego desde el _____ de suplentes.
En el segundo tiempo y _____ Ariel, Riquelme marcó el único gol para su equipo.

La Selección Nacional Española realizó un juego _____, basado en jugadas de ataques por las _____, que no pudo contrarrestar la defensa contraria.
Por su parte, la selección argentina mantuvo el balón en el centro del campo, a excepción de la mencionada jugada de Riquelme.

Habrá que esperar al _____ y no cantar victoria antes de tiempo.

2. Lee la transcripción completa y busca el significado de las palabras que no comprendas.

avance: curso de español   unidad 10

ESCRIBE

I. Aquí te presentamos un mapa mental. Con las ideas de la actividad III del vocabulario, las que aquí te proponemos y las tuyas propias, escribe una composición de unas 200 palabras.

No olvides introducir conectores como: *En mi opinión, para muchos, por una parte /por otra, en primer /segundo … lugar, sin embargo, a pesar de todo, en conclusión.*

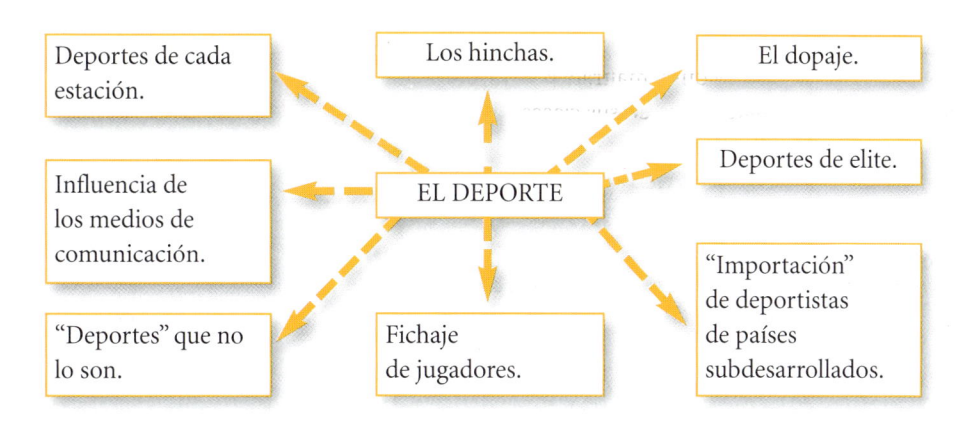

- Deportes de cada estación.
- Los hinchas.
- El dopaje.
- Influencia de los medios de comunicación.
- EL DEPORTE
- Deportes de elite.
- "Deportes" que no lo son.
- Fichaje de jugadores.
- "Importación" de deportistas de países subdesarrollados.

LEE

I. El deporte, plataforma de integración.

La práctica del deporte representa una plataforma de enorme importancia para el desarrollo personal y social de los discapacitados, razón por la cual la Fundación ONCE (Organización Nacional de Ciegos Españoles), en estrecha colaboración con los poderes públicos, despliega una considerable actividad en el ámbito del deporte paralímpico. La labor de promoción del deporte ha permitido mejorar considerablemente la imagen de los discapacitados como colectivo, asegurando un punto de no retorno en el grado de reconocimiento social de este grupo de población.

Para cumplir este objetivo, la Fundación ONCE patrocina el **Comité Paralímpico Español,** la selección española que participa en los Juegos Paralímpicos, las distintas Federaciones Españolas de Deportes de Discapacitados, la **Liga Nacional de Baloncesto en Silla de Ruedas y el Club**

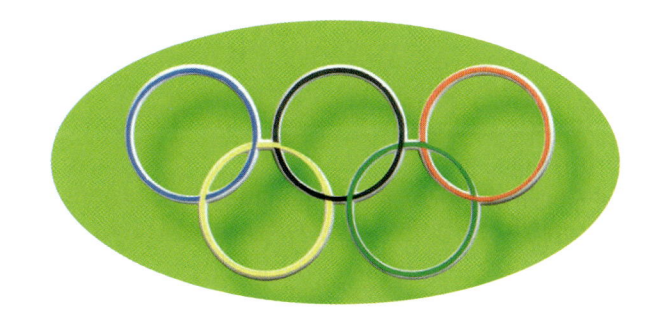

Deportivo Fundosa ONCE, uno de los mejores equipos europeos de baloncesto en silla.

En efecto, este equipo lleva mucho tiempo en la elite mundial de este deporte, y cuenta en sus filas con jugadores de nivel mundial. A través de su sociedad empresarial, Fundosa Grupo, la Fundación reunió en un solo equipo a una decena de los mejores jugadores nacionales e internacionales, con la intención de hacer un equipo potente que pudiera ofrecer espectáculo y promocionar al máximo este deporte de elite practicado por discapacitados.

El Comité Paralímpico Español (CPE):

Siguiendo la estructura del movimiento paralímpico internacional, el 6 de septiembre de 1995 se constituyó el Comité Paralímpico Español. Un tiempo antes, en 1992, se había creado el Comité Paralímpico Internacional (CPI), una vez acabados los Juegos Paralímpicos de Barcelona 92. La principal diferencia entre el PCI y el Comité Olímpico Internacional (COI) es que la organización de discapacitados está formada por federaciones de tipos de minusvalías, y no por federaciones específicas de cada deporte.

El Comité Paralímpico Español, de acuerdo con los principios y normas de IPC, nació siendo un organismo sin ánimo de lucro y con personalidad jurídica propia, cuyos fines fundamentales son:
- Desarrollo y perfeccionamiento del deporte, estimulando y orientando su práctica y la preparación de las actividades que tengan representación en los Juegos Paralímpicos.
- Fortalecimiento del ideal paralímpico entre los españoles, mediante la adecuada divulgación de su espíritu y filosofía.
- Colaborar con las federaciones españolas afiliadas a las federaciones internacionales, reconocidas por el Comité Paralímpico Internacional.

En este Comité Paralímpico se integran las cinco Federaciones Españolas de Deportes para Minusválidos legalmente reconocidas y que son las siguientes:
- Federación Española de Deportes de Minusválidos Físicos
- Federación Española de Deportes para la Discapacidad Intelectual.
- Federación Española de Deportes para Ciegos.
- Federación Española de Deportes para Paralíticos Cerebrales.
- Federación Española de Deportes para Sordos.

1. ¿En qué se distinguen el COI y el PCI?
2. ¿Cuántas federaciones españolas de deportes para minusválidos existen?
3. ¿Qué entidad es la principal patrocinadora del deporte paralímpicio en España?
4. ¿En qué deporte destaca España?
5. ¿Cómo funciona esto en tu país?

UNIDAD 11
Aficiones y tiempo libre

PRETEXTO

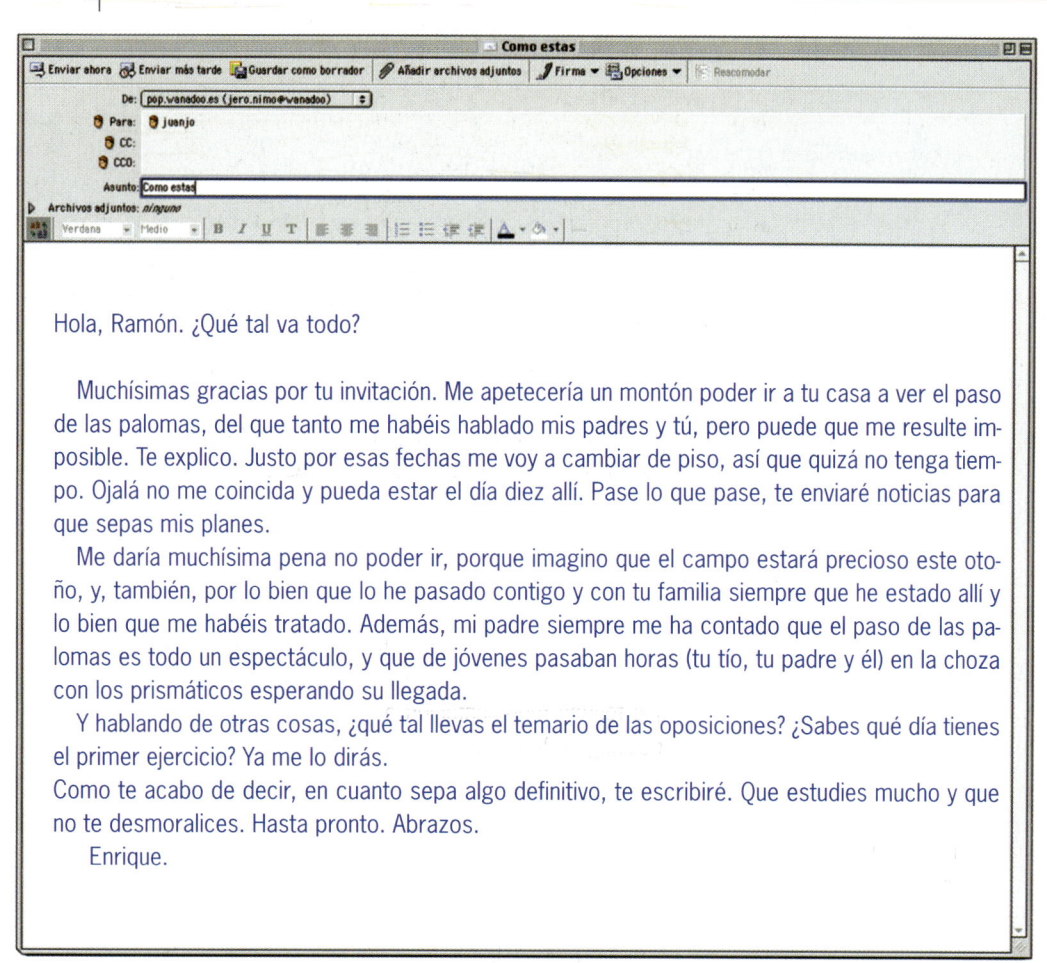

Hola, Ramón. ¿Qué tal va todo?

Muchísimas gracias por tu invitación. Me apetecería un montón poder ir a tu casa a ver el paso de las palomas, del que tanto me habéis hablado mis padres y tú, pero puede que me resulte imposible. Te explico. Justo por esas fechas me voy a cambiar de piso, así que quizá no tenga tiempo. Ojalá no me coincida y pueda estar el día diez allí. Pase lo que pase, te enviaré noticias para que sepas mis planes.

Me daría muchísima pena no poder ir, porque imagino que el campo estará precioso este otoño, y, también, por lo bien que lo he pasado contigo y con tu familia siempre que he estado allí y lo bien que me habéis tratado. Además, mi padre siempre me ha contado que el paso de las palomas es todo un espectáculo, y que de jóvenes pasaban horas (tu tío, tu padre y él) en la choza con los prismáticos esperando su llegada.

Y hablando de otras cosas, ¿qué tal llevas el temario de las oposiciones? ¿Sabes qué día tienes el primer ejercicio? Ya me lo dirás.

Como te acabo de decir, en cuanto sepa algo definitivo, te escribiré. Que estudies mucho y que no te desmoralices. Hasta pronto. Abrazos.

Enrique.

1. Señala los temas de este mensaje.
2. ¿Por qué Enrique lamentaría no poder ir a visitar a Ramón?
3. Señala las frases que expresan deseo. ¿En qué tiempo verbal están? ¿Aparecen todas introducidas por conjunciones? ¿Qué conjunciones las introducen?
4. Señala las frases que expresan duda o probabilidad. ¿En qué tiempo verbal están? ¿Van todas introducidas por adverbios o conectores? ¿Qué adverbios y conectores las introducen?
5. Hay una frase en la que aparece dos veces el mismo verbo, unido por un relativo. ¿Podrías decir qué significa esta frase?

CONTENIDOS GRAMATICALES

I. LA EXPRESIÓN DE DESEO.

➡ 1. ¿Recuerdas que el deseo se puede expresar con *condicional*?

Ejemplos:
– *Sería* estupendo que todo el mundo estuviera bien nutrido.

1.1. Los verbos *poder* y *querer* pueden ir en condicional o en imperfecto de subjuntivo sin que cambie su significado, es decir, expresando el mismo deseo.

Ejemplos:
– Cómo *podría (pudiera)* vivir sin agua.   – Cómo *quisiera (querría)* vivir sin ti.

A. Ahora completa estas frases:
– A Antonio le _gustaría_ tener mucho dinero para viajar por todo el mundo.
– A mis padres les _~~quisiera~~_ comprar una casa de campo en Mallorca para cuando se jubilen.
  (gustaría)

➡ 2. ¿Recuerdas también que para expresar deseos a los demás, usamos

que + presente de subjuntivo?

Ejemplos:
> Me marcho a trabajar a Osorno.
< *Que te vaya* bien.

B. Completa las siguientes frases:
> Estoy muy cansada; me voy a la cama.   > Me voy a pasar una semana a Lanzarote.
(Tú) < _Que te duermas bien_.   (Tú) < _Que te vaya bien_

➡ 3. Además, los deseos para los demás y para ti puedes expresarlos usando:

Ojalá + subjuntivo.

Presente: Para expresar deseos posibles referidos al presente y al futuro.
Pretérito perfecto: Para expresar deseos posibles recientes.
Ojalá + *Pretérito imperfecto*: Para expresar deseos imposibles o casi imposibles referidos al presente y al futuro.
Pretérito pluscuamperfecto: Para expresar deseos imposibles referidos al pasado.

Ejemplos:
– *Ojalá llueva*; el campo está muy seco.
> Voy a la facultad a ver las notas de Literatura. *Ojalá haya aprobado*.
< Seguro que sí; llevabas los temas muy bien preparados.
> *Ojalá estuviera* aquí mi hermano, así podría echarme una mano, que buena falta me hace.
< Si quieres te ayudo yo, aunque no sea lo mismo.
> *Ojalá no se hubiera enamorado* de ti. Habríais sido los dos mucho más felices.
< Ya…, pero nunca puedes controlar totalmente tus sentimientos.

II. LA EXPRESIÓN DE DUDA.

1. Ya sabes que para expresar la duda o la probabilidad puedes usar los siguientes tiempos verbales.

Seguridad	Duda, Probabilidad
1. Presente	Futuro simple
2. Pretérito perfecto	Futuro compuesto
3. Pretérito imperfecto	Condicional simple
4. Pretérito indefinido	Condicional simple

A. Contesta a estas preguntas, usando los verbos adecuados. No estás seguro/a.

1. > ¿Cuántos años *tiene* Enrique Iglesias?
   < _Tendrá veinticinco años_.
2. > ¿Qué le *regaló* Maribel a su padre?
   < _Le regalaría_.
3. > ¿Quién *era* la chica que iba ayer con tu hermano?
   < _Sería_.
4. > ¿Por qué *ha adelgazado* tanto?
   < _Va a adelgazar tanto porque_.

2. Ahora vas a aprender otras formas de expresar duda y probabilidad.

2.1. *Quizá(s), tal vez, acaso.* Se construyen con indicativo cuando van detrás del verbo.
Ejemplos:
– *Vendrán, quizás*, para el cumpleaños de Clara.
– *Se lo compró, tal vez*, pero no se lo contó a nadie.
Cuando van delante del verbo se construyen con indicativo o subjuntivo, dependiendo del grado de seguridad que queramos dar a nuestra frase.
Ejemplos:
> ¿Sabes que hay un concierto en la Catedral?
< Sí, *quizás iré* con unos amigos.
< Sí, *quizás vaya*, pero espero una llamada muy importante casi a la misma hora.

2.2. *A lo mejor.* Se construye siempre con indicativo.
Ejemplo:
A lo mejor me dan unas entradas para el partido del viernes.

2.3. *Puede (ser) que.* Siempre con subjuntivo.
Ejemplo:
Puede que este verano *vayamos* de vacaciones a la península de Yucatán.

III. LAS ORACIONES REDUPLICADAS.

1. Se forman siguiendo esta norma:

Verbo en subjuntivo + cualquier relativo excepto *que** + el mismo verbo en subjuntivo, frase principal (en indicativo)

**El/la/los/las cual(es)* tampoco se usan, pero *cual(es)*, sí.

Ejemplo:
- *Pase lo que pase*, no te abandonaré.
- *Sea quien sea*, no abras la puerta.
- *Venga cuando venga*, se lo diremos.
- *Lo haga como lo haga*, le saldrá bien, porque es un manitas.
- *Esté donde esté*, lo encontraréis.
- *Sea cual sea tu decisión*, la aceptaremos.

A. Y ahora, termina estas frases:

Preguntes a quien preguntes, _____.
Te diga lo que te diga, no _____.

2. Estas oraciones refuerzan el significado de la frase principal al quitar importancia a lo expresado por la reduplicación:
No importa lo que pase, no te abandonaré.

PRACTICAMOS LA GRAMÁTICA

I. TRANSFORMA EL INFINITIVO EN UNA FORMA VERBAL CORRECTA.

1. > Ha dicho el hombre del tiempo que quizá (llover) _____ este fin de semana.
   < No sé si hacerle caso porque normalmente (equivocarse) _____.
2. > (Ser) _____ estupendo que (poder, nosotros) _____ pasar las vacaciones juntos.
   < Desde luego, pero lo (ver, yo) _____ casi imposible.
3. > A lo mejor la próxima sede del congreso (ser) _____ Cuba.
   < Pues no sé si (ser) _____ un sitio ideal para concentrarse durante unas ponencias.
4. > ¿Vas a ir al cumpleaños de Iñaki?
   < Puede que (ir) _____, pero depende de si me (dar) _____ permiso o no.
5. > Me han ofrecido un trabajo en otra empresa y a lo mejor lo (aceptar) _____.
   < Que (ser) _____ para bien.
6. > Se marchó de la habitación a todo correr como si la (ofender, nosotros) _____.
   < ¡Qué extraño! Luz siempre me ha parecido una mujer muy equilibrada.
7. > Copió en el examen sin que el profesor (darse cuenta) _____.
   < ¡Qué suerte tiene! Ha copiado varias veces, y nunca lo han pillado.

1. Señala las frases que expresan deseo y las que expresan duda o probabilidad.
2. Explica qué significan: *La sede / un congreso / las ponencias*.
3. Elige la opción correcta: *A todo correr* significa: a) corriendo b) al correr. ¿Piensas que esta misma construcción puede funcionar con otros infinitivos? ¿Con cuáles?
4. Define a una persona *equilibrada*. ¿Cómo sería una persona con carácter opuesto?

II. Completa con el tiempo adecuado de subjuntivo.

1. > El concierto empieza a las nueve y son las ocho y media ¡Ojalá (llegar) **llegara** a tiempo!
   < No lo creo, hay un tráfico tremendo.
2. > Marta me ha dicho que *está de tres meses*.
   < Ojalá (ser) **sea** niña esta vez después de tres niños.
3. > La situación actual es muy crítica, ¿qué piensan hacer ustedes para resolverla?
   < ¡Ojalá (tener, nosotros) **tuviéramos** la respuesta!
4. > Mañana me voy de vacaciones al Caribe.
   < ¡Ojalá (poder, yo) **pudiera** acompañarte!
5. < ¡Ojalá (aceptar, yo) **hubiera aceptado** el trabajo que me ofrecieron en Francia!
   < No te quejes, éste que tienes ahora está bastante bien.
6. < ¿Me acompañas a las rebajas? Es que ayer vi unas botas granate preciosas, pero no llevaba dinero, ni la tarjeta de crédito. Ojalá no las (vender, ellos) **hayan vendido**
   < Venga, vamos, a ver si tienes suerte.
7. > Luis está enfadado conmigo, ¡ojalá no le (contar, yo) **hubiera contado** la verdad!
   < Sí, pero ya sabes lo que dice el antiguo refrán: *A lo hecho, pecho*. *(crying over spilt milk)*

1. ¿Sabes el participio del verbo que está omitido en esta frase?:
   Marta me ha dicho que está (_____) de tres meses.
2. ¿Cuántos hijos tienen normalmente las parejas de tu país?
3. ¿Puedes imaginar qué le ha contado a Luis para que éste esté tan enfadado con ella?
4. Intenta deducir el significado del refrán: 'A lo hecho, pecho'.

III. Completa con una de las frases propuestas.

> *Pase lo que pase, lo diga quien lo diga, lo haga como lo haga, venga cuando venga, caiga quien caiga, esté donde esté, hiciera lo que hiciera.*

1. < El jefe de la oposición dijo ayer en una rueda de prensa: "Esclareceremos *(clarify/explain/clear up)* los hechos **caiga quien caiga**".
   > Ya, pero yo creo que eso es sólo *una declaración de buenas intenciones*, pero que al final, nada de nada.
2. < Me ha dicho la secretaria que no me preocupe, que encontrará el informe **esté donde esté**
   > Pues a ver si es verdad porque, si no, vas a tener problemas con el señor Cuesta.
3. < **Lo diga quien lo diga** no me lo creo, eso no puede ser verdad.
   > Tú siempre tan *escéptico*.
4. < No se preocupe señora Torija, **venga cuando venga** mi marido, la llamará.
   > Muchas gracias por todo, adiós.
5. < Marta se ha decidido a pintar ella misma toda su casa.
   > **Lo haga como lo haga** le quedará perfecto, ya sabes que es muy *habilidosa* y, además, tiene muy buen gusto.
6. < Juan echa muchísimo de menos a su abuela.
   > Es normal que la eche de menos, ya sabes que **hiciera lo que hiciera** Juan, a ella le parecía perfecto.

7. < Te llamaré _pase lo que pase_
   < Sí, por favor, mantenme informado.

1. Elije la opción correcta. *Esclarecer* significa: a) ocultar b) aclarar.
2. Intenta definir qué es '*una declaración de buenas intenciones*'.
3. Define a una persona *escéptica*.
4. ¿Qué características tiene una persona *habilidosa*? Define a alguien con características opuestas.

IV. COMPLETA ESTAS FRASES.

1. El sábado vamos a alquilar *una avioneta* durante una hora.
   Ojalá _____.
2. Hoy tengo el último examen de *la carrera*.
   Que _____.
3. Pasado mañana me marcho a pasar una semana por Asturias.
   Me encantaría _____.
4. ¿Vas a ir al curso de cocina?
   Puede que _____.
5. ¿Por qué dices que encontraste a tu *cuñado* un poco extraño?
   Porque me habló como si _____.
6. No sé nada de Serafín, ¿sabes tú algo de él?
   A lo mejor _____.
7. *La cosecha* se va a perder por *la sequía*.
   Ojalá _____.

1. ¿Qué diferencias hay entre un *avión* y una *avioneta*?
2. ¿Qué significado tiene aquí la palabra *carrera*? ¿Conoces otros significados para esta misma palabra?
3. ¿Qué es un *cuñado*? ¿Recuerdas más nombres para designar a otros miembros de la familia política?
4. Explica qué quieren decir las palabras *cosecha* y *sequía*.

VOCABULARIO

I. Las aficiones y el tiempo libre.

1. Ya has visto una unidad dedicada a la música (una de las aficiones favoritas de mucha gente), y otra, al deporte (otra de las aficiones favoritas de muchas personas). Ahora, vamos a ver otras muchas aficiones.

AFICIONES

A. Aficiones que puedes realizar sin salir de casa:
1. Leer.
2. Escuchar música.
3. Pintar / dibujar.
4. Hacer solitarios.
5. Jugar a las cartas.
6. Ver la tele.
7. Coser.

Y ahora tú, añade otras tres más:
8. _____.
9. _____.
10. _____.

B. Aficiones que cuestan dinero:
1. Ir al cine.
2. Ir a bares, cafeterías, restaurantes.
3. Viajar.
4. Ir al teatro.
5. Ir a la ópera.
6. Visitar parques temáticos.
7. Ir al hipódromo.

Y ahora tú, añade otras tres más:
8. _____.
9. _____.
10. _____.

C. Aficiones gratis fuera de casa:
1. Pasear.
2. Nadar.
3. Jugar al fútbol en la playa.
4. Tomar el sol.
5. Observar los pájaros.
6. Mirar escaparates.

Y ahora tú, añade otras dos más:
7. _____.
8. _____.

D. Aficiones que necesitan equipo especial:
1. Bucear.
2. Escalar.
3. Esquiar.
4. Patinar.
5. Pescar.
6. Cazar.

Y ahora tú, añade otras dos más:
7. _____.
8. _____.

2. Háblanos de tus propias aficiones. ¿Cuál es tu afición favorita?

– ¿Prefieres realizar tus aficiones en solitario o acompañado/a?
– ¿Te gustan los juegos de mesa como el ajedrez, las damas, etcétera? ¿Consideras que este tipo de juegos son para personas inteligentes, pasivas, etcétera?
– ¿Cambian tus aficiones de verano a invierno?
– Si tuvieras que quedarte con una sola afición, ¿con cuál te quedarías?

3. Entre toda la clase, haced un recuento de todas las aficiones. ¿Cuáles han sido las más nombradas?

4. ¿Cuál ha resultado la afición más popular entre los estudiantes de la clase?

INTERACCIÓN ORAL

I. EN GRUPO, PERO EN ORDEN. EN LA PRIMERA SECCIÓN HEMOS LEÍDO UN TEXTO REFERENTE A LA OBSERVACIÓN DEL PASO DE LAS AVES, ACTIVIDAD QUE CADA VEZ TIENE MÁS ADEPTOS. OTROS PREFIEREN SUMERGIRSE EN LOS MARES Y OCÉANOS PARA OBSERVAR EL MUNDO SUBMARINO. HAY A QUIEN LE GUSTA LA CAZA Y, TAMBIÉN, A QUIEN LE ENCANTA PESCAR EN LOS RÍOS O EN LOS MARES.

1. ¿Qué opináis de estas cuatro aficiones? Expresad lo positivo y lo negativo que tiene cada una de ellas.
2. ¿Habéis practicado alguna de estas actividades? ¿Os gustaría hacerlo en el futuro?

II. Nosotros, los viajeros. Leed el siguiente texto.

Dame una mochila

Pocas veces un relato consigue emocionarme como lo ha hecho Paulo Coelho con **El viaje** (*El semanal*, 788). Como siempre, me emociono cada vez que escucho la palabra viaje. Definitivamente, creo que no hay remedio para lo mío. ¿Qué puedo hacer cuando me muero por conocer gente, por vivir como nunca he vivido antes, por sentir, por descubrir, por ver todo lo que no he visto hasta ahora y que seguramente no volveré a ver? No puedo hacer nada por evitarlo, sólo vivir y disfrutar de ello. Disfrutar de todo lo que viajar me regala: tantos amaneceres, tantos atardeceres, tantas sensaciones y, por encima de todo, tantos recuerdos, que no se ven pero permanecen, porque yo soy lo que los viajes hacen de mí (y qué fantástico es dejarse hacer por ellos). Hay gente que me dice que esta pasión por viajar es capricho o vicio. No entienden que a mí me da la vida. Al igual que Joseph Conrad: "Creí que era una aventura pero en realidad era la vida". Dadme una mochila y soy feliz.

Martina Bastos Andreu, de Cesantes-Redondela, Pontevedra, España: *El semanal*, n.º794.

1. Alguien lee el texto en voz alta.
2. Comentad el texto paso a paso entre todos los estudiantes.
3. Debatid vuestras opiniones.
4. Explicad por qué os gusta viajar, cómo os gusta viajar y si, cogiendo una mochila, os sentiríais felices.

III. Un día de pesca.

A. Mira bien las viñetas.
B. Busca en el diccionario el significado de las palabras que no sabes.
C. Describe todo lo que ves.
D. Quinta viñeta. En grupos, elegid primero quién representará el papel de pescador, y luego entabla un diálogo.

IV. Como acabamos de ver y comentar en la actividad II, viajar es una de las aficiones más populares, pero no a todo el mundo le gustan los mismos destinos. Hay personas que eligen la playa y el sol con el bullicio típico de las localidades costeras. Otras prefieren viajar a lugares alejados para conocer distintas culturas. Finalmente hay otro grupo de personas al que le gusta combinar naturaleza, arte y cultura.

1. Formad tres grupos, y preparad un viaje de diez días a cualquier país de Hispanoamérica. No es necesario que lo hagáis muy detallado, pero lo que sí es importante es que digáis los lugares que queréis visitar y expliquéis al resto de los grupos por qué los habéis elegido.
2. Podéis consultar estas direcciones para conocer más de distintos destinos turísticos.
   http://www.terra.com.sv/turismoca
   http://www.yupimsn.com/turismo/destinos/samenca

Plaza de Buenos Aires.

Playa de Cuba.

Cataratas de Iguazú, en la frontera entre Argentina y Brasil.

RECUERDA Y AMPLÍA

I. EL GÉNERO

1. El género masculino.

1.1. Suelen ser de género masculino las palabras que terminan en *-o*.
   Ejemplos: el teléfono, el bolso, el zapato, el lavabo.
   Son excepciones: la mano, la dínamo, la libido.
   No son excepciones: La foto(grafía), la radio(fonía), la moto(cicleta).

1.2. Son masculinas las palabras que terminan en *-or*.
   Ejemplos: el amor, el ordenador, el favor.
   Son excepciones: la flor, la labor.

1.3. La inmensa mayoría de los sustantivos terminados en *-aje*.
   Ejemplos: El garaje, el viaje, el equipaje.

2. El género femenino.
Suelen ser de género femenino:

2.1. Las palabras terminadas en *-a*.
   Ejemplos: La ventana, la estantería, la bombilla, la mosca.
   Hay excepciones: el día, el poeta, el mapa, y las palabras de origen griego que terminan en *-ma*: el clima, el programa, el problema, el sistema, el panorama, el aroma, el poema.

2.2. Las palabras que terminan en *-d*.
   Ejemplos: la edad, la verdad, la sed, la juventud, la piedad, etcétera.

2.3. Las palabras que terminan en *-ción, -sión, -zón*.
   Ejemplos: la canción, la selección, la invasión, la impresión, la razón, etcétera.
   Excepciones: el corazón, el buzón.

2.4. Las palabras que terminan en *-ez* y en *-sis*.
   Ejemplos: la vejez, la madurez, la estupidez, la niñez, la crisis, la tesis, etcétera.
   Son excepciones: el análisis, el éxtasis.

2.5. Las palabras que empiezan por *a*, o por *ha* acentuada, aunque no tengan tilde, llevan el artículo masculino en singular, pero son femeninas: *el* agua, *el* alma, *el* arpa, *el* hambre, *el* hacha ➡ *las* aguas, *las* almas, *las* arpas, *las* hambres, *las* hachas

3. Para cambiar de género.

3.1. Como sabes, sustituimos las *-o* / *-e* finales por una *-a*, o bien añadimos una *-a* a las palabras masculinas terminadas en consonante.
Ejemplos: el gato / la gata, el jefe / la jefa, el escritor / la escritora.

3.2. Nos servimos de los sufijos *-esa, -isa, -iz, -ina*.
Ejemplos: el alcalde / la alcaldesa, el poeta / la poetisa, el actor / la actriz, el gallo / la gallina.

3.3. Algunas palabras se apartan de su masculino.
Ejemplos: el marido / la mujer, el caballo / la yegua, el toro / la vaca, el padrino / la madrina.

4. La misma palabra para los dos géneros.
Algunas palabras tienen la misma forma para los dos géneros, sólo hay que cambiar el artículo.
Ejemplos: El/la idiota, el/la turista, el/la periodista, el/la budista.

5. Hay palabras con significado diferente en masculino y en femenino. Éstas son las principales:
El cólera / la cólera, el coma / la coma, el libro / la libra, el puerto / la puerta, el bolso / la bolsa, el ramo / la rama, el cuchillo / la cuchilla, el manzano / la manzana, el fruto / la fruta.

II. EL NÚMERO.

1. Formación del plural.

1.1. El plural se forma añadiendo una *-s* al singular si la palabra termina en vocal no acentuada, o en *-á, -é, -ó*.
Ejemplos: el artista / los artistas, el sofá / los sofás, el dominó / los dominós.

1.2. Si la palabra termina en *-í* o en *-ú*, o en consonante, se añade la sílaba *-es*. En la lengua hablada, a veces, no se respeta la regla en el caso de las palabras terminadas en *-í* o *-ú*.
Ejemplos: el televisor / los televisores, el compás / los compases, el bambú / los bambúes (bambús), el jabalí / los jabalíes (jabalís).

1.3. Las palabras que terminan en *-s* y no son agudas no varían en su forma de plural.
Ejemplos: el/los martes, el/los paraguas, el/los cumpleaños, la/las crisis.

2. Cuidado con algunos plurales.

2.1. Si la palabra termina en *-z*, ésta cambia a *-ces*.
Ejemplos: la raíz / las raíces, el lápiz / los lápices, la voz / las voces, una vez / tres veces.

2.2. El plural de régimen es *regímenes*; el de carácter es *caracteres*; el de cualquiera es *cualesquiera*.

2.3. Algunas palabras no tienen singular. Otras no tienen plural.
Ejemplos: las gafas, las tijeras, las pinzas, el pánico, el caos, la nada.

2.4. El plural de las siglas se transcribe repitiendo siglas.
Ejemplos: RR.CC.: Reyes Católicos; EE.UU.: Estados Unidos; CC.OO.: Comisiones Obreras (sindicato de izquierdas).

EJERCICIOS

I. Señala el artículo y el adjetivo adecuados para las siguientes palabras.

1. El / la moto está mal aparcado/a.
2. El / la príncipe se encuentra muy solo/a.
3. El / la calor es agobiante/a.
4. El / la tema está ya muy manido/a.
5. El / la hacha está muy afilado/a.
6. El / la amor es el / la motor de su vida.
7. El / la avestruz es un animal enorme/a.
8. El resultado del / de la análisis es pésimo/a.
9. El / la alcalde está enfermo/a.
10. El / la clima de la Málaga es benigno/a.

II. Escribe en plural las siguientes frases y haz las transformaciones necesarias.

1. El jabalí es una pieza de caza mayor.
2. No te olvides de coger el paraguas.
3. Se me ha roto un esquí.
4. El carro iba tirado por un buey.
5. La raíz de este árbol es enorme.
6. El martes tengo clase de expresión corporal.
7. Me parece que hay un ratón en el desván.
8. El limpiabotas de la plaza no es español.
9. El águila vuela muy alto.
10. La sombra del ciprés es alargada.

OTRAS DESTREZAS

COMO LO OYES

I. Tras escuchar la audición, completa el texto.

Cosas (bolero cubano, José Quiñones)

Si tú supieras _____ que tengo de estar contigo
para decirte mi triste alegría, mi pena y mi _____
para contarte cien mil cosas que _____ en el alma
para decirte que _____ y que gozo _____ en tu amor.

Si tú supieras _____ que tengo de hablarte muy _____
para decirte la _____ alegría que siento al mirarte
para decirte compendio de mi vida _____ que te quiero
para contarte una eterna verdad _____ la creas.

II. ¿Ya la has completado? Pues, ahora, contesta a esta preguntas.

1. ¿Podrías explicar que significan "tener ganas de" y "tener ansias de"?
2. ¿Qué quiere decir el autor del bolero con "mi triste alegría"? ¿Puede ser la alegría tiste? ¿En qué ocasiones?
3. ¿Puedes deducir por el contexto el significado del adjetivo "quedo"? ¿Cuál sería su contrario?

4. ¿Por qué crees que llama a la persona "compendio de mi vida"?
5. ¿Sabes por qué va el último verbo en subjuntivo?
6. ¿Te ha gustado esta canción? Explícanos por qué.

III. Entre todos los estudiantes, podéis escribir un bolero igual en estructura, pero diferente en el contenido. Ánimo, seguro que os sale muy bien.

Si tú supieras _____
para _____
para _____
para _____
Si tú supieras _____
para _____
para _____
para _____

ESCRIBE

I. Escribir no es una afición demasiado popular, pero hoy vamos a pedirte que lo intentes. Te presentamos una historia incompleta que tú debes terminar en 30 líneas usando tu imaginación. Elige un final trágico, cómico, policiaco, etcétera.

Era una mañana fría de diciembre, Juan iba por la calle sin fijarse en nada ni en nadie. Estaba preocupado. Hacía algunos días que había ido a comer con Elisa, su novia, a un restaurante pequeñito y acogedor; lo pasaron estupendamente. Después fueron al apartamento de ella, que era fotógrafo profesional, para ver sus últimas fotos.
Decidieron ir al cine, a la sesión de las 7. A la salida, Juan acompañó a Elisa a su casa. Él se marchó directamente a la suya porque al día siguiente tenía que ir más temprano de lo habitual a la oficina.
Aquel día Juan esperó a su novia, como siempre, en el Café Central, pero ella no acudió. La llamó por teléfono, pero nadie contestó.
Se dirigió a su casa, tocó el timbre, pero nadie abrió.
Como tenía una copia de la llave, entró en el apartamento. Todo estaba en perfecto orden y no faltaba nada. Volvió a su casa muy preocupado.
Al día siguiente, ya que no conseguía encontrarla, fue a la policía a informar de su desaparición.
Hoy se ha levantado. Hace una mañana fría. Va preocupado al trabajo y se pregunta: ¿qué le ha ocurrido a Elisa?

II. Si la imaginación te falla, vamos a proponerte una serie de ideas: reportaje en Sierra Leona; hospital / amnesia; monasterio / crisis existencial; secuestro / fotos; amante / Caribe.

LEE

I. LEED LOS SIGUIENTES ARTÍCULOS Y RESPONDED A LAS PREGUNTAS.

Cómo consumir televisión. ¿Es usted un buen espectador?

Es el medio de comunicación más potente y, para muchos, también el más peligroso. Buena parte del ocio y la información se obtienen de ella, pero ¿sabemos usarla? ¿Nos hemos convertido en unos adictos? ¿Cómo nos servimos de ella?

La influencia de la televisión sobre nuestra forma de pensar, actitudes vitales y comportamientos, tiene cada vez más importancia debido al tiempo que se pasa ante ella y a la carencia, muchas veces y en algunos segmentos de la población, de fuentes de información alternativas. De alguna forma, la televisión, a través de los aparatos del hogar, los medios de transporte o lugares de ocio, influye sobre nuestras percepciones, interpretaciones de la realidad y comportamientos, hasta el punto de que las mentes más sagaces consideran que puede llegar a amenazar a nuestra identidad, cuando no llegar a dominarnos y hacernos elegir por encima de nuestros propios criterios.

ASÍ VEMOS LA TELE LOS ESPAÑOLES
(Según el Centro de Investigaciones Sociológicas)

- Como promedio la vemos tres horas y media diarias.
- Cada día la ve, al menos en algún momento, el 80 por ciento de los españoles.
- La mayor audiencia se da a partir de las nueve de la noche.
- Los programas más vistos son: informativos (se suele elegir siempre el mismo canal), películas y retransmisiones deportivas.
- La mayoría considera que hay excesivos contenidos violentos, incluso en horas infantiles.
- La mayoría de los niños la ven, en los días de colegio, de una a tres horas diarias.

CÓMO RACIONALIZAR EL CONSUMO DE TELEVISIÓN.

- **Destine** un tiempo prefijado para verla.
- **Estudie** primero la programación y elija espacios concretos.
- **No la encienda** si no es para verla. Evite que sea un ruido de fondo.
- **No deje** que le impida hacer otras actividades sociales.
- **No pierda** el tiempo "zapeando" y no discuta qué programa ver, intente llegar a acuerdos.
- **Vigile** lo que ven los menores, especialmente los programas violentos.
- **Apáguela** si tiene una visita o alguien quiere hablar con usted.
- **Baje** el volumen por la noche.
- **Intente** de vez en cuando ver programas formativos.
- **Dedique** parte de su tiempo a leer y escuchar música.

1. ¿Qué significa "La carencia, muchas veces y en algunos segmentos de la población, de fuentes de información alternativas"?
2. ¿Te parecen reales o exagerados los comentarios sobre cómo puede llegar a actuar la tele sobre nosotros? Justifica tu respuesta.
3. ¿Piensas que la gente de tu país ve la tele como los españoles? Si crees que existen diferencias, explícalas.
4. En el último texto aparecen diez consejos. ¿Racionalizas el consumo de acuerdo con los consejos propuestos? Dinos cuáles sigues y cuáles no.

avance: curso de español   unidad 12
177

UNIDAD 12 — *Poderoso caballero… don dinero*

PRETEXTO

Si **hubieras invertido** en Letras del Tesoro, **habrías obtenido** más rentabilidad.

Si **lleno** la hucha, **entregaré** el dinero a los niños pobres.

Si ese hombre no **hubiera pujado** tan alto en la subasta del sábado, me **hubiera quedado** con el cuadro de Miró.

Si **tuviera** una avalista, le **concederíamos** el préstamo sin problemas.

Si no **hubiera subido** tanto la vida, ahora **compraría** un poco de marisco.

1. Relaciona estas frases con las personas que, en tu opinión, las dicen, y explica el porqué de tu elección.
2. Señala los términos del lenguaje económico y explícalos con tus propias palabras. ¿Puedes traducirlas?
3. ¿Has encontrado un tiempo verbal nuevo?, ¿puedes conjugarlo?
4. Fíjate en los verbos en negrita y completa este cuadro con lo que dice cada personaje.

   Posible
   Si + _____, _____.
   Poco posible
   Si + _____, _____.
   Imposible
   Si + _____, _____.

CONTENIDOS GRAMATICALES

I. *Si* CONDICIONAL.

⇨ 1. La realización de la acción se presenta como posible en un contexto de **presente o futuro**.

Si +
Presente de indicativo + Presente de indicativo.
Presente de indicativo + Futuro simple de indicativo.
Presente de indicativo + Imperativo.

Ejemplos:
– Si me *paga* en efectivo, le *puedo hacer* un descuento.
– Si mi seguro no me *cubre* la avería, *cambiaré* de compañía.
– Si no *sabes* qué hacer con ese dinero, *inviértelo* en un piso, porque los bancos no dan casi nada.

⇨ 2. La realización se presenta como imposible o poco posible en un contexto de **presente o futuro**.

Si + Pretérito imperfecto de subjuntivo + Condicional simple.

Ejemplos:
– Si *tuvieras* un Plan de Jubilación, *asegurarías* tu futuro.
– Si Hacienda no me *retuviera* tanto en la nómina, mis ingresos *superarían* los 1.200 euros al mes.

⇨ 3. Las acciones han ocurrido ya, en el pasado, por lo que son de **realización imposible**.
Alternativa: En la oración principal podemos usar el condicional compuesto y el pluscuamperfecto de subjuntivo sin que se exprese diferencia de significado.

Si +
Pretérito pluscuamperfecto de subjuntivo + condicional compuesto.
Pretérito pluscuamperfecto de subjuntivo + pluscuamperfecto de subjuntivo.

⇨ 4. Aquí presentamos una acción pasada, de realización imposible, relacionándola con el resultado actual, es decir, en presente.

Si + Pluscuamperfecto de subjuntivo + condicional simple.

Ejemplo:
– Si te *hubieran dado* de alta en la Seguridad Social, ahora *cobrarías* el paro.

RECUERDA

Detrás de *si*, condicional *nunca* usamos el futuro, el condicional, el presente de subjuntivo ni el pretérito perfecto de subjuntivo.

II. ¿Cómo se forma el condicional compuesto?

⇨
        Habría
        Habrías
        Habría   +   participio
        Habríamos
        Habríais
        Habrían

Ejemplos:
- Si no se *hubiera producido* esta crisis gubernamental, la bolsa no *habría bajado* tanto.
- Si no se *hubiera producido* esta crisis gubernamental, la bolsa no *hubiera bajado* tanto.

III. Otras conjunciones condicionales.

⇨ 1. *A condición de / con tal de* + infinitivo.
A condición de que / con tal de que + subjuntivo.
Expresan la condición mínima que debe cumplirse para conseguir algo.
Ejemplos:
- Te acompaño al banco *a condición de que* me *invites* al aperitivo después.
- No me importaría pagar más impuestos *con tal de que* el gobierno *repartiera* justamente lo recaudado.

⇨ 2. *En caso de* + infinitivo.
En caso de que + subjuntivo.
El hablante considera difícil la realización de la condición expresada.
Ejemplo:
- Te quedaría el 100% de tu sueldo sólo *en caso de que te den* una incapacidad total.

⇨ 3. *Como* + subjuntivo.
Solemos usarlo para amenazar o para presentar algo que tememos, o como algo que nos produce fastidio.
Ejemplos:
- *Como* el Gobierno *siga* adelante con su ley de reforma laboral, habrá huelga.
- *Como* no *vengan* a ayudarnos, tendremos que hacerlo tú y yo solos.

⇨ 4. *A no ser que / a menos que / excepto que* + subjuntivo.
Expresan la condición en forma negativa. Equivalen a "si no".
Ejemplos:
- Cada vez será mayor la diferencia entre países ricos y pobres, *a no ser que detengan* el proceso de la globalización.
- Tendrás que pagar un 20% más en la Declaración de la Renta, *a menos que alegues* que tenías una enfermedad que te imposibilitó presentarla dentro del plazo correspondiente.

unidad 12   avance: curso de español
180

PRACTICAMOS LA GRAMÁTICA

I. PON EL INFINITIVO EN LA FORMA CORRECTA.

1. < Te voy a hacer una pregunta típica: ¿Qué (hacer, tú) _harías_ si te (tocar) _tocara_ la lotería?
   < La verdad es que nunca lo he pensado.
2. > Yo, si (tener) _tuviera_ unos ahorrillos, me los (gastar) _gastaría_ en viajar.
   < Pues a mí siempre me gusta guardar algo por si ocurre un imprevisto.
3. > *No veas* lo que me han cobrado por arreglar el golpe que di con el coche en el garaje.
   < Si (contratar) _contrataras / hubieras contratado_ un seguro a todo riesgo, no te (costar) _costaría / habría costado_ nada.
4. > Si los hijos mayores de 18 años (desgravar) _desgravaran_ como lo menores, me (salir) _saldría / habría salido / saldrían_ la declaración negativa.
   > Sí, pero parece que los políticos no quieren darse cuenta de que vivimos en un país donde los jóvenes no salen de casa y, además, generan muchos más gastos.
5. > Me llevo tu moto un momento. Enseguida vuelvo.
   < Conozco tus "enseguida". Como no (estar) _estés_ aquí dentro de una hora, te enteras.
6. > No llegaré a fin de mes excepto que me (tocar) _toquen / toque_ "los ciegos".
   < ¡Chico, cómo te entiendo! A mí me pasa lo mismo.
7. > Pero, ¿por qué me miras con esa cara de cabreo?
   > *No me hables*, si me (avisar) _hubieras avisado_ tú, no (perderse, yo) _me habría perdido_ el concierto.
8. > Si no (haber) _hubiera_ tanto paro, los jóvenes (tener) _tendrían_ más ilusión en el futuro.
   < Pero, ¿tú no crees que la cifra de paro es ficticia? A mí me parece que hay mucha economía sumergida.
9. > En caso de que Ernesto me (conseguir) _consiga_ el portátil a precio de costo, me lo compro.
   < La verdad es que hay mucha diferencia de precio.
10. > No quiero continuar más en esta empresa, no aguanto más.
    < Tú verás, pero creo que si (quedarse, tú) _te quedaras_, las cosas te (ir) _irían_ mejor. Recuerda que *más vale malo conocido que bueno por conocer*.

PARA ACLARAR LAS COSAS

No veas: no te puedes imaginar, es increíble.
Los ciegos: forma coloquial de referirse a la ONCE (Organización Nacional de Ciegos), que tiene un sorteo diario.
No me hables: No me lo recuerdes.

1. Si quieres saber más sobre el paro en España, pincha en www.inem.es y compara las cifras con las de tu país.
2. ¿Qué opinas de los paraísos fiscales?
3. ¿Existe en tu lengua un refrán que signifique lo mismo que el que aparece en el diálogo número 10?

II. TRANSFORMA EL INFINITIVO SEGÚN CONVENGA.

> Si no (ser, tú) _fueras_ tan supersticioso, (llevar) _llevarías_ una vida menos complicada. Si no (creer) _creyeras_ que pasar por debajo de una escalera trae mala suerte, (arriesgar) _arriesgarías_ menos tu vida, porque un día de estos te va a pillar un coche. Si no (tener) _tuvieras_ esa manía de no ser nunca trece en la mesa, (disfrutar) _disfrutarías_ el jueves pasado de una cena maravillosa en vez de rechazar la invitación. Si no (tomarse) _____ tan en serio todas esas cosas,

los martes y trece (ser) _____ días normales para ti. Si no te (horrorizar) _____ cruzarte con un gato negro, (aprender) _____ que estos animalitos son muy cariñosos y (tener) _____ uno para que te (hacer) _____ compañía. Si no (obsesionarse) _____ con que el color amarillo es gafe, (poder) _____ salir con Paloma, que es encantadora, pero, claro, casi siempre lleva puesto algo amarillo... Y lo que es el colmo, si no (llevar) _____ tantos amuletos: la pata de conejo, la herradura y aquel trébol de cuatro hojas que encontraste en el jardín del hotel, tu espalda no se (resentir) _____ como lo hizo el mes pasado.

< Oye, oye, *para el carro*. ¡Vaya sermón! ¿Es que tú no eres supersticioso?
> ¿Yo? Por supuesto que no, eso trae mala suerte.

PARA ACLARAR LAS COSAS

Para el carro: deja de decirme tantas cosas, porque no me gusta.

¿Eres supersticioso/a? Enumera objetos, fechas o situaciones que traigan mala suerte, que sean supersticiones de tu país o de otros que conozcas.

III ¿QUÉ HARÍAS / QUÉ HABRÍAS HECHO?

1. En parejas o en tríos, contestad a las siguientes preguntas. Haced a continuación una puesta en común, elegid las respuestas más originales y, si queréis, escribidlas en una cartulina.

   1. ¿Cómo reaccionarías si la policía te detuviera como sospechoso/a de un robo que no has cometido?
   2. Si al llegar a tu casa hubieras encontrado la puerta abierta ¿qué habrías hecho?
   3. ¿Qué harías si el profesor/a se echara a llorar ahora mismo?
   4. Si heredaras muchos millones de un familiar, ¿qué harías?
   5. ¿Qué pasaría ahora si de pequeño/a no hubieras ido al colegio?
   6. ¿Qué habrías hecho si te hubieran dejado solo/a en casa con nueve años?
   7. ¿Qué harías si tu novio/a se fuera con otro/a?
   8. ¿Qué medidas tomarías si te nombraran Ministro de Economía de tu país?
   9. ¿Qué harías si tu mejor amigo/a fuera contando tu vida privada a todo el mundo?
   10. ¿Qué harías si te dijeran que te tenías que cortar el pelo al cero?

IV. ¿CONSEJOS O REPROCHES?

1. Habla con tu compañero/a. Haz frases siguiendo el modelo.

< Estoy hecho polvo.
> Pero, ¿por qué?
< Porque ayer trasnoché y he dormido tres horas.
> Si te hubieras acostado antes, no estarías tan cansado/a.

1. Estar sin blanca / Cenar fuera toda la semana.
2. Tener resaca / Beber ayer demasiado.
3. Doler la cabeza / Trabajar demasiado.

4. Tener mucha tos / Fumar demasiado.
5. Estar enamorado/a / Conocer a alguien maravilloso.
6. Estar triste / Discutir ayer con mi novio/a.
7. Estar cabreado/a / No guardar el documento y perder toda la información.

2. Ahora , seguid vosotros con otros ejemplos.

VOCABULARIO

I. El banco es un lugar al que tenemos que acudir frecuentemente. Vamos a aprender algunas palabras muy útiles.

1. Completa la información con las siguientes palabras:

> *movimientos, banca electrónica, gastos de mantenimiento, tarjeta, domicilia, sucursales, saldo, cuenta corriente, en efectivo.*

\> Buenos días, vengo a abrir una _____.
\< Mire, si _____ sus recibos y su nómina le podemos abrir una libreta de ahorro premiada, que no tiene _____ y ofrecemos muchas promociones de regalos.
\> ¿Y cómo hago la retirada _____?
\< Aquí, en ventanilla o en el cajero automático con la _____ asociada a su cuenta.
\> ¿Y para consultar el _____?
\< En cualquiera de nuestras _____ le actualizamos su libreta, aunque también puede consultar sus _____ con la _____ por Internet.

II. Completa con las siguientes palabras.

traspaso, contratarlos, riesgo, entidades, rentabilidad, oficina, fiscal, capital, seguridad, garantizan.

Lo lógico no es pensar así. De hecho, si se lanza una pelota de tenis al aire, baja. Tardará más. O tardará menos. Pero la pelota sube y baja. Sin embargo, los nuevos Fondos Garantizados de "La Caixa" sólo suben. Porque _____ el 100% del _____ invertido y no tienen _____. Y porque, además de _____, garantizan algo más: la _____ que puede obtener al final de un período de tres años. Ahora es el mejor momento para _____, porque el _____ de fondos entre _____ no conlleva coste _____ alguno. Fondos Garantizados de "La Caixa". Sólo suben. Venga a informarse a cualquier _____ de "La Caixa" o llame al 902 400 410.

– Con el verbo *subir* podemos hablar de muchos aspectos económicos ¿Podéis poner algunos ejemplos?

INTERACCIÓN ORAL

I. Vamos a crear una empresa.

A. Para conseguirlo, debéis decidir en grupos:
1. ¿De qué tipo de empresa se trata?
2. ¿A qué segmento de mercado (a quién) van dirigidos sus productos o sevicios?
3. ¿Cómo pensáis diferenciaros de la competencia?
4. ¿De qué forma captaréis a los clientes?
5. ¿Cuál va a ser la inversión inicial?
6. ¿Con qué capital contáis?
7. ¿Vais a pedir un préstamo?

B. Debéis:
1. Pensar en un nombre comercial y diseñar un logo. **Ejemplo:** *PULEVA*, una vaca sonriente.
2. Ponerle nombre a la empresa. **Ejemplo:** *Pura Leche de Vaca.*
3. Tener un domicilio fiscal (no olvidéis el Código Postal).
4. Solicitar un CIF (Código de Identificación Fiscal), etcétera.

C. Aquí tenéis un modelo de organigrama de una empresa. Repartíos los cargos. Tenéis mucho trabajo, así que ¡manos a la obra!

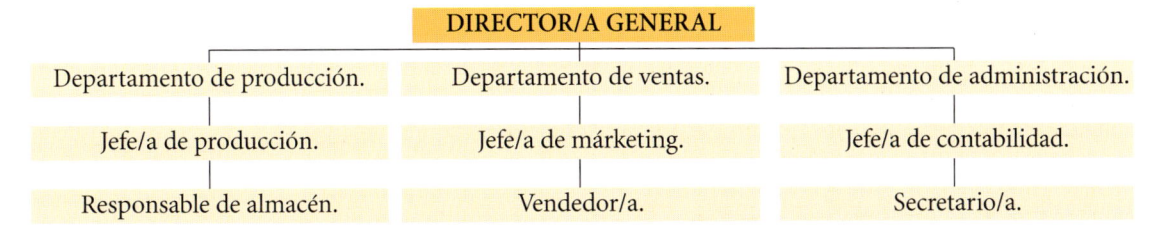

	DIRECTOR/A GENERAL	
Departamento de producción.	Departamento de ventas.	Departamento de administración.
Jefe/a de producción.	Jefe/a de márketing.	Jefe/a de contabilidad.
Responsable de almacén.	Vendedor/a.	Secretario/a.

II. Deducciones fiscales.

1. Existen actos o situaciones que desgravan (permiten deducciones fiscales) a la hora de pagar la declaración de la renta o IRPF (impuesto sobre la renta de las personas físicas). Por ejemplo, se desgrava:
   - Por descendientes menores de 18 años a su cargo.
   - Por ascendientes mayores de 65 años a su cargo.
   - Por compra o rehabilitación de la vivienda habitual.
   - Por cantidades depositadas en cuentas de ahorro vivienda.
   - Por inversiones en gastos de interés cultural.
   - Por cantidades donadas a entidades o fundaciones sin ánimo de lucro.

2. ¿Os parece bien o mal que existan este tipo de deducciones? ¿Por qué no creáis vosotros unas deducciones especiales?
   Ejemplos:
   - A los gobernantes que no mientan: un 25% de deducción.
   - A los profesores que pongan pocos deberes: un 30%.
   - A los médicos que traten humanamente a sus pacientes: un 10%.

III. Debate: países ricos y pobres.

1. Antes de iniciar el debate, la clase debe ponerse de acuerdo sobre qué entiende por países ricos y pobres.
2. Señala tu acuerdo o desacuerdo con las siguientes afirmaciones. Ponlas luego en común con el resto de la clase.

¡Qué mal repartido está el mundo!	Sí	No	Depende
1. Siempre han existido países ricos y pobres, ésta es la realidad y nunca va a cambiar.			
2. La globalización aumenta esta diferencia.			
3. Acabar con la miseria es tarea de cada uno de los ciudadanos.			
4. No sirve de nada enviar ayuda a los países pobres, porque hay una mafia que se queda con todo y nunca llega a quien lo necesita.			
5. Si los propios gobernantes repartieran lo que tienen, acabarían con el hambre en su país.			
6. Toda la culpa la tiene el capitalismo.			
7. Si no fuera por las ONGs, los países pobres no recibirían ayuda alguna.			
8. Si dejáramos de comprar productos de países donde la mano de obra es baratísima por la explotación, ayudaríamos a terminar con el problema.			
9. A los políticos no les interesa solucionar esta desigualdad.			
10. Si los países ricos entregaran el 0,7% de su PIB, se acabaría la pobreza.			
11. Los pobres son más felices.			
12. Este pensamiento es una tontería: *Más vale encender una vela que maldecir eternamente la oscuridad.*			

3. Debatid ahora sobre por qué existen países ricos y pobres, qué se puede hacer para reducir las diferencias económicas, etcétera.

IV. LOS SUEÑOS, A VECES, SE CUMPLEN.

A. Mira bien las viñetas.
B. Busca en el diccionario el significado de las palabras que no sabes.
C. Describe todo lo que ves.
D. Cuarta viñeta. Primero, decide si eres el jefe o el empleado y luego entabla un diálogo con otro/a estudiante.

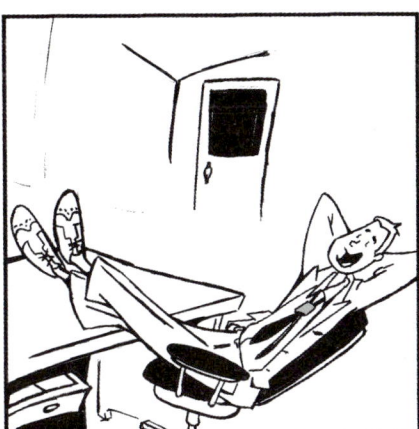

RECUERDA Y AMPLÍA

INDEFINIDOS (ADJETIVOS Y PRONOMBRES).

algún (-a, -os, -as), ningún (-a), tanto (-a, -os, -as), cualquier (-a), todo (-a, -os, –as), otro (-a,-os, -as), mucho (-a, -os, -as), poco (-a, -os, -as), varios (-as), cada, alguien, nadie, algo, nada.

Ejemplos:
– ¿Tiene *algún* plan para después del trabajo?
– *Muchos* años combatiendo epidemias nos han enseñado que lo más contagioso es la risa.
– *Otro* de esos regalos que te vas encontrando por *todos* los rincones de la casa.
– *Nadie* llega tan lejos ni tan cerca de ti.
– Para hacer esta práctica necesitamos a *alguien* dispuesto a trabajar medio día.
– No pagues *nada* y quédate con el cambio.
– Eran capaces de *cualquier cosa* por hacer una obra maestra.

EJERCICIOS

I. Completa con los indefinidos apropiados.

1. > ¿Sabes que se han reunido _____ expertos en Derecho para debatir la legalización de las drogas?
   < Sí, leí _____ en el periódico de ayer, pero lo vi de pasada.
2. > Oye, ¿podrías prestarme _____ revista de decoración?
   < Lo siento, no tengo _____ .
3. > ¿Es que _____ va a ayudarme a poner los adornos de Navidad?
   < Sí, yo. Es que no me había enterado de que necesitaras ayuda.
4. < ¿Tienes _____ plan de pensiones o de jubilación? Tal y como están las cosas...
   < Pues la verdad es que no tengo _____ . Pero *voy a ponerme las pilas*.
5. > Iñaki, ¿sabes _____ del negocio de Antonio?
   < No sé _____ ¿Por qué no lo llamamos y quedamos?
6. > Joan me prometió arreglarlo _____ y no cumplió con su palabra.
   < Ya lo conoces. Siempre anda prometiendo cosas y luego no hace _____ .
7. > _____ montan una empresa, pero muy _____ saben mantenerla.
   > Es que eso *no es un huevo que se echa a freír*.
8. > ¿Cómo va lo de tu bar?
   < He visto _____ locales, pero _____ tiene licencia de apertura.
9. > *Rodríguez, Martínez* está enfermo y no va a venir en _____ días. ¿Podría usted encargarse de revisar la contabilidad?
   < Por supuesto, señor, no hay problema _____ .

> **PARA ACLARAR LAS COSAS**
>
> *Ponerse las pilas:* actuar rápido.
> *No ser un huevo que se echa a freír:* no ser nada fácil.
> *Rodríguez, Martínez:* Aunque en las empresas españolas se tiende a llamar a la gente por su nombre, en algunas todavía lo hacen por su apellido.

II. Completa con los indefinidos apropiados.

> ¿Sabes que Paco ha abierto ya su galería de arte?
< No, no lo sabía.
> Pues sí, anteayer fue la inauguración e invitó a _____ amigos y a mí también, claro.
< ¿Y qué tal?
> Bien, cuando yo llegué, ya habían llegado _____ invitados. A _____ los conocía, a _____ no, pero enseguida podías darte cuenta de que eran artistas. _____ llevaban _____ cosa rara: sombreros, capas, gorras extrañísimas..., en fin, que _____ podía dudar de que eran pintores y escultores.
< ¿Y cómo es la galería?

\> Preciosa, y la exposición no estaba mal. Exponían _____ pintores jóvenes de la ciudad que ya empiezan a ser conocidos y _____ a los que todavía no conoce _____.
\> Oye, ¿y había _____ de comer?
\> Sí, de comer y de beber. _____ estaba muy rico.
< ¿Estuviste _____ rato?
\> Bueno, al cabo de dos horas _____ personas empezaron a marcharse y _____, como yo, nos quedamos un _____ más. Lo pasamos bien, pero el pobre Paco no vendió _____ obra.

OTRAS DESTREZAS

COMO LO OYES

1. CONTESTA A ESTAS PREGUNTAS DESPUÉS DE ESCUCHAR LA AUDICIÓN.

1. ¿A qué hora empieza el programa?
2. ¿Cómo se llama la primera persona que llama?
3. ¿Qué duda tiene?
4. ¿Qué tanto por ciento podrá deducir en la Declaración de la Renta?
5. ¿Quién asesoró a Teresa cuando invirtió sus ahorros?
6. ¿Puedes decir al menos dos de las tres alternativas que le aconseja el experto?
7. ¿Por qué Yolanda dio de baja el seguro de su coche?
8. ¿Qué puede exigirle a la compañía?

ESCRIBE

1. Como reprensentante de la empresa a la que perteneces desde la actividad 1 de la sección vocabulario, enviaste una carta a una compañía interesándote por sus productos. Escribe la carta a la que da respuesta esta otra.

⌽ INFOCOM

Informática y componentes
Avda. de los Reyes Católicos, 12
28002 Madrid

Nombre y logo de tu empresa
Dirección de tu empresa

Madrid, a 26 de marzo de 2003

ASUNTO: Según su escrito de 15 de marzo de 2003, con Ref. 123.

Muy señor/a mío/a:

Me complace contestarle a las cuestiones planteadas en su carta del 15 del corriente. Efectivamente, además del folleto de ofertas que tiene usted en su poder, disponemos de otros modelos y componentes, cuyo catálogo adjunto.

En cuanto a su otra pregunta, todos nuestros modelos cuentan con tres años de garantía en componentes y mano de obra. Nosotros no nos hacemos cargo del mantenimiento, pero podemos ponerle en contacto con un servicio técnico que nos ofrece toda confianza.

Respecto a los precios, podemos hacerles un presupuesto que se ajuste a sus necesidades y un descuento en relación con la cantidad a la que ascienda el pedido. En efecto, los gastos de envío corren por nuestra cuenta, y recibirá su pedido en un plazo no superior a 10 días.

A la espera de sus noticias, le saluda atentamente,

Almudena Sánchez Rico
Jefa del Departamento de Ventas

Anexos:
Un folleto de componentes electrónicos.
Una lista de precios de componentes electrónicos.

LEE

I. UN PROFESOR ESTÁ EXPLICANDO A SUS ALUMNOS QUÉ ES MERCOSUR. LEE CON ATENCIÓN.

Es un proceso de integración regional que involucra a cuatro países: Argentina, Brasil, Paraguay y Uruguay, y que nace con el Tratado de Asunción, firmado el 26 de marzo de 1991, en la ciudad que le da nombre y que es capital de la República del Paraguay. Su objetivo es lograr un mercado común. A partir de 1996, se integran en Mercosur, en calidad de Estados asociados, Bolivia (1 de enero de 1997) y Chile (1 de octubre 1996) para constituir una Zona de Libre Comercio en el correr de la década de 2000.

¿Qué es la integración?
La acción de unir las partes separadas de un espacio (geográfico, económico, social, cultural, etc.), que ceden algunos ámbitos de su soberanía para actuar de forma conjunta.

¿Cuáles son las etapas de integración?
La integración es un proceso gradual que va cumpliendo etapas hasta llegar a la unión económica. Sin embargo, los países que se integran pueden decidir llegar sólo a una u otra etapa anterior a la unión económica. Éstas son las etapas:

1) Régimen de preferencia arancelaria.
En ella cada uno de los países, miembros de un proyecto de integración, decide que, para el comercio de bienes y servicios entre los mismos, se establezca un arancel o aranceles menores a los que rigen en cada uno de esos países para el resto del mundo.

2) Zona de Libre Comercio.
Esto quiere decir que los países de un proyecto de integración deciden eliminar todos los aranceles para el comercio de bienes entre los mismos, creando un mercado único y ampliado de bienes.

3) Unión Aduanera.
Se da cuando los países integrados en una Zona de Libre Comercio deciden unificar los aranceles,

es decir, los impuestos que cada uno de ellos cobra al resto del mundo, y convertirlos en uno solo y común para cada producto que se compra fuera de la zona. Estamos de esta manera ante una Unión Aduanera.

4) Mercado Común.

Es una Unión Aduanera que además permite el libre tránsito de servicios, capitales y personas entre los países integrados. Aquí no solamente un país de la zona de integración puede vender a otro de la misma zona mercaderías sin el pago de impuestos y sin restricciones de ningún tipo, sino también servicios tales como telecomunicaciones, turismo, transportes, seguros y otros. Además, el dinero puede circular libremente entre estos países, y las personas pueden desplazarse de un país a otro para trabajar u ofrecer libremente sus servicios profesionales.

5) Unión Económica.

Es un *Mercado Común,* que posee políticas comunes y únicas para los países integrados, en materia monetaria, cambiaria, fiscal, agrícola, industrial, etc., y hasta de defensa y de política exterior. Es decir, que además de la libre circulación de bienes, servicios, personas y capitales, y del arancel externo común, los países de la zona de integración deben armonizar sus políticas económicas para evitar distorsiones en el comercio entre los mismos, como también estructurar medidas económicas o políticas comunes en la relación con el resto del mundo o con otras zonas de integración.

1. ¿Qué preguntas pensáis que haría este grupo a su profesor? Preparad vuestras propias preguntas, como en las lecturas anteriores, y contestadlas entre todos/as.

EJERCICIOS DE REPASO DE LAS UNIDADES 9, 10, 11 Y 12

Trabajo individual

SEÑALA LA RESPUESTA APROPIADA

1. Te devolveré la moto cuando _____ todos los recados.
   a) hiciera   b) haya hecho

2. A Dolores Mar le impresiona que en Buenos Aires _____ tan excelentes conciertos de jazz.
   a) hubieran   b) haya

3. Se marchó de casa _____ nadie se diera cuenta.
   a) sin que   b) así es que

4. ¿Conoces la canción que dice: "Bésame, bésame mucho, como si _____ esta noche la última vez"?
   a) fuera   b) hubiera sido

5. Cuando comentamos que algo no dice mucho en favor de alguien, significa que: _____.
   a) La persona ha realizado una acción positiva.
   b) La persona ha realizado una acción negativa.

6. A los adolescentes, en general, les encanta _____.
   a) llevar la contraria.
   b) cantar a media voz.

7. Me gusta la gente que viste _____ una manera extravagante.
   a) en   b) de

8. Con los años, Emilia _____ más amable.
   a) se ha convertido de
   b) se ha vuelto

9. El cajón es un instrumento para tocar _____.
   a) blues.   b) flamenco.

10. ¿Puedes traducirme la letra de esta canción _____ alemán _____ italiano?
    a) del / al   b) del / del

11. Estilo indirecto: Antonio me comentó que fuera a ver esa película.
    a) E. Directo. Antonio: "Ve a ver esta película".
    b) E. Directo. Antonio: "Iré a ver esa película".

12. "A tope" significa _____.
    a) lo mayor posible.   b) al máximo.

13. ¿Qué necesita una gran ciudad _____ una competición deportiva _____ tan alto nivel?
    a) por cobijar / con   b) para albergar / de

14. El seleccionador _____ en que _____ 8 horas.
    a) decidió / durmiésemos
    b) insistió / durmiéramos

15. Mira, mira, ¡qué bonito está el cielo! _____ amanecer.
    a) Va a   b) Se ha echado a

16. "Sin ánimo de lucro" significa que _____.
    a) no se quiere obtener dinero.
    b) que estás muy desanimado.

17. Estilo directo. Ana: "No penséis que lo he hecho con mala intención".
    a) Ana nos dijo que no pensáramos que lo había hecho con mala intención.
    b) Ana nos comentó que no pensábamos que lo hacía con mala intención.

18. El piragüismo es un deporte _____.
    a) aéreo.   b) acuático.

19. Mi hermana _____ porque su hijo se comporta mal.
    a) anda preocupada
    b) viene preocupando

20. Cuando el atleta salta directamente sobre el suelo de la pista, se llama _____.
    a) salto de altura.   b) salto de longitud.

21. ¿Qué es un choza?
    a) Un tipo de paloma.
    b) Una construcción rústica en el campo.

22. Cuando alguien está enfermo y vas a visitarlo, al despedirte le dices _____
    a) que te mejores
    b) que te parta un rayo

23. El policía me dijo que _____, no podía moverme.
    a) ocurra lo que ocurra
    b) viera lo que viera

24. Ojalá nunca _____ aquel dinero. Sólo me ha traído desgracias.
    a) hubiera aceptado   b) haya aceptado

25. "A lo hecho, pecho" significa que _____.
    a) ya no puedes arrepentirte.
    b) la valentía es la mayor prueba de amistad.

26. _____ en tu bolso tal vez. Ya sabes lo despistada que eres.
    a) Estén   b) Estarán

27. La escalada es un deporte sin riesgo que puede practicar casi todo el mundo.
    a) Verdadero.   b) Falso.

28. ¿Cuál de las dos es la correcta?
    a) El hada madrina tocó la hermosa y afinada arpa.
    b) La hada madrina tocó el hermoso y afinado arpa.

29. >¿Has visto a la gerente?
    <
    a) Es probable que está desayunando.
    b) Puede que esté desayunando.

30. Las novias suelen llevar _____ de flores.
    a) un ramo   b) una rama

31. Los niños guardan sus ahorros en _____.
    a) una iglesia.   b) una hucha.

32. El dinero que queda en nuestra cartilla / libreta de ahorro, se llama _____.
    a) el finiquito.   b) el saldo.

33. _____ no te des prisa, perderemos el tren.
    a) Como   b) Si

34. "Ponerse las pilas" significa _____.
    a) decidirse a hacer algo.
    b) enviar energía positiva a los demás.

35. Si no te _____ el dinero en estupideces, ahora _____ comprarte la moto.
    a) hubieras gastado / podrías
    b) gastaras / hubieras podido

36. _____ que se lo ibas a contar, yo no te lo _____ a ti.
    a) De saber / contaría
    b) De haber sabido / habría contado

37. Si quieres comprarte una casa, puedes abrir _____ en el banco.
    a) una cuenta vivienda
    b) una hipoteca de alojamiento

38. Mercosur está formado por:
    a) Argentina, Paraguay, Uruguay y Brasil.
    b) Argentina, Colombia, Chile y Brasil.

39. No obtendrá respuesta _____ cambie de actitud.
    a) alguna / hasta que
    b) cualquiera / por eso

40. Siempre debemos tener un dinerillo ahorrado _____.
    a) por si acaso hay ratones en el desván.
    b) por si surge un imprevisto.

Grabaciones

Unidad 1

I.

Laliberté nació en Québec. Se ganaba la vida trabajando en calles y plazas como tragafuegos, acordeonista o caminando sobre zancos. En 1984 reunión a un grupo de artistas callejeros y montó un espectáculo que presentó a un festival en Los Ángeles. El éxito fue inmediato. De esta manera nació el Circo del Sol.

Hoy, este circo emplea a 2.400 personas de 40 nacionalidades distintas. Hay gente de todas las edades. Por ejemplo Maxim Vintilov tiene 7 años y actúa con su padre en varias funciones respetando las normas laborales de cada país, muy estrictas en lo que se refiere a trabajo infantil. También va a la escuela del circo, donde estudia por las mañanas.

II.

\> Ana, ustedes...

< No me hables de usted.

\> Vos me entendés, es el peso de la cultura. Ustedes son más libres, tienen unas relaciones más independientes, posibilidades de viajar, estudiar, pero a las mujeres de aquí, allá y más allá nos falta estar en cargos de poder, entonces habría de verdad equidad. Cada día la pobreza tiene más rostro de mujer. Bueno, estoy muy seria.

< Pues, hablemos de tu cumpleaños. ¿Es el próximo jueves, no? ¿Qué nos vas a ofrecer?

\> ¿Yo? En mi país la costumbre no es ésa, el que cumple no invita, ni paga, pero como decía mi abuelita "donde fueres, haz lo que vieres", así que..., he ahorrado y lo celebraremos. Pero mi próximo cumple quiero pasarlo en Colombia. ¿Te animas a venir conmigo? Mi gente te encantará, son hospitalarios, abren sus casas tan sólo con que les ofrezcas unas cuantas historias bien contadas. Eres su amiga en 10 minutos. Iríamos a Cali.

< Me encantaría.

\> Y eso es sólo un pedacito de Colombia. Podríamos ir a Bogotá, ir a Medellín y ver el metro, las esculturas de Botero y tomar cafecito caliente. Ir a Popayán y ver las comunidades indígenas que conservan su propia lengua y costumbres. Ana, por favor, aterrízame que tengo que ir a limpiar a casa de la señora Isabel.

Alba Lucía se va y Ana se queda pensando. Hace un año que se conocen, pero se hablan como amigas. Ambas coinciden en que cada día el paisaje humano es más diverso. Hombres de diferentes nacionalidades que van y vienen, mujeres que recogen niños y cuidan ancianos. Ejércitos que aparecen y desaparecen al paso raudo del metro que aloja en sus andenes "economía subterránea". ¿Llegaremos a convivir en armonía? Es la pregunta que se hace Ana, para la que todavía no tiene respuesta.

Unidad 2

I.
Quiero que me oigás sin juzgarme
Quiero que opinés sin aconsejarme
      Quiero que confiés en mí sin exigirme
Quiero que me ayudés sin intentar decidir por mí
      Quiero que me cuidés sin anularme
Quiero que me mirés sin proyectar tus cosas en mí
Quiero que me abracés sin asfixiarme
Quiero que me animés sin empujarme
      Quiero que me sostengás sin hacerte cargo de mí
Quiero que me protejás sin mentiras
      Quiero que te acerqués sin invadirme
Quiero que conozcás las cosas mías que más te disgusten
      Que las aceptés y no pretendás cambiarlas
Quiero que sepás… que hoy, hoy podés contar conmigo…
Sin condiciones
      Jorge Bucay (RBA Editores)

Unidad 3

I.

1. Hola. Me llamo Frederique Vincent. Tengo treinta y seis años y soy canadiense. Lo mejor de los españoles es que son muy serviciales. Cuando preguntas por algo, en seguida están dispuestos a ayudarte. Es verdad que no hablan otros idiomas, pero no tienen problema para hacerse entender con gestos.
En mi país sucede lo contrario. Si un extranjero pregunta algo, le responden de la manera más rápida posible y sin prestarle mucha atención.
Me sorprende también la facilidad que tienen para hablar de sí mismos y de sus cosas. Hay temas que, en mi país, son tabú y que aquí se tratan con la mayor normalidad.
Y algo fantástico es que cuando hay una situación difícil, los españoles llegan hasta el fondo de la cuestión para intentar solucionarla y, después, todos tan amigos.

2. Mi nombre es Hans Weber. Tengo treinta y dos años y soy alemán. Llevo años en España y todavía no me acostumbro al horario, y mucho menos a las comidas; no desayunan y, así, no tienen fuerza para trabajar. La comida es muy tarde y mucho, por eso necesitan la siesta.
¿Y cómo pueden cenar a las 11? Luego vienen las malas digestiones y los problemas de estómago, pero, claro, con tanto aceite y tantas especias…
Se acuestan muy tarde y por eso están muy cansados por la mañana para trabajar.

3. Yo soy Robert Smith, tengo cincuenta y seis años y soy británico.
Hay algo que no puedo entender de los españoles, y es que ellos, que normalmente son tan tranquilos y pueden pasar horas charlando amigablemente en un bar, se transforman tanto cuando

están al volante de un coche. No respetan los pasos de peatones, utilizan el claxon continuamente, insultan a otros conductores… En fin , que conducen como locos No sé cómo este cambio no los vuelve esquizofrénicos.

No les importa llegar con retraso, no conocen la prisa ni en su trabajo ni en su tiempo libre y, en cambio, en el coche parece que siempre van a llegar tarde.

4. Hola. Mi nombre es Malin Johansson, tengo veintitrés años y soy sueca. Admiro a los españoles. Parece que siempre están felices. El centro de las ciudades siempre está lleno con buen o mal tiempo. El bar forma parte de sus vidas, tanto o más que el cuarto de estar. Me encantan las tapas, y, además, no son nada tacaños, los españoles, no las tapas, claro. Y… algo que tenemos que aprender de los españoles es a vivir el presente, pues el pasado ya no lo tenemos y no sabemos nada del futuro. Ese saber vivir y disfrutar al máximo lo bueno es lo mejor que tienen los españoles.

II.

> Perdone. Estamos haciendo una encuesta sobre si estamos cambiando los españoles o no. ¿Me puede decir su nombre y dar su opinión?

1. < Me llamo Alberto del Valle y respecto a la pregunta que me acaba de hacer, le diré que sí, que desgraciadamente estamos cambiando. Creo que estamos perdiendo el tranquilo ritmo de vida español. La mayoría de la gente está suprimiendo la siesta. Las comidas, antes bien elaboradas, se están sustituyendo por platos precocinados calentados en el microondas. Estamos perdiendo la amabilidad que nos caracteriza. Cada vez la gente es más agresiva y está menos dispuesta a hacer favores.
   > Le resulto un tanto pesimista ¿verdad?
   < Pues, hombre, ¿qué quiere que le diga?
   > Lo siento pero es que soy médico homeópata y en mi consulta estoy viendo constantemente a un montón de pacientes víctimas del estrés, del ritmo frenético que llevamos los que vivimos en Madrid.

2. Me llamo Lucía Álvarez y soy restauradora. Creo que sí estamos cambiando. Nos estamos haciendo más europeos. No noto casi ninguna diferencia entre las calles de Madrid, Barcelona, Amsterdam, París o Bruselas y la verdad es que esto me alegra. Hace unos 18 ó 20 años cuando estudiaba Bellas Artes y viajaba por Europa en verano, notaba grandes diferencias. Para mí estos cambios que se están produciendo son muy positivos. Creo que ya nadie duda de que España es Europa y no como se decía antes que Europa acababa en los Pirineos.
   En general y para resumir, creo que nos estamos modernizando.

3. < ¿Que si estamos cambiando los españoles?
   Bueno, perdone, primero voy a presentarme: me llamo Marcos Sendra, soy arquitecto y tengo 64 años.
   Respecto a su pregunta, no sé qué contestarle. En algunas cosas, creo que sí, en otras no. A ver, voy a intentar explicarme. Creo que los horarios españoles no están cambiando. Seguimos haciéndolo todo más tarde que el resto de los europeos. Pero es lógico, y es que no podemos comparar las horas de luz de Londres, por poner un ejemplo, con las de Córdoba, y ¡no hablemos de los calores del verano! En una cosa sí que noto que nuestra sociedad está cambiando y es en las salidas nocturnas de los jóvenes, mejor dicho de los adolescentes. Mis nietos, Adriana y Borja, de quince y dieciséis años, salen

los fines de semana hasta tardísimo y pasan las mañanas de los sábados y domingos en la cama. Esto, en mis tiempos, no era así, salíamos algún fin de semana a alguna fiesta, pero de forma esporádica. No sé qué más contarle. Es difícil responder a una entrevista por la calle.
> Bueno … pues, muchas gracias.
< Adiós, buenas tardes

Unidad 4

1.

< Buenos días. Estamos haciendo un estudio sobre los pueblos que se van quedando poco a poco sin habitantes. ¿Podría decirnos su nombre y contarnos un poco la historia de cómo se ha quedado este pueblo tan vacío?
> Buenos días. Me llamo Mario Esparza y me alegro de su visita a este valle. Mire, como puede usted ver, este pueblo nunca fue muy grande… unos 120 vecinos cuando yo era joven. Ahora sólo somos once. Todo empezó cuando las máquinas llegaron al campo. Ya no hacía falta tanta mano de obra para las faenas agrícolas. Todo lo hacían las máquinas. Sin embargo, en ciudades como San Sebastián, Bilbao y Pamplona la industria crecía y ahí sí que hacía falta mano de obra. Por eso los jóvenes dejaron el pueblo y se marcharon a trabajar a las fábricas de estas ciudades. Era normal. Aquí no tenían nada que hacer. Allí tenían trabajo y ganaban dinero.
Poco a poco se compraron su piso y su coche. Mi hijo el mayor, que se casó con una de Pamplona, vino a buscarnos a mí mujer y a mí para llevarnos a vivir con ellos y allí que nos fuimos. Pero ninguno de los dos lo aguantamos mucho tiempo.
El piso era muy pequeño. Había que subir en ascensor y eso no nos gustaba. No había campo, sólo cemento, así que decidimos volvernos. Y, aunque un poco solos y bastante viejos, aquí estamos contentos. Criamos un par de cerdos, tenemos una huerta muy maja y mucha leña para pasar el invierno junto a la chimenea.
< ¿Cree usted que los jóvenes volverán al pueblo?
> No lo creo. Aquí no tienen nada que hacer. Además, cuando vienen de vacaciones en verano, aguantan sólo una semana. Dicen que se aburren y que echan de menos las discotecas.
< Bueno, pues, muchísimas gracias por toda la información y buenos días.
> Pero, hombre, no se va a ir así, sin haber conocido a mi mujer y sin haber tomado nada en nuestra casa. Ahora mismo vamos y Manuela nos prepara algo.
< Por favor, no querría molestar.
> Si no es molestia, todo lo contrario. ¡Hala, vamos!
< Pues muchísimas gracias.

Unidad 5

1.

> Marina, como tenemos una semana libre estoy pensando que podíamos hacer un viaje, ¿Qué te parece?
< Por mí estupendo, ya sabes que me encanta viajar.
> Mira, he ido a una agencia de viajes y he estado mirando revistas, y anuncios, y de todos los lugares que he visto, al que más me apetece viajar es a Los Picos de Europa. ¿Has estado allí alguna vez?

< Sí, de pequeña.
> ¿Con quién fuiste?
< Con mis padres. Lo recuerdo muy bien. Fuimos a visitar a unos tíos muy mayores de mi padre. Vivían en un pueblo diminuto. Aunque era muy pequeña, recuerdo que me encantó el paisaje…, su casa…, en fin, todo.
> No sé por qué, pero pensaba que tu padre no era de allí. Perdona, sigue contando…
< Bueno, mi padre no es exactamente de allí, es de un pueblo mayor que está a unos 30 kilómetros. Venga, te sigo contando. Mis tíos se levantaban tempranísimo: se lavaban, desayunaban y empezaban a chincharse. Eran uña y carne, pero, como muchos matrimonios viejos, se llevaban como el perro y el gato.
< Es verdad, conozco a más de uno a los que les pasa lo mismo.
> A mí me cayó mejor mi tío que mi tía porque él me gastaba muchas bromas, y yo me reía continuamente. Pero mi tía era la mejor cocinera que jamás he conocido. Hacía unas galletas de nata maravillosas…
< Oye, ¿y cómo es que tus tíos vivían en un pueblo tan pequeño?
> Es que mi tío había sido médico de ese pueblo y de cuatro o cinco más. Tenía que ir al trabajo a caballo porque todavía no existían los '4 x 4'. Si tenía un parto en el pueblo vecino, iba siempre andando o a caballo. Todo el mundo lo conocía en aquella comarca y era muy querido y respetado.
< ¿Y qué fue de tus tíos?
> Pues, mira, que primero se murió mi tía, a los 93 años, y, tres semanas más tarde, se murió él con 98.
< Se ve que la vida en medio de la naturaleza les sentó bien. ¡Qué barbaridad! ¡Noventa y ocho años! Bueno, entonces, ¿qué? ¿Vamos para allá?
> Claro, vamos a la agencia de viajes a comprar bonos para los hoteles.

II.
1. (En un aeropuerto.)
"Señores pasajeros del vuelo Ao 408 con destino a Londres acudan a la puerta de embarque número siete"
2. (En unos grandes almacenes.)
"Atención estimados clientes: en este mismo instante comenzamos una nueva promoción en la sección de alimentación: compre dos y pague uno."
3. (En un hospital.)
"Doctor Velasco, doctor Velasco, por favor, acuda al quirófano número cuatro"
4. (En la estación.)
"Señores pasajeros: tren TALGO con destino a Madrid, próximo a efectuar su salida, se encuentra estacionado en vía uno."
5. (En un congreso.)
"¡Atención señores congresistas! Una vez finalizada la última conferencia, acudan al salón de recepción, donde se les servirá un aperitivo."

UNIDAD 6

I.
A usted que corre tras el éxito,
ejecutivo de película,
hombre agresivo y enérgico
con ambiciones políticas.

A usted que es un hombre práctico
y vive en un piso céntrico
regando flores de plástico
y *pendiente* del teléfono.

A usted que sabe de números
y *consta* en más de una *nómina,*
que ya es todo un *energúmeno*
con una *posición sólida.*

No le gustaría no ir mañana a trabajar
y no pedirle a nadie excusas
para jugar al juego que mejor juega
y que más le gusta.

No le gustaría ser capaz de renunciar
a todas sus *pertenencias* y ganar la libertad
y el tiempo que pierde en defenderlas.
No le gustaría dejar de mandar al prójimo
para exigir que nadie le mande lo más mínimo.

No le gustaría acaso vencer la tentación
sucumbiendo de lleno en sus brazos.

Antes que les den el pésame
a sus *deudos* entre lágrimas
por su irreparable pérdida
y lo archiven bajo *una lápida.*
No le gustaría…

J.M. Serrat (BMG, Music Spain, S.A.)

UNIDAD 7

Ana Giralt tiene 22 años y es estudiante de magisterio. Xavier Badía tiene 23 y es publicista en una empresa de Internet. Formaron pareja después de conocerse en una charla virtual. ¿Parejas estables a través del chat?

"Complicado. Allí el 90% de la gente busca rollo fácil", explica Xavier, todo un experto en relaciones virtuales. Lleva tres años saliendo con otra *chatera* profesional, Ana, ella no lo niega.

"Después de pasar más de cinco horas al día en tertulias virtuales era normal que acabáramos saliendo con alguien del chat." Están de acuerdo: en Internet hay mucho loco, mucho chaval de 13 años, muchas chicas que son en realidad chicos, pero a ellos les salió bien la historia.

"Quedamos por lo que lo hace todo el mundo: el morbo de saber cómo es alguien con quien llevas *chateando* dos meses. Fue algo sano y espontáneo, como cualquier relación. A Ana le gustaba mi amigo, en el chat, y a mí, su amiga. El día de la cita nuestros compañeros nos dieron plantón y nos encontramos solos ella y yo. Y empezó la química". Esto nos lo cuenta Xavier, que ya ha hecho de carabina varias veces. ¿Las ventajas? Ana y Xavier nunca se habrían conocido: ni viven en la misma ciudad, ni comparten el mismo círculo de amigos.

"Te conoces primero desde dentro hacia fuera, se elimina el condicionamiento del físico, las barreras sociales, porque en el *chat* todo el mundo es igual".

Unidad 8

Una ensalada de tomates muy suaves y arroz con más vitaminas, un bocadillo de mortadela sin grasa y, de postre, un plátano que protege contra la hepatitis, y un café sin cafeína. No es un menú de ciencia ficción, sino lo que podríamos comer en un plazo relativamente cercano. Los nuevos alimentos están a la vuelta de la esquina. De hecho, algunos se encuentran ya a nuestra disposición en los supermercados y otros, incluso, han podido llegar ya a nuestro estómago: es el caso de la soja transgénica, que forma parte de algunos productos de panadería y de alimentos para bebés, o de una margarina que reduce los niveles del colesterol malo en la sangre.

¿Sorprendente? No tanto si tenemos en cuenta que la técnica siempre ha tenido un papel de extraordinaria importancia en los alimentos y que muchos de los que tradicionalmente han formado parte de la dieta han sido producto de la investigación científica. ¿Se han fijado alguna vez en cómo huele el café nada más abrir el bote o el paquete, o en el apetitoso color que tienen algunas salsas de tomate? Pues ninguna de esas características es innata, al menos en la mayoría de los casos.

Comer es un placer, y las empresas están intentando que lo sea más todavía. Así, científicos de todo el mundo investigan para dotar a los alimentos de colores más atractivos o texturas más agradables. Por ejemplo, en Suiza, el salmón que se cría en piscifactorías se tiñe de rosa para eliminar el color grisáceo que tendría naturalmente. Tampoco el ruidito que hacen los cereales de desayuno al servirlos en una taza es totalmente natural: se estudia y se mejora con un "crujómetro". Y es que estas características influyen más de los que creemos en nuestra percepción de la comida. Por otra parte, en una sociedad preocupada por la posible llegada al mercado de alimentos contaminados o tratados con productos químicos perjudiciales, la población pide alimentos cada vez más seguros. En todo caso, la revolución a la que estamos asistiendo con los nuevos alimentos no ha sido la primera en la historia de la nutrición humana. Sin ir más lejos, el tomate no llegó a Europa hasta el siglo XVI, procedente a Latinoamérica y en aquella época se consideró una planta venenosa. Algo similar ocurrió con la patata, que también llegó en el siglo XVI del mismo sitio y que se tenía por un manjar insípido. El siglo XIX tampoco se quedó atrás en cuanto a alimentos nuevos. Por ejemplo, la leche en polvo nació en Estados Unidos en 1865, donde se patentó la deshidratación como método para transportar este alimento con mayor facilidad. En 1869, el emperador Napoleón III convocó un concurso para encontrar un sucedáneo de la mantequilla que fuera más asequible. El ganador nos proporcionó la margarina.

Unidad 9

< ¿Cuáles son los escollos en España? A ver si son algo parecido a lo que pasa en este país.
> ¿Los escollos? ¿Te refieres a las dificultades? Sí, la principal, a ver…, es que lo único que le interesa a la gente que está metida en esto, a la mayoría, a los productores y tal, es sacar dinero. Entonces desde el momento en que…
< Eso está globalizado. Por lo visto no difiere en nada… será en euros o pesos argentinos o dólares…
> Entonces, si no entras en la categoría de cantante comercial con la que se puede ganar buenos cuar-

tos, pues, sencillamente, no les interesas. Yo, ya, es inenarrable la lista y la cantidad de horas y energía que he perdido enviando material artístico a supuestos empresarios artísticos que no son tal…, que nunca han funcionado como tales para mí, que son muy fantasmas. Ellos son muy…, van a lo suyo, van a lo comercial. Si no eres comercial, adiós, y yo nunca he querido ser comercial.

* Sabés que el otro día, cuando estábamos charlando con ella, yo le planteaba que cuando uno imagina que en Europa se le da un poco de bolilla a todas las artes.
> Que es cierto en algún punto hasta ahí, me parece…
* Pero ella me dijo que no es tan cierto.
< No, es que siempre…
> No, tenés razón. No, a lo mejor no desde la estructura, entonces es más fácil ser independiente.
< Sobre todo es mucho más bonito, porque no te quemas, no te…¿entiendes? vas realmente, pues, a lo que quieres, a lo que deseas, a lo que te parece que quieres hacer en esta vida, a lo que quieres ofrecer al público. Por eso, hace unos años, decidí tener otro trabajo para no quemarme, para no tener que estar pendiente de ganarme la vida como cantante. Es que eso quema. Quemar quiere decir que te desencanta, y yo nunca he querido desencantarme. Quiero cantar hasta que sea muy mayor, muy mayor, hasta que sea muy viejita, muy viejita.
> Hay una cancioncita que va a integrar el nuevo disco que estás preparando, que me dijiste que no tenías problema en cantar a capella, porque en el disco es a capella, además, o sea que no vamos a estar perdiendo la música, ni los arreglos.
> ¿Así?, ¿sin avisar…? ¿Y la ginebra? Claudio, que no me has traído la ginebra.
< Hay que engolar un poquito. Claro, porque no sabemos cuándo va a llegar y vamos a poder escucharlo, a lo mejor el viernes que viene cuando estemos en el concierto, pero ahora como un adelanto, como una frutilla, a ver si podemos escuchar algo de eso, que es una canción de cuna.
> Sí es una canción de cuna, es una nana. Pues, allá voy…

En el amanecer
sentir la dicha
resplandeciente y clara
de un nuevo día.

En los atardeceres
suavidad calma
manantial de agua tibia
para tu alma.

Y cuando al fin la noche
llega y su manto
de terciopelo negro
calma tu llanto.

Recuerda que Él está siempre contigo,
que no te deja nunca tu fiel testigo,
y vela por tus sueños,
si estás dormido.

(Música y letra de Dolores Mar)

Bien…, lindo…, sin aplausos que es una nana.

Unidad 10

I.

Anna Salrá dejó Barcelona hace más de diez años y puede decirse que arrastra a su alumnado por donde va. Luchadora, madre de una hija de cinco años, Anna defiende a capa y espada la gimnasia base frente al aeróbic, el strech o el step.
Para ella el binomio gimnasia y agua ofrece los mejores resultados.

> Es cierto que arrastra a sus alumnos de club en club?

< Eso dicen, pero lo que realmente ocurre es que cuando yo empecé no había ni la mitad de los gimnasios que hay ahora y tengo alumnos fieles desde hace casi diez años.

> Gimnasia para estar en forma, ¿hay algo más?

< Hay mucho más. Es una buena terapia para la gente que trabaja, combate el estrés y es un buen hábito para la salud.

> Pero, ¿sigue la fiebre del culto al cuerpo?

< Sí, sin duda. La gente quiere estar bien y cada vez hay más hombres que se meten en una clase de gimnasia. Ya se van animando a dejar la pesa. Muchos creen que estas clases son algo afeminadas, luego entran y no las resisten.

> ¿Cuál es el músculo que menos trabajan los hombres?

< La cintura.

> ¿Y las mujeres?

< El ama de casa trabaja muchas partes del cuerpo, pero los glúteos y la parte interior de los muslos necesitan mucho esfuerzo.

< ¿Haría un vídeo para enseñar por televisión?

> Ya he preparado una cinta para alumnos que no viven en Marbella y son fanáticos de mi sistema, pero no estoy de acuerdo en que se comercialicen así como así. Como el caso de Cindy Crawdford, se prohibió en los Estados Unidos y aquí lo han regalado con una revista. Esto no es serio.

< ¿Es el cuerpo de goma?

> Con mucho entrenamiento puede llegar a serlo.

< ¿Qué tiene el agua de bueno para los gimnastas?

> La resistencia del agua multiplica los efectos del ejercicio y el hecho de flotar ofrece mayor facilidad de ejecución.

< El strech, el step, el propio aeróbic, ¿son sólo modas?

> Creo que la gimnasia es una; lo demás son derivados.

< Usted enseña a españoles y a extranjeros, ¿hay alguna diferencia?

> El español es menos constante, hay que decirlo.

< ¿Dónde está su meta?

> En la dirección de mi propio centro. Ahora vamos a abrir una escuela de monitores aquí, en Marbella, ya que no existe ninguna. Es otra forma de trabajar por esta profesión.

II. La Selección Nacional jugó y ganó.

Ayer, sábado, la Selección Nacional Española disputó un partido de semifinales de la Copa del Mundo contra la Selección Argentina. El encuentro fue entretenido, con un resultado final de tres a uno. Raúl, tras un saque de esquina, remató de cabeza y el portero no pudo parar el primer gol.

El árbitro pitó ocho faltas al equipo local y doce al equipo visitante. Así mismo sacó cinco tarjetas amarillas y una roja que supuso la expulsión de Martínez.

Por su parte, el argentino Saviola sufrió una lesión en el muslo derecho, por lo que tuvo que abandonar el campo, y Riquelme se incorporó al juego desde el banquillo de suplentes.

En el segundo tiempo y a pase de Ariel, Riquelme marcó el único gol para su equipo.

La Selección Nacional Española realizó un juego ofensivo, basado en jugadas de ataques por las bandas, que no pudo contrarrestar la defensa contraria.

Por su parte, la Selección Argentina mantuvo el balón en el centro del campo, a excepción de la mencionada jugada de Riquelme.

Habrá que esperar al partido de vuelta y no cantar victoria antes de tiempo.

Unidad 11

Cosas (**bolero cubano, José Quiñones**)

Si tú supieras las ganas que tengo de estar contigo
para decirte mi triste alegría, mi pena y mi ensueño
para contarte cien mil cosas que llevo escondidas en el alma
para decirte que sufro y que gozo pensando en tu amor.

Si tú supieras las ansias que tengo de hablarte muy quedo
para decirte la inmensa alegría que siento al mirarte
para decirte compendio de mi vida lo mucho que te quiero
para contarte una eterna verdad aunque tú no la creas.

Unidad 12

> Buenas tardes, queridos oyentes. Son las siete de la tarde y aquí estamos fieles a nuestra cita en el espacio "Las cuentas claras, el experto opina". Nuestras centralitas están colapsadas por la cantidad de llamadas que estamos recibiendo, así que no perdamos el tiempo y vayamos con la primera llamada. Buenas tardes. Dígame ¿con quién hablo?, ¿qué le preocupa?

< Buenas tardes. Ante todo quiero decir que estoy muy nervioso, esto de hablar por la radio... es que es la primera vez. Verá: me llamo Manuel, tengo 24 años, estoy soltero y trabajo desde hace 6 años. Vivo de alquiler, pero quiero comprarme una casa. La verdad es que estoy un poco desorientado ¿Qué debo hacer?

> Pues escucha, Manuel, la opinión del experto. Señor Guardiola, por favor

• Muchas gracias. Bien, para Manuel, lo mejor es que meta sus ahorros en una cuenta vivienda, pues le va a beneficiar su buena fiscalidad. Durante cuatro años podrá aportar hasta un máximo anual de 9.015,18 euros, por los que podrá deducir el 15% de lo aportado. Los únicos requisitos que debe cumplir son, primero, que en la declaración del IRPF comunique que destina esa cuenta (y sólo ésa) a cuenta vivienda, y que mantenga el dinero inmovilizado.

> Muchas gracias, señor Guardiola. Pasamos a la siguiente llamada. Buenas tardes. ¿Dígame?

○ Hola, soy Teresa, les llamo porque, bueno, tengo unos ahorrillos bien invertidos, como me aconsejó mi cuñado, pero aún me queda un dinero que quiero reservar por si surge un imprevisto. Ahora mismo está en mi cuenta corriente. ¿Creen que hago bien dejándolo ahí?
● Pues Teresa podría rentabilizar mejor ese dinero con una *cuenta de alta remuneración*, teniendo en cuenta que las ofertas son promocionales y en el futuro la rentabilidad podría verse reducida. Otra alternativa son las Letras del Tesoro y los Fondos de dinero.
> Andamos muy ajustados de tiempo. Pasemos a la última llamada.
■ Mi caso es, bueno, me llamo Lucía, pues mi caso es que en abril contraté un seguro de coche por un año y en agosto tuve que darlo de baja por avería grave. La compañía no me devuelve la parte de la prima que no he usado. ¿Deben hacerlo?
● Según la ley de Contrato de Seguro, el tomador puede resolver el contrato y pedir que se le devuelva la diferencia entre la prima pagada y la que le hubiera correspondido pagar cuando puso en conocimiento de la compañía la avería grave. De todos modos, algunas compañías lo único que ofrecen es la compensación de esa cantidad en futuros contratos de seguros suscritos con ella.
> Muchas gracias, señor Guardiola, gracias también a las personas que nos han llamado y a nuestros queridos y fieles oyentes. Sean felices. Hasta mañana

Apéndice gramatical

OTROS USOS DEL SUBJUNTIVO.

1. Los verbos que expresan la **influencia** de un sujeto (sea una persona o no) sobre otro tienen que construirse **con subjuntivo** si los **sujetos** son **distintos**. Cuando el sujeto es el mismo, se construyen con infinitivo.

2. Los verbos **permitir, dejar** y **prohibir** admiten la construcción con infinitivo cuando el segundo sujeto queda expresado por un pronombre.

3. Los verbos que expresan **sentimientos** o **reacción** funcionan igual que los del grupo anterior.

> CON EL MISMO SUJETO: verbo + infinitivo.
> CON DISTINTO SUJETO: verbo + *que* + subjuntivo.

OTROS VERBOS DE SENTIMIENTO O REACCIÓN:
Agradecer, dar igual, dudar, fastidiar, gustar, lamentar, molestar, sentir, etcétera.

¡OJO!
En verbos como *gustar, dar igual, encantar*, etc., el sujeto es el infinitivo o la oración introducida por 'que', y no los pronombres 'me', 'te', 'les', 'nos', etcétera.

LOS VERBOS DE "LA CABEZA".

Llamamos así, para simplificar la terminología, a los verbos que tradicionalmente se consideran de **entendimiento, lengua** y **percepción**.

Pertenecen a este grupo:

DE ENTENDIMIENTO	DE LENGUA	DE PERCEPCIÓN
Creer, imaginar, parecer, saber, sospechar, suponer, etcétera.	Contar, decir, opinar, etcétera.	Darse cuenta, notar, sentir, oír, ver, etcétera.

⇨ 1. Se construyen seguidos de indicativo:
   Cuando el verbo principal va en forma afirmativa e interrogativa.
   Cuando el verbo principal es un imperativo en forma negativa.
   Cuando el que habla se refiere en forma negativa a lo que otro no ve, no oye o no percibe.

⇨ 2. Van seguidos de subjuntivo:
   Cuando el verbo principal está en forma negativa.

¡OJO!
Con los verbos de la cabeza se suele usar el subjuntivo o el indicativo incluso cuando LOS SUJETOS SON IGUALES.

Construcciones con *ser / parecer* + adjetivos o sustantivos + que
Ser, estar, parecer + adjetivos o adverbios + que

CON INDICATIVO	CON SUBJUNTIVO
Verdad, evidente, seguro Y sus sinónimos: *cierto, claro, obvio.*	bueno, difícil, importante, interesante, fácil, lógico, malo, mejor, necesario, normal, peor, posible, suficiente, útil, bien, mal Y *verdad, evidente* y *seguro* en forma negativa.

Oraciones de relativo.

1. Las oraciones de relativo se construyen con INDICATIVO cuando se refieren a un antecedente conocido o cuando sirven para generalizar
2. Se construyen con SUBJUNTIVO cuando se refieren a un antecedente desconocido, niegan, o preguntan por la existencia del antecedente.

Oraciones modales.
Se aplica la misma regla que con las oraciones de relativo: se construyen con INDICATIVO si hablamos de un modo/una manera conocidos. Con SUBJUNTIVO si hablamos de un modo/una manera desconocidos.

El Presente de indicativo.

⇨ El presente se usa:

1. Para referirnos al **presente** que coincide con el momento en que hablamos.
2. Para referirnos a un período que comprende, además, un tiempo anterior y posterior al momento en que hablamos: es un **pasado + presente + futuro**.
3. Para hablar de **costumbres** y expresar **frecuencia**.
4. Para definir **verdades universales**.
5. Para referirnos **al futuro**. Con él, el hablante siente los hechos más próximos o muestra que el futuro está programado. Casi siempre va acompañado de **marcadores temporales**: *mañana, dentro de, la semana / el mes / el año… que* viene, *después, ¿a qué hora…?, ¿cuándo…?,* etcétera.
6. Para referirnos **al pasado**. Va, casi siempre, acompañado de **marcadores temporales**: fechas, *hace…*; otro tiempo pasado, nombres o hechos históricos, etc. Puede ser:
   a) Histórico.
   b) Conversacional.
7. Para **pedir cosas, dar instrucciones y dar órdenes.** Para ello nos servimos de preguntas, de las construcciones : *¿poder* + infinitivo...? o *¿Te / le / os importa* + infinitivo...? Las **órdenes** dadas con presente suenan descorteses.
7. Con **casi** y **por poco** solemos usar el presente cuando hablamos del pasado.

El presente de *estar* + gerundio

⇨ Usamos el presente del verbo *estar* + gerundio:

1. Para referirnos a una **acción momentánea**; sobre todo para responder después de preguntar por alguien y su actividad.
2. Para expresar **una progresión** (poco a poco).
3. Para expresar una **actividad** que se realiza de una manera **transitoria**.
4. Para referirnos a un periodo del **pasado que llega hasta el presente**; es un periodo representado por *últimamente* o *de un tiempo a esta parte*.

La causa y la consecuencia.

1. La expresión de la consecuencia.

Ya sabes que, para expresar la consecuencia, usamos: *Por eso*. Pero, además, existen otros conectores que tienen el mismo valor que *por eso*, y funcionan igual, es decir, van seguidos de indicativo:

⇨ A. *Luego*
   Así (es) que
   Por (lo) tanto   + indicativo
   En consecuencia
   Entonces

B. *Tan* + adjetivo / adverbio + *que* + verbo en indicativo.
   Tanto / tanta / tantos / tantas + sustantivo + *que* + verbo en indicativo.
   Verbo + *tanto* + *que* + verbo en indicativo.

C. *De ahí que* + subjuntivo.

2. La expresión de la causa

Ya sabes que para preguntar por la causa de una acción, usamos *¿Por qué?*, y contestamos con *porque*.

Cómo es que? (expresa extrañeza).
¿Y eso? (expresa extrañeza y sorpresa).

⇨ A. La causa se puede expresar por medio de:

   A causa de
   Gracias a   + infinitivo o
   Por   + sustantivo.
   Debido a (formal)

B. Además, se expresa con los siguientes conectores:

es que
que
puesto que   + indicativo
ya que
como
en vista de que

Es que expresa la causa y una justificación. o excusa
Que suele ir precedido de un imperativo para justificar la petición o la orden.

C. *No porque / no es que* + subjuntivo

LOS PRONOMBRES.

Pronombres reflexivos	Pronombres personales	
me	me	me
te	te	te
se	le	la, lo (le)
nos	nos	nos
os	os	os
se	les	las, los (les)

Recuerdas que:

⇨ 1. En los verbos reflexivos el sujeto realiza la acción y recibe el resultado.

⇨ 2. Cuando hay dos pronombres, siempre debe ir en primer lugar el de objeto indirecto, seguido del de objeto directo.

⇨ 3. Los pronombres van siempre delante del verbo.
  3.1 Con el imperativo afirmativo van detrás formando una sola palabra.
  3.2 Con el infinitivo y el gerundio pueden ir delante del verbo principal, o detrás del infinitivo o del gerundio, formando una sola palabra.

⇨ 4.

le   lo   lo
   +   la   → SE +   la
les   los   los
           las   las

Nuevas reglas

⇨ **1.** Cuando el objeto directo el objeto indirecto están delante del verbo, es obligatorio repetirlos con un pronombre.
Esto no sucede cuando el objeto directo es *algo* o *nada*.
Si el objeto directo está detrás, no se repite excepto cuando éste es *todo*.

⇨ **2.** Si el objeto indirecto va detrás del verbo, la repetición es libre. Aunque es muy frecuente en la lengua hablada, lo correcto sería evitarla.

LA PASIVA REFLEJA.

En español utilizamos frecuentemente este tipo de pasiva que se forma así:

Se + verbo en tercera persona del singular + sujeto singular.

Se + verbo en tercera persona del plural + sujeto plural

LA INVOLUNTARIEDAD.

Se usa cuando queremos decir que no hemos hecho algo a propósito, que ha ocurrido involuntariamente. Así, "echamos la culpa" al objeto, mientras que el sujeto y responsable de la acción pasa a convertirse en el perjudicado, en la "victima" Se forma igual que la pasiva refleja, pero hay que poner detrás de **se** otro pronombre personal:

		me		
		te		
Se +		le	+	verbo en tercera persona de singular + sujeto singular.
		nos	+	verbo en tercera persona de plural + sujeto plural.
		os		
		les		

LA IMPERSONALIDAD.

⇨ **1.** Cuando el hablante presenta lo que dice como algo de carácter impersonal, general, pero al mismo tiempo quiere incluir a la persona con la que está hablando, conjuga el verbo en la segunda persona de singular, *tú*.

⇨ **2.** Cuando el hablante ignora o no está interesado en saber quién es el sujeto, emplea el verbo en tercera persona de plural, ***ellos***.

⇨ **3.** Cuando el hablante quiere expresar una idea de tipo general, en la que él mismo puede estar incluido, usa *se* + *la tercera persona del singular*.

Las construcciones temporales. Antes de nada tienes que aprender estas reglas que te van a ayudar mucho:

Las interrogativas directas e indirectas NO llevan subjuntivo.

Directas	Indirectas
¿Dónde vive Antonio?	Yo *no sé dónde vive* Antonio.
¿Cómo terminó la película?	A mí *me gustó cómo terminó* la película.
¿Quién descubrió la penicilina?	*No recuerdo quién descubrió* la penicilina.
¿Qué le pasa a Pepe? Está raro.	Él *me ha contado qué le pasa*, pero no puedo decírtelo, es un secreto.
¿Cuánto cuesta?	*No nos ha dicho cuánto cuesta.*
¿Cuándo te vas?	Todavía no sé cuándo me voy.
¿Cuál es mejor?	No puedo aconsejarte sobre *cuál es mejor.*

Si la pregunta directa no lleva adverbio interrogativo, usamos **si** en la pregunta indirecta. Este **si** no es condicional sino interrogativo y tampoco lleva subjuntivo.

Frases temporales.

⇨ **1.** Idea o expresión de presente habitual + *cuando* + **presente.**

Imperativo afirmativo / negativo + *cuando* + **presente.**

En estos casos el imperativo tiene carácter habitual.

⇨ **2.** Idea o expresión de pasado + *cuando* + **pasado.**

⇨ **3.** Idea o expresión de futuro / imperativo + *cuando* + **presente o pretérito perfecto de subjuntivo.** En estos casos el imperativo se refiere al futuro.

⇨ **4.** Funcionan igual que *cuando,* es decir, pueden construirse con indicativo o subjuntivo:
  ⇨ *Después de* + infinitivo con el mismo sujeto / *después de que.*
  ⇨ *Tan pronto como / en cuanto / apenas* (formal). Expresan la idea de inmediatez: una acción ocurre a continuación de otra.
  ⇨ *Hasta* + infinitivo con el mismo sujeto / *hasta que.* Señala el límite de una acción.
  ⇨ *Mientras / A medida que.* Expresan una acción simultánea a otra. Con subjuntivo, *mientras* adquiere matices condicionales.

  4.1. *Antes de que* se comporta de manera distinta.
    ⇨ *Antes de que* + **siempre subjuntivo** con distintos sujetos.
    ⇨ *Antes de* + **infinitivo** con el mismo sujeto.
    Expresan la idea de anterioridad.

CONSTRUCCIONES FINALES.

Para + infinitivo	*Para que* + subjuntivo (siempre)
Cuando las dos frases tienen el **mismo sujeto**.	Cuando las dos frases tienen **distinto sujeto**.

RECUERDA

En las frases interrogativas introducidas por *para qué* no aparece el subjuntivo.

A. Funcionan igual que *para que*:

⇨ **1. A que.**
Cuando el verbo anterior es de movimiento o exige la preposición *a*, como sucede con *ayudar, invitar, obligar*, etcétera.

⇨ **2. Con el objeto de que** .
Son construcciones finales, propias del lenguaje escrito.

⇨ **3. No sea que.**
Es un sinónimo de *para que no…* introduce una idea de advertencia.

CONSTRUCCIONES CONCESIVAS.

A. *Aunque.*

⇨ *Aunque* + indicativo + frase principal

1. Usamos el indicativo para:
  1.1. Informar.

  1.2. Presentar nuestra frase como algo nuevo para nuestro interlocutor u oyente.

⇨ *Aunque* + subjuntivo + frase principal

2. Usamos el subjuntivo para:

  2.1. Hablar de hechos que no han ocurrido y, por tanto, no conocemos. En este caso el subjuntivo es obligatorio.

  2.2. Hablar de hechos conocidos para mí y para mi interlocutor u oyente, pero a los que quiero restar importancia. En este caso, el subjuntivo no es obligatorio, aunque sirve para transmitir la idea de que, si bien ambas personas conocen los hechos, al que habla no le importan, lo que le importa es la otra frase.

B. Funcionan igual que *aunque*, es decir, son también concesivas:

> 1. *A pesar de que, pese a que, por mucho / más que.*
> Pueden llevar (no es obligatorio) **infinitivo** cuando el sujeto de las dos frases es el mismo. Esto no afecta a *por más que*.

> 2. *Por mucho* + sustantivo + *que*.
> *Mucho* debe concordar en género y número con el sustantivo al que acompaña.

> 3. *Y eso que, con la* (cantidad) *de, y mira que*.
> *Y eso que, y mira que* van detrás de la oración principal.
> Se construyen con **indicativo**.

> 4. *Por muy* + adjetivo / adverbio + *que*.
> Se construyen habitualmente con **subjuntivo**.
> Raramente podemos encontrarlas con **indicativo**.

LAS PREPOSICIONES.

Otros valores de las preposiciones.
Aquí tienes otros casos en los que también necesitas las preposiciones. Te recomendamos que repases los que ya has estudiado en relación con el tiempo y el espacio.

> **A**   localización = cerca de.
> distancia.
> acompaña al O.D. de personas o cosas personificadas y siempre al O.I.
> **algunos verbos:** *acercarse a; acostumbrarse a; aprender a* + inf.; *atreverse a; ayudar a; dedicarse a; decidirse a; empezar a* + inf.; *obligar a* + inf.; *oler a; parecerse a; saber a*

> **CON**   compañía en sentido real: trato, relación, encuentro, choque.
> compañía en sentido figurado: ingredientes, contenido; características.
> instrumento, medio.
> **algunos verbos:** *confundir con; soñar con*.

> **DE**   definición, especificación.
> distanciamiento, separación.
> **algunos verbos:** *alegrarse de; burlarse de; cambiar de; deber de* + inf.; *dejar de* + inf.; *despedirse de; hartarse de; quejarse de; reírse de*.

> **EN**   localización real y en sentido figurado.
> resultado de una transformación.
> **algunos verbos:** *convertir en; creer en; entrar en; insistir en; integrarse en; pensar en; quedar en* + inf.; *tardar en*.

⇨ | PARA | objetivo, finalidad, destino.
comparación.

⇨ | POR | causa, motivo.
'a cambio de', 'en lugar de', 'en nombre de'.
aproximación temporal (salvo con horas) y espacial.
acompaña al complemento agente en las oraciones pasivas o tras participio
(En realidad el participio es una pasiva que por economía ha perdido el verbo).

⇨ **ALGUNOS CONTRASTES ENTRE LAS PREPOSICIONES *PARA* Y *POR*.**

1. Tiempo:
   Para: plazo antes del que debe ocurrir algo.
   Por: aproximación, salvo con horas.

2. Espacio:
   Para: dirección.
   Por: lugar a través del cual, a lo largo del cual se mueve algo.

3. **Destino ≠ causa:** *Para mí*, un café, gracias ≠ *Por mí* no hagas café, no te molestes.
   Opinión ≠ causa: *Para ti* esto es muy fácil ≠ Lo he hecho *por ti*, no *por mí*.

4. **Neutralización:** Dice esas cosas *para / por molestar* (≠ con el fin de molestar).

LOS TIEMPOS DEL SUBJUNTIVO Y SU CORRESPONDENCIA

1. **Pretérito perfecto** se forma con el presente de subjuntivo del verbo *haber*, seguido del participio del verbo.

PRETÉRITO PERFECTO (ESTAR)	
Haya estado	Hayamos estado
Hayas estado	Hayáis estado
Haya estado	Hayan estado

2. **El pretérito imperfecto.** Se forma tomando la 3.ª persona del plural (ellos/ellas/ustedes) del pretérito indefinido, por ejemplo: *estuvieron*, se suprime la terminación *–ron* y se sustituye por las terminaciones propias de este tiempo: *ra / ras / ra / ramos / rais / ran*.
Todos los verbos irregulares en pretérito indefinido, lo son también en pretérito imperfecto de subjuntivo.

PRETÉRITO INDEFINIDO		PRETÉRITO IMPERFECTO	
Estuve	Estuvimos	Estuvie-**ra**	Estuvié-**ramos**
Estuviste	Estuvisteis	Estuvie-**ras**	Estuvie-**rais**
Estuvo	Estuvie-~~ron~~	Estuvie-**ra**	Estuvie-**ran**

3. **El pretérito pluscuamperfecto** se forma con el pretérito imperfecto de subjuntivo de *haber*, seguido del participio.

Pretérito pluscuamperfecto	
Hubiera estado	Hubiéramos estado
Hubieras estado	Hubierais estado
Hubiera estado	Hubieran estado

La correspondencia de los tiempos.

Verbo principal en indicativo + conector +	Verbo subordinado en subjuntivo
1. Presente Futuro Imperativo	Presente Pretérito perfecto
2. Pretérito imperfecto Pretérito indefinido Pretérito pluscuamperfecto Condicional	Pretérito imperfecto Pretérito pluscuamperfecto
3. Pretérito perfecto*	Presente Pretérito perfecto Pretérito imperfecto

(*) Este tiempo, por formar parte del pasado y al mismo tiempo estar conectado con el presente, admite las dos posibilidades.

Dos casos especiales.

Como si
       + **Pretérito imperfecto de subjuntivo.**

       + **Pretérito pluscuamperfecto de subjuntivo.**

Sin + **infinitivo.** Cuando se construye con un solo sujeto
Sin que + **todos los tiempos de subjuntivo.** Cuando se construye con un sujeto diferente

Estilo indirecto.

El estilo indirecto sirve para contar a otras personas algo que nos han dicho, hemos leído, hemos oído, hemos pensado, etcétera.

1. Si repetimos una pregunta con partícula interrogativa usamos:
   Preguntar + *qué/quién/cuál/cómo/cuándo/cuánto/dónde* + pregunta.

2. Si repetimos una pregunta sin partícula interrogativa usamos:
   Preguntar + *si* + pregunta.

3. Recuerda cómo se transforman estas **partículas**.

Aquí	⇨	ahí / allí	Mañana	⇨	al día siguiente
Este	⇨	ese / aquel	Por ahora	⇨	hasta entonces
Hoy	⇨	ese /aquel día	Dentro de	⇨	después de dos días / después
Ahora	⇨	entonces			
Ayer	⇨	el día anterior	Pasado mañana	⇨	al día siguiente
ir	⇨	venir	Venir	⇨	ir
llevar	⇨	traer	Traer	⇨	llevar

4. Verbos

4.1. Si el verbo introductor está en **presente**, no cambia.

4.2. Si el verbo introductor está en pretérito perfecto, no es obligatorio cambiar los tiempos verbales, excepto en el modo imperativo, que pasa a presente de subjuntivo.

4.3. Si el verbo introductor está en **pasado**, se producen los siguientes cambios al pasar al estilo indirecto.

Presente de indicativo	⇨	Pretérito imperfecto de indicativo
Futuro simple	⇨	Condicional simple
Futuro perfecto	⇨	Condicional perfecto
Pretérito perfecto de indicativo	⇨	Pretérito pluscuamperfecto / indefinido
Pretérito infefinido	⇨	Pretérito pluscuamperfecto / indefinido
Imperativo	⇨	Pretérito imperfecto de subjuntivo
Presente de subjuntivo	⇨	Pretérito imperfecto de subjuntivo
Pretérito perfecto de subjuntivo	⇨	Pretérito pluscuamperfecto de subjuntivo
Condicional simple	⇨	No cambia
Condicional perfecto	⇨	No cambia
Pretérito imperfecto de indicativo	⇨	No cambia
Pretérito imperfecto de subjuntivo	⇨	No cambia
Pretérito pluscuamperfecto de indicativo	⇨	No cambia
Pretérito pluscuamperfecto de subjuntivo	⇨	No cambia

Algunos tiempos introductores de del estilo indirecto.

Decir	Contar
Sugerir	Asegurar
Insinuar	Comentar
Recomendar	Avisar
Insistir en	Aconsejar

La expresión de deseo.

1. El deseo se puede expresa con **condicional**: *Sería* estupendo que todo el mundo estuviera bien nutrido.

2. Los verbos *poder* y *querer* pueden ir en condicional o en imperfecto de subjuntivo, sin cambiar de significado, es decir, expresando el mismo deseo.

3. Para expresar deseos a los demás también usamos *que* + **presente de subjuntivo**?

4. Además, los deseos para los demás y para ti puedes expresarlos usando:

	Ojalá + subjuntivo.
Ojalá +	**Presente.** Para expresar deseos posibles referidos al presente y al futuro. **Pretérito Perfecto.** Para expresar deseos posibles recientes. **Pretérito Imperfecto.** Para expresar deseos imposibles o casi imposibles referidos al presente y al futuro. **Pretérito Pluscuamperfecto.** Para expresar deseos imposibles referidos al pasado.

La expresión de duda.

1. Ya sabes que para expresar la duda o la probabilidad puedes usar los siguientes tiempos verbales.

Seguridad	Duda, probabilidad
1. Presente	Futuro simple
2. Pretérito perfecto	Futuro compuesto
3. Pretérito imperfecto	Condicional simple
4. Pretérito indefinido	Condicional simple

2. Otras formas de expresar duda y probabilidad.

 2.1. Quizá(s), tal vez, acaso
 Se construyen con indicativo cuando van detrás del verbo.
 Cuando van delante del verbo se construyen con indicativo o subjuntivo, dependiendo el grado de seguridad que queramos dar a nuestra frase.
 2.2. A lo mejor
 Se construye siempre con Indicativo.
 2.3. Puede (ser) que
 Siempre con subjuntivo

LAS ORACIONES REDUPLICADAS.

Se forman de este modo:
Verbo en subjuntivo + cualquier relativo excepto *que* + el mismo verbo en subjuntivo, + frase principal (en indicativo)
El/la/los/las cual(es) tampoco se usan, pero *cual(es)* sí.

Estas oraciones refuerzan el significado de la frase principal al quitar importancia a lo expresado por la reduplicación.

Si CONDICIONAL.

⇨ 1. La realización de la acción se presenta como **posible** en un contexto de **presente** o **futuro**.

Si +   Presente de indicativo + Presente de indicativo.
          Presente de indicativo + Futuro simple de indicativo.
          Presente de indicativo + Imperativo.

⇨ 2. La realización se presenta como **imposible** o **poco posible** en un contexto de **presente** o **futuro**.

Si + Pretérito imperfecto de subjuntivo + Condicional simple.

⇨ 3. Las acciones han ocurrido ya, en el pasado, por lo que son de **realización imposible**.
Alternativa: En la oración principal podemos usar el condicional compuesto y el pluscuamperfecto de subjuntivo sin que se exprese diferencia de significado.

Si +   Pretérito pluscuamperfecto de subjuntivo + condicional compuesto.
          Pretérito pluscuamperfecto de subjuntivo + pluscuamperfecto de subjuntivo.

El condicional compuesto se forma así:

Habría
Habrías
Habría   + participio
Habríamos
Habríais
Habrían

Aquí presentamos una acción pasada, de realización imposible, relacionándola con el resultado actual, es decir, en **presente**.

Si + Pluscuamperfecto de subjuntivo + condicional simple.

> **RECUERDA**
>
> Detrás de *si,* condicional *nunca* usamos el futuro, el condicional, el presente de subjuntivo ni el pretérito perfecto de subjuntivo.
>
> **¡OJO!** Detrás de *si* podemos usar las formas *–ra / -se* del imperfecto de subjuntivo.

Otras conjunciones condicionales.

⇨ 1. *A condición de / con tal de* + **infinitivo**.
A condición de / con tal de que + **subjuntivo**.
Expresan la condición mínima que debe cumplirse para conseguir algo.

⇨ 2. *En caso de* + **infinitivo**.
En caso de que + **subjuntivo**.
El hablante considera difícil la realización de la condición expresada.

⇨ 3. *Como* + **subjuntivo**.
Solemos usarlo para amenazar o para presentar algo que tememos, o como algo que nos produce fastidio.

⇨ 4. *A no ser que / a menos que / excepto que* + **subjuntivo**.
Expresan la condición en forma negativa. Equivalen a "si no".

LA ACENTUACIÓN

A. REGLAS GENERALES:

Llevan tilde (´) (acento ortográfico):

1. Las palabras **agudas** (acentuadas en la última sílaba) que acaban en vocal, *-n* o *-s:* *sofá, jamón, compás.*

2. Las palabras **graves o llanas** (acentuadas en la penúltima sílaba) que no acaban en vocal, *-n* o *-s:* *Pérez, césped, inútil, árbol.*

3. Todas las palabras **esdrújulas** (acentuadas en la antepenúltima sílaba): *léxico, político, quirófano, sábana.*

4. Todas las palabras **sobreesdrújulas** (acentuadas en la sílaba anterior a la antepenúltima): *arréglasela, dócilmente.*

B. ACENTUACIÓN ESPECIAL:

1. Cuando el acento recae en una sílaba con **diptongo,** y según las reglas anteriores, la tilde debe ir sobre la vocal más abierta: *cantáis, salió, huésped.*
   Lo mismo ocurre cuando el acento recae en una sílaba con **triptongo:** *averiguáis.*

2. Cuando una palabra simple pasa a formar parte de una compuesta en primer lugar, pierde el acento ortográfico: *baloncesto, decimonono, decimoséptimo.*

3. Cuando el compuesto está formado por dos o más palabras que no llevan tilde, ésta se coloca si el compuesto resulta **esdrújulo** o **sobreesdrújulo:** *diciéndole, búscala.*

4. Los MONOSÍLABOS (palabras que sólo tienen una sílaba) no llevan tilde, salvo cuando existen dos con la misma forma, pero con distinta función gramatical.

5. Los relativos *que, cual, quien,* y los adverbios *cuando, cuan, cuanto, como* y *donde,* llevan tilde en las oraciones interrogativas y exclamativas: *¿Cómo lo has hecho?, ¡Cuánto le quiere!*

6. Los pronombres *éste, ése, aquél* y sus femeninos y plurales llevan normalmente tilde, pero se puede suprimir cuando no haya riesgo de confusión. *Esto, eso, aquello* nunca llevan tilde.

7. La partícula *aún* lleva tilde cuando puede sustituirse por *todavía.*

8. La palabra *sólo* (adverbio), lleva tilde para evitar la confusión con el adjetivo.

9. Los adverbios en *-mente* mantienen la tilde, si les corresponde, en el primer elemento: *lícitamente, dócilmente.*

10. Las mayúsculas deben ir acentuadas de acuerdo con las reglas generales: *África.*

EJERCICIOS

I. PON LA TILDE EN LAS PALABRAS QUE LA NECESITEN:

arbol, pajaro, razon, polvo, rio, Ines, calle, Garcia Marquez, correis, mio, tienda, salio, despues, perro, Juan, bien, mecanico, alli, guantes, sabanas, corazon, Gonzalez, docilmente, agitacion, justicia, ultimo, encantador, platano, domestico, revista, peticion, solicitud, publico, daselo, agilmente, historico, gusano, cesped, muñeca, marmol, lampara, maquinilla, prestaselo, lapiz, vacaciones, arbitro, tribunal, aqui, paquete, tijeras, reloj, distraccion, cafe, Gijon, Martinez, musica, compratelo, discos, folio, Caucaso, guitarra, Zaragoza, Ramon, oir, saxofon, futbol, cepillo, muela.

II. PON LA TILDE DONDE SEA NECESARIA:

Se acabo el dinero, Leonor hipoteco la casa y empezo a vender cosas, algun mueble antiguo, la cuberteria, los dos abrigos de piel, y cuando las habitaciones se quedaron casi peladas, se acerco a un taller de joyeria que habia cerca del pisito de Pacifico en el que vivian para que la orientaran sobre la cantidad que podian darle si empeñaba las joyas. Leonor saco del bolso los collares, el tremendo anillo de esmeraldas, el brazalete que su amante le regalo cuando nacio la niña. El joyero miro a Eulalia, que andaria entonces por los nueve años, y tenia el aplomo del niño que sabe cuidar de si mismo, que ha aprendido a no quejarse y a no mostrar asombro por nada de lo que ve o de lo que oye. "Me la he tenido que traer –le dijo Leonor al joyero cuando advirtio que la presencia de la niña en aquella conversacion le parecia inadecuada--, porque no tengo con quien dejarla ahora por la tarde".

Elvira Lindo, *Algo más inesperado que la muerte.* Ediciones Alfaguara, 20.

LA PUNTUACIÓN

A. La coma (,) reproduce las pausas que se hacen dentro de una oración, pero también su colocación depende de ciertas reglas gramaticales. Se separan con coma:

1. Los elementos de una serie de palabras o de grupos de palabras, incluso oraciones, cuando no van unidos por conjunción:
   – Los discos, las revistas, los libros estaban tirados.
   – Llegó, se duchó, se maquilló, cogió dinero y se marchó.
2. Los vocativos:
   Señor, ¿me puede dejar paso, por favor?
3. Los incisos que interrumpen momentáneamente el curso de una oración:
   No seas tan ambicioso, te lo digo en serio, y vivirás más tranquilo.
4. Las locuciones y adverbios: *en primer* lugar, *por último*, *es decir*, *por ejemplo*, *efectivamente*, etcétera.
   Nosotros, por supuesto, les avisaremos dos días antes.
5. Detrás de una oración subordinada cuando va delante de la oración principal:
   En cuanto llega a Málaga, viene a visitarme.
6. Detrás de las oraciones condicionales encabezadas por *si*:
   Si vas a salir, apaga todas las luces.

B. El punto y coma (;) marca una pausa menor que el punto y mayor que la coma.

C. Los dos puntos (:) se utilizan en los siguientes casos:

1. Tras el encabezamiento de las cartas:
   Querido Eduardo:

2. Para anunciar una frase en estido directo.
   Emilia contestó: Ni hablar, no pienso hacerlo.

3. Para anunciar una enumeración:
   Los montes más altos de España son: el Teide y el Aneto.

D. **El punto (.)** señala las pausas que se producen entre dos oraciones independientes.

   1. El punto se pone al final de las abreviaturas:
      Sr./etc.

   2. El punto y aparte marca el final de un párrafo.

E. **Los puntos suspensivos (…)** sirven para señalar que el hablante se interrumpe o que la enumeración podría prolongarse.

F. **Las comillas (" ")** las usamos para citar algo literalmente.

G. **El paréntesis ( )** permite introducir una observación dentro de una oración. En lugar del paréntesis puede emplearse la raya (-).

H. **Los signos de interrogación (¿?)** se utilizan en las oraciones interrogativas directas. Recuerda que en español se ponen al principio y al final de la oración.

I. Las oraciones que expresan alegría, dolor, admiración, mandato, van entre **signos de exclamación (¡!)**. Al igual que los signos de interrogación se ponen al principio y al final de la oración.

EJERCICIOS

I. PON LAS COMAS A ESTA ENTREVISTA REALIZADA POR EL PERIODISTA ESPAÑOL JOAQUÍN SOLER SERRANO AL ESCRITOR ARGENTINO ERNESTO SÁBATO.

J.S.S.: La primera crisis que usted experimenta (como todo hombre) y que han sido tres o cuatro en su caso empieza cuando sus padres le mandan al Colegio Nacional de la Universidad de la Plata donde esperan que estudie el bachillerato...

E.S.: Sí fue un momento crucial. Me separé de la familia... estaba muy unido a mi madre como también a mi hermano menor. Mientras los demás andaban por el campo montaban a caballo o nadaban en el río nosotros dos estábamos retenidos por mi madre.
Creo que se hizo más triste nuestra infancia y seguro que mamá no lo pensaría así cosa que comprendo muy bien.
De manera que alejarme doscientos kilómetros para irme a una ciudad que era una enormidad sin ver a mi madre durante un año fue algo definitivamente triste una verdadera crisis.
¡Un año estudiando de día y llorando de noche!

(Joaquín Soler Serrano. *Escritores a fondo*, 1986.)

II. Pon los puntos a esta entrevista realizada por el periodista español Joaquín Soler Serrano al escritor peruano Mario Vargas Llosa. Recuerda que tienes que cambiar las minúsculas por mayúsculas tras los puntos.

J.S.S.: Hay noticia de una obra de teatro que escribiste a los 16 años titulada *La huida del Inca*.

M.V.LL.: Sí es una obra que escribí cuando estaba en el colegio todavía me gustaba mucho el teatro fue lo primero que escribí más o menos en serio en serio en el sentido en que me tomó mucho tiempo rehice muchas páginas no recuerdo siquiera de qué hablaba me acuerdo que era una obra que comenzaba en la época contemporánea el personaje era un escritor que se extraviaba en un viaje al Cuzco y se encontraba con unos indios que le contaban una leyenda incaica que era el cuerpo de la obra y luego había un epílogo donde el escritor volvía a la ciudad con esta leyenda pero lo siento ya he olvidado la leyenda.

(Joaquín Soler Serrano. *Escritores a fondo*, 1986.)